本书成果获“2023年广州市优秀教学成果奖”，系2025年度广州市教育科学规划课题（省教学成果培育项目）“小学高年級语文‘启思善悟’情感朗读教学的实践与探索”（课题编号：2023128225）研究成果。

启思善悟，读出素养：AI时代小学语文朗读教学新探索

覃荔嘉　陈慧迎◎著

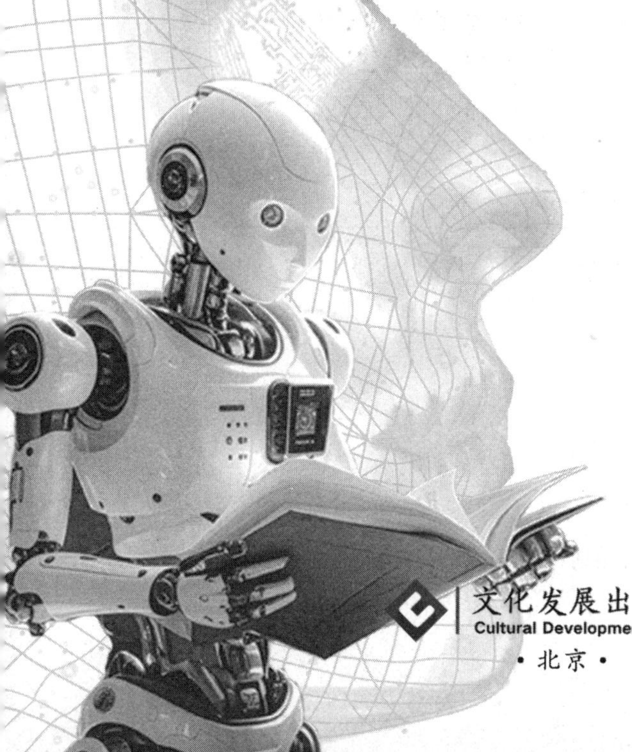

文化发展出版社
Cultural Development Press
·北京·

图书在版编目（CIP）数据

启思善悟，读出素养: AI时代小学语文朗读教学新探索/ 覃荔嘉, 陈慧迎著. — 北京: 文化发展出版社, 2025. 8. — ISBN 978-7-5142-4718-3

Ⅰ. G623.202

中国国家版本馆CIP数据核字第202570K88R号

启思善悟，读出素养：AI时代小学语文朗读教学新探索

覃荔嘉　陈慧迎　著

责任编辑：康梦玥　　责任校对：侯　娜

责任印制：邓辉明　　封面设计：现當代｜成都现当代文化传播有限公司

出版发行：文化发展出版社（北京市翠微路2号　邮编:100036）

编辑信箱：duanshujun@keyin.cn　　编辑部电话：010-88275827

发行电话：010-88275993　010-88275711

网　　址：www.wenhuafazhan.com

经　　销：全国新华书店

印　　刷：文畅阁印刷有限公司

开　　本：710mm×1000mm　1/16

字　　数：185千字

印　　张：14. 75

版　　次：2025年8月第1版

印　　次：2025年8月第1次印刷

定　　价：98.00元

I S B N：978-7-5142-4718-3

◆　如有印装质量问题，请联系电话：13161758358

研究项目团队

主要成员： 李琼女　　徐檐香　　张衍娜

刘　莹　　王书琦　　张晓丹

黄贻琪　　赵海美　　罗正开

梁嘉欣　　朱抒宇　　刘　娟

曾　玫　　刘雅迪

前言

党的二十大报告指出，进入新时代发展教育必须解决好“培养什么人、怎样培养人、为谁培养人”这个根本问题。语文学科核心素养是立德树人在语文课程中的体现。语文课程具有工具性与人文性的特点，朗读教学在培育学生语文学科核心素养方面发挥重要作用，是促进学生语文学科核心素养中的文化自信、语言运用、思维能力及审美创造发展的重要手段。《义务教育语文课程标准（2022 年版)》的课程总目标中，各个学段都提出了“用普通话正确、流利、有感情地朗读课文”的学段要求。叶圣陶先生则把朗读称为美读，认为“把作者的感情在读的时候传达出来”，由此可见，在朗读教学中培养学生的情感，提高学生的思维，激发学生的创造力，提升学生的道德修养和审美情趣尤为重要。

针对当前小学高年级朗读教学现状，研究团队对广州区域内兄弟学校、贵州省瓮安县帮扶学校的五六年级师生开展问卷调查，发现部分语文教师在朗读教学方面，仅停留在对学生浅层的朗读指导，学生一读起来难以传达出文章的意境美，情感也难以激发。朗读仅作为一种形式，没有将朗读的本质内涵真正贯穿于整节课。借朗读这一手段来全面培养高年级学生的语文综合素养未得到重视。小学高年级语文朗读教学应该让每个学生有丰富的情感体验，有深度的思维迸发，有积极朗读再造的行动。每一次朗读都承担着不同的功能，从言到意，从意到象，有条不紊，循序渐进。因此，研究团队提出了“启思善悟”情感朗读教学这一教学方法。

本书成果获“2023 年广州市优秀教学成果奖”，旨在研究提高小学高年级语文情感朗读教学的实效性，以促进学生“三大核心力”（即情感力、思维力及行动力）的全面、可持续性发展。在课堂教学中逐步建立符合新课程改革的教学观、学生观、育人观与评价观，创设基于朗读情境中师生和谐对话的教学关系。

研究团队通过AI技术手段，对朗读课堂进行教学诊断，形成了“情思行”教育理念，厘清了“启思善悟”“情感朗读教学”等关键概念，总结提炼了小学高年级语文情感朗读课堂在AI时代的“四重转向”——“启思善悟”课堂教学模型、“启思善悟”课堂学习模型、“启思善悟”情感朗读教学策略与“启思善悟”情感朗读评价模型。书中既有理论的研究，更有理论指导下对当前小学高年级语文情感朗读教学现状的调查和分析，在此基础上探讨合理而可行地提高小学高年级语文情感朗读教学的实效性，有推广价值的教学策略、教学评价，为一线教师和师范专业学生提供理论基础和实践指引。

目　录

CONTENTS

第一章　导论：基于朗读教学课堂，促进学生语文综合素养发展/1

第一节　朗读的发展历程/1

第二节　当代朗读教学的发展/9

第三节　“启思善悟”情感朗读教学的本质/14

第二章　AI 人工智能在小学高年级情感朗读教学中的应用与分析/31

第一节　AI 人工智能在中小学教育中的发展与应用现状/31

第二节　AI 人工智能技术赋能情感朗读课堂教学转型/40

第三节　AI 人工智能技术赋能情感朗读课堂观察分析/44

第四节　AI 人工智能技术促进学生情感朗读个性化发展/82

第三章　AI 时代小学高年级语文“启思善悟”情感朗读教学模型的建构/86

第一节　“启思善悟”情感朗读教学模型构建的理论依据及其意义/86

第二节　小学高年级语文“启思善悟”情感朗读教学模型构建的原则/90

第三节　小学高年级语文“启思善悟”情感朗读教学模型/96

第四节　小学高年级语文“启思善悟”情感朗读教学实施策略/105

第四章　AI 时代小学高年级语文“启思善悟”情感朗读课堂学习模型的建构/115
第一节　“启思善悟”情感朗读课堂学习模型构建及意义/115
第二节　构建“启思善悟”情感朗读课堂学习模型的原则/124
第三节　AI 数据赋能下“启思善悟”情感朗读课堂的学习模型/132
第五章　AI 时代小学高年级语文“启思善悟”情感朗读教学评价模型的建构/159
第一节　当前小学语文朗读教学评价的发展现状/159
第二节　小学高年级语文“启思善悟”情感朗读教学评价模型的构建及其意义/175
第三节　小学高年级语文“启思善悟”情感朗读教学课例分析/196
后　记/226

第一章

导论:基于朗读教学课堂,促进学生语文综合素养发展

第一节　朗读的发展历程

朗读，是指以有声的方式传达语言文字内容、传递情感的一种语言表达形式，历来都是人类重要的语言表达方式之一。它经历了漫长的发展与演变，既是人类传情达意的一种重要形式，也是教育教学的重要方法和手段。以教育教学为例，朗读经历了古代经典的“吟诵”，到如今现代课堂教学覆盖多个学科指向培养学生核心素养的重要方式，其经过了漫长的发展历史，越发呈现其重要性。深入剖析朗读的发展历程，对于我们进一步了解和研究当前朗读教学有着重要的意义。教育政策理念的变化，朗读的指向目标和具体形式也在逐步发生变化，以更进一步适应时代的发展与需求，发挥着育人的重要价值功能。

一、古代：朗读的萌芽发展阶段

春秋战国时期,《孟子》中提到“颂其诗，读其书”。同时，南朝《玄览赋》中记载道“惟天纵于副后，踰启诵而为首”，宋代司马光在诗中写道“言诗何敢望商赐，幸得诵咏怯童蒙”。从众多古籍中，我们不难发现在古代幼童的教育方式中，朗读是非常重要的一种学习方法，能帮助儿童消除愚昧。众多典籍记录了古代的儿童启蒙教育以反复诵读、吟诵等有声阅读方式为主要的学习方式。学生在大声读与背诵的过程中通过声音刺激加深记忆，加深对文本内容的理解，逐渐培养语感、习得知识。我国从周代开始便将朗读作为非常重要的教育方式，这一传统也影响至今，是幼儿启蒙教育的重要学习方式。

在中国古代，朗读的起源与当时的文化传承、人才培养方式紧密关联。西周时期已经确立了“礼、乐、射、御、书、数”的教育体系，以古籍经典为主要学习内容，人们在熟读经典中习得基本价值观与道德观。而古代典籍以文言为主，没有标点符号，或以诗词为主，讲究押韵与朗朗上口，由此催生的“吟诵”方式成为古人学习典籍以及诗词歌赋的重要学习方式。在重视科举考试的古代更是强调通过吟诵，熟记古籍，以达到“下笔如有神”般的功效。论及古人读书，“摇头晃脑”大声吟诵这一方式最深入人心。在这样的长久历史传统与文学熏陶下，“吟诵”这一有声的学习方式在我国教育史上占据着浓彩重墨的一笔。以吟诵和诗词吟唱的方式为主的学习形式便是朗读的雏形发展形态。在古代，这一学习形式实则是学习者通过不断的声音刺激与强化学习，实现自主教育与自主学习的目的，正如同流传的说法“熟读唐诗三百首，不会作诗也会吟”深受古人的欢迎。在吟诵过程中，学习者不仅积累了大量的语言文字，还不断通过此方式内化对道德的认识，不断以此方式建构对世界的认识与思考。

而古代的教师对教育的主要方式也是示范“吟诵”，以帮助学生在模仿过程中把握好读音，掌握语言文字语音及读音，通过停顿、语气、气势等方式表达对文本的内在理解，表达情感。教师以读主导教学，学生在读中体悟，读出自己的理解与感受。由此可见，古人重要的教学方式更多以引导学生自悟，而非直接讲解其中意味，古人也正因为这一独特的教学方式，孕育了爱思考、爱感悟、重视个人体悟的民族特征。这也便更好地解释了“只可意会不可言传”的其中奥秘。古人在吟诵中体悟古籍，更在吟诵中与天地对话，与自己对话，获得独特的精神感受和体验。

二、近现代：朗读的多样化发展时期

教学方式影响着民族的精神内核，更影响着人才发展的进程。这一方式的变化不仅受限于传统的教育，更会被时代的发展而左右。进入近代，随着社会的进步，语言文字不断进行变革，白话文逐渐进入人们的视野，我国也开始逐渐由以重视音律押韵等为主的文学形式，逐步发展到以近代白话文为主的新文学时代。随着语言文字的变化、文学形式的创新以及时代的迅猛发展，人们的阅读视野逐渐从单一的古籍诗词拓展到更多样的文学题材，所读作品不仅跨越了时代和国家的局限，也变得更加丰富多样。相应的，人们的教育方式也在发生具体的变化。

吟诵这一传统的学习方式逐渐向“朗读”转变，形式与内涵也日益丰富起来。在教育教学中，朗读既是一种结合朗读者主体的声音特色、情感体验等内在因素的语言表达方式，也是朗读者通过有声朗读文本内容，完成与文字对话的一种语言表达方式，更是朗读者通过声情并茂的朗读，呈现出对文本情感感受力的一种语言表达方式。由此可见，朗读既是一种读者与文本的交流，也是读者向外界表达文本理解的一种独特表达方式，是提高语言表达能力和发挥语言感染力的重要方法。

进入现代，随着我国开始落实九年义务教育，学校逐渐形成大班教学模式，学生在不同的班级与年级，开始接受不同学科的学习。教育逐步由不重视学科分科，走向精细的学科分科学习，学习内容也由随意走向逐步标准化、规范化。随着教育生态的变化，学生学习内容和形式发生了翻天覆地的变化，这也为朗读教学注入新的时代挑战要求，为朗读教学走向更标准化提供了条件。从语文课堂来看，学生以教材为重要的学习蓝本，以教材中选用的篇目为重要的学习内容，以不断学习不同汉字、词语，了解语言文字表达的艺术与手法，感受文字背后的内涵与情感。从文学体裁而论，语文教材选用古今中外经典篇目，有古诗、近现代诗、散文、记叙文、小说、非连续性文本等，学生在学习过程中，积累语言文本，了解中国文化的发展变化，以不断增强语感，提高自身的文学与文化修养，树立理想信念与良好的价值情感。语文教学正在发挥着工具性与人文性的重要功能。而在具体的语文课堂教学中，朗读依然是学生走进不同文本、与不同作家对话的重要方式。学生可以轻声朗读、大声朗读、快速朗读、有感情朗读、与同学对话读等，以丰富的形式来加深对文本的情感交流。在这过程中，教师的可为空间变得大而显著，教师可以创设情境、朗读指导、教师范读等方式，帮助学生喜欢朗读、在朗读中加深对文本的认识、在朗读中内化情感体验、在朗读中习得价值观与建构思想体系。朗读已经逐步突破古代的“吟诵”过于强调背诵与熟记这一主要功能，而是不断丰富了朗读的内涵与形式，赋予了朗读更全新而多样的体现形式。

由此可见，朗读教学逐步成为语文教学课堂中必不可少的教学形式和教学手段。随着时代不断发展，朗读这一形式也不断被赋予更崭新的时代精神与内涵。

联系时代背景、关联教育政策，是一线教师推动朗读教学走向更贴合学生需求的必然要求。语文朗读教学研究的新走向，应以国家人才培养政策为导向，立足时代前沿与学生核心素养的发展，使朗读教学为语文教学注入浓厚的时代气息。

三、近五年：朗读教学新样态时期

（一）国家育人方针政策的调整对朗读教学提出的新要求

习近平总书记强调："培养什么人，是教育的首要问题。我国是中国共产党领导的社会主义国家，这就决定了我们的教育必须把培养社会主义建设者和接班人作为根本任务，培养一代又一代拥护中国共产党领导和我国社会主义制度、立志为中国特色社会主义奋斗终身的有用人才。"立德树人是教育的根本任务，是教育总纲和方向目标，引领着教师始终将此作为育人工作的首要位置，引领和培养德智体美劳全面发展的社会主义建设者和接班人。语文是一门承载着母语教育、传承传统文化命脉、启发学生思维与情感发展等多域维度成长的重要学科。语文教师在具体的教学过程中应充分运用学科特点，培养学生热爱国家的情感，培植正气高尚的品质，以文化浸润学生心灵的成长。

教育的根本任务指向立德树人，这就明确了教育的使命和方向不仅局限于传授学科知识，更重要的是借助学科知识潜移默化学习成为一个怎样的人、树立怎样的人生理念，培养有高尚道德情操、有浓厚家国情怀的中国人。这一教育理念的提出，更是从国家宏观层面对教育过于重视知识传授、忽略情感育人等现象进行调整。这表明，教育的落脚点在于"育人"，而非单纯的知识传授。教育目标的清晰与明确，是现代教育迈向新时代的重要标志。

这表明了在语文课堂中，朗读不仅是以学生读懂文字、熟记语音形式、了解文本内容为重要目标，更是指向学生借助朗读这一语音形式能够了解文本背后的情感价值理念、感受作家背后的悲欢离合、感受人类情感的丰富多样、感受语言文字背后深深的"载道"内涵。由此可见，朗读目标的指向更为明确，即旨在引导学生在朗读过程中深入领悟文本的精神实质与内涵，通过不断调动自身的生活经验，丰富并深化对文本的认知与理解。在此基础上，促进学生形成自主且独特的阅读体验，培育其内心的正气与品格，促进其核心素养的发展，使其成为新时代合格的接班人。

（二）教学改革对朗读教学提出的新指引

近五年，我国教育政策不断进行调整，以不断适应时代变化，为教育事业指明更高瞻、全面的指引。一线教学课堂应紧紧围绕着教育方针政策的变化，及时进行课堂创新与改革，以更好地培育祖国未来的接班人。因此，朗读教学也应及时适应政策的指引与要求。

教学改革首先体现在新教材的编写和使用上。2019 年秋季学期开始，小学阶段三科教材统一使用了统编版这一版本，采用由国家层面组织主编的新教材。这也意味着学生开始采用全新的教材，开始适应以人文主题与语文要素双向并进的语文教材。在小学语文第三学段，语文教材以语文要素为主要线索，落实在不同单元学习中，教师在执教过程中充分关注如何借助课文落实语文要素，落实课堂目标。而朗读是帮助学生有效落实教学目标，掌握相应语文要素的重要教学手段。

如五年级下册第一单元的阅读训练要素“体会课文表达的思想感情”、第四单元“尝试运用动作、语言、神态描写，体会人物的内心”、第六单元“了解人物思维过程，加深对课文内容的理解”、第七单元“体会景物的动态美与静态美”和第八单元“感受课文风趣的语言”等语文要素的学习，需要学生充分调动感情在朗读中体味、感受，以充分地理解文章内容，落实相应学习目标。由此可见，学习内容与学习目标的改变，促使了朗读教学的形式和内容也应发生相应变化，以更好地落实立德树人的目标。教材中不仅编排了现代文学习，更选编了传承优秀传统文化的重要内容，如每个小学阶段都编排了古诗词学习，在小学第三学段编排了文言文学习。在学习这部分内容时，我们更应该充分传承“朗读”这一教学传统教学方式，又赋予新时代的要求，让学生融入情境在多种形式的朗读中学习课文内容，深化对课文内容的理解从中得到感悟以提升自身的素养。如六年级上册学习“文言文二则”时，则需要学生通过不同形式的朗读，去感受古代的语言文字，去体会与体悟古人的思辨能力，如何用不同事例说明观念。在课堂学习中，教师应更加注重将主体地位归还给学生，并有效利用朗读引导学生融入情感、进入情境，从而深入走进文本，全面领会文本的内涵与意蕴。第三学段教材中很多选文篇目都开始向思维深层次、内容深底蕴等特点转变，这对于培养高年级学生思维发展、情感体验等提出了新的要求，如何更好地进行情感朗读教学是教师们需要思索的重要课题。

2021 年 7 月，中共中央办公厅、国务院办公厅印发《关于进一步减轻义务教育阶段学生作业负担和校外培训负担的意见》。这一政策的颁发，及时调整了学生课外学业负担过重以及校外补习过多的情况，更提倡关注课堂教学质量。教师需要精心设计课堂教学，以帮助学生在课堂有效的学习时间内提升学习效果。同时，该政策也明确要求语文、数学、英语这三科主科的课后书面作业完成时间不得超过一小时，也急迫提醒教师需要改变课后作业方式，以题海战术提升学习质量的方式，更需要以灵活、有效、实践性与综合性相结合的方式帮助学生课后进行减负，借此提高学生学习兴趣与热情。可见，“双减”政策的出台为教师们的课堂教学提出了新的挑战与机遇。而朗读则是一种口头、思维与情感交织的活动，课堂与课后落实朗读教学都能更好地在“双减”政策背景下激发学生学习热情。而如何在课堂有效的时间内帮助学生提升朗读水平，又能在课堂上较好引领学生开展语文要素学习，两者如何有效相结合，这是在新的时代背景下朗读教学面临的挑战。以小学语文学习为例，课后习题常常以“朗读”为主要学习要求，提出学生需要熟读课文、同学之间相互读一读、背诵等要求，引导学生在朗读中掌握字词读音，培养语感，内化语言文字的熏陶。学生通过课堂练习朗读、课后朗读，再到读给同学听、读给家长听，不断提升朗读能力与水平，在这一过程中也不断积累了丰富的语言文字。由此可见，不管是教材编者还是一线教师，都在重视朗读这一学习形式，这也更为符合小学阶段“双减”的学习要求。

2022 年，《义务教育语文课程标准（2022 年版）》的实施，对课程标准进行了全面调整，为朗读教学等语文教学实践指明了新的方向。新课标的主要调整包括：一是强化了课程育人的导向，凸显语文教育的立德树人功能；二是优化了课程内容结构，使其更加符合学生认知和发展规律；三是研制了学业质量标准，为教学评价提供明确依据；四是增强了教学的指导性，为教师教学提供具体可行的建议。基于此标准，新课程理念也发生了新的变化。课程理念立足学生核心素养发展，语文课程以促进学生核心素养发展为目的，以识字与写字、阅读与鉴赏、表达与交流、梳理与探究等语文实践活动为主线，构建素养型目标体系。① 在此

①中华人民共和国教育部制定. 义务教育语文课程标准（2022 版）［S］. 北京：北京师范大学出版社，2022.

背景下，朗读教学作为语文教学的重要组成部分，其发展亟待更多的课堂实践与理论指导，如此，朗读教学的真正作用得到展现。

在小学第三学段语文学习中，不同的实践活动都指向培养学生的核心素养。而朗读作为重要的教学手段，在教学过程中能更好地帮助学生落实核心素养。以“识字与写字”学习为例，教师往往组织学生自由朗读全文、多形式检测生字词读音掌握情况，以有梯度地帮助学生夯实基础学习；在“阅读与鉴赏”板块学习中，不同阅读类型的文章学习方式存在着一定的目标和学习方式的差异，如文学阅读与鉴赏学习任务群更偏向通过朗读等学习任务直抵优美文字背后的情感内涵、人物形象等意蕴的学习，而思辨性与表达任务群指向的目标又存在着差异。

因此，在新课程标准颁布的背景下，朗读教学面临着新的挑战，需要教师们紧紧围绕着学生的核心素养，在相对应学习任务群中，巧借朗读的教学手段，帮助学生增加语言积累、提高阅读鉴赏能力和审美能力，增强文化自信，从语文学科中得到更多的精神启迪、语言积累、表达技能、阅读素养等能力，从而为初中的语文学习也打下坚实的基础，帮助学生在具体真实的情境中提高解决问题的能力。更为重要的是，以朗读方法促进学生入情入境地学习，帮助学生感受语言文字的魅力，真正落实立德树人的育人目标。

在新课标的指引下，语文课堂也逐步出现了变化，从重视教师的“讲”倾向于学生的“学”，更为强调了学生的主体性，重视学生学习的真实发生，注重学生的学习者角色。在语文课堂上，教师更关注学生在真实的情境进行学习，创设了适合文本特点与学生年龄特点的学习情境，或充分利用文本中的情景，让学习在课堂上真正发生。学生在真实的情境中，更能启发思考，寻找解决真实情境的方式和方法，促使学生开展主动学习、有效学习，突破过去陷于纯学科知识学习的困境中，帮助学生找到更有意义的学习方式。教师在课堂中时刻关注学生学习思维的发生，关注学生真实学情与学习生长点，从学生的学习特点出发，设计合理而有效的教学环节，帮助学生在学习过程中有所思考、有所启发，促进学生思维的培养与锻炼，让学生在以往“教师满堂灌”的学习形式中走出来，走向学习主动者的角色。课堂以学生为主体地位，是真正关注了学生的学习与成长，从学生的角度关怀到学生的点滴成长。学科知识成为了学生成长的重要奠基石，更为培养全面发展的人提供重要的支持。

课堂教学的转变促使了教学方式的变革，也为朗读教学创造了更新鲜的生命力。教师更加重视朗读教学，教师的朗读指导如何更好地激发学生开展自主朗读、实现朗读高阶水平，也是新课标改革下给教师们提出的新命题。只有不断适应教育改革变化，语文教学才能历久弥新，才能不断焕发生机活力，从而为学生语文学习提供更多的帮助。

在小学语文课堂上，教师围绕着教材，依照课程标准，根据学生的学习情况，紧扣文本特点，精心创设不同形式的朗读，鼓励学生大声读、自由读、合作读，读出真情实感，读出自己的独特感受。这与古人强调“吟诵”的学习方式既存在共性，又有较大的差异。教师不再只是扮演着引导学生读好字音、读通顺句子的作用，而是为学生朗读搭建不同的支架，帮助学生理解文本，认识文本背后的内蕴与作家表达的感情，或通过引入资源帮助学生，或通过不同形式朗读，帮助学生感受朗读的快乐，从而体会文本，与文本进行对话，再以声情并茂的朗读表达自己对文本的理解。朗读不仅是重要的学习形式，更是呈现学生学习感悟的重要方式。教师不仅引导学生读，更是扮演着激发学生朗读兴趣的重要角色。面对不同文本，不同题材，有些与学生有着久远的距离，有些与学生有着时空的差异，如何让学生敢于开口读、热爱开口读、以读促学，成为现代教师在课堂教学中的重要思考方向。教师更是可以借助多媒体资源、学生资源等内容丰富学生的认识，提升学生的朗读兴趣。由此可见，教师在朗读教学过程中不断受着时代的影响，不断变化形式和方式，然而不管何种形式的变化，最终依然指向培养学生这一目标，以帮助学生得到更好的成长，成为一个为中国特色社会主义奋斗终身的有用人才。朗读教学不断呈现着更新的样态，依然是较为重要的教学方式和学习方式。梳理朗读发展的历程更是有利于我们发现“朗读”的前后发展样貌，更好地针对朗读教学过程中存在的问题与挑战，为现代教师更好地推进朗读教学打下良好的理论基础。

第二节　当代朗读教学的发展

一、当前小学高年级朗读教学现状的分析

朗读教学是语文教学的重要组成部分。从国内外相关研究成果和当前的教学情况可知，虽然目前朗读教学重要性得到了普遍认可，但小学高年级朗读教学仍然存在诸多问题。简单来说，现阶段朗读教学理论研究体系完备，相关学者研究针对性、层次性突出，但从实践层面来看，理论成果和朗读教育教学实际联系不够紧密，课堂朗读教学仍然存在“重形式、轻实效”等问题。本章节基于国内外朗读教学理论研究观点，对所在区域内的部分学校高年级朗读教学现状开展问卷调查，通过统计、分析、整理相关数据来探析当前小学高年级朗读教学现状存在的问题及成因。

从国外朗读教学理论研究来看，主要分为自然朗读流派和技巧训练流派，这两个流派均注重朗读的育人功能和教育价值。其中，自然朗读流派代表性观点认为，教师应为学生创造一个轻松、愉悦的朗读环境，鼓励学生在切身感悟、主动朗读中发挥潜能，领悟文本情感，从而帮助学生实现个性发展。而技巧训练流派则侧重朗读技巧学习，强调教师通过科学的朗读方法指导，引导学生从语音、语调、节奏、朗读情感层次划分等方面入手，帮助学生实现审美情趣和语文综合素养全面提升。两个流派各有侧重，前者强调以朗读为载体，充分发挥学生主观能动性，从而实现个人情感抒发，后者重视朗读技巧在朗读过程中的作用，认为科学的方法能够最大限度使文本意义、深层次内涵得到展现。

从国外朗读教学理论和实践研究不足层面来看，国外相关学者对于朗读教学的心理机制、本质特征等方面的理论探讨还不够深入，理论的指导性和实用性有待增强。同时，由于文化、地域等因素的影响，国外相关学者对于不同语言环境下朗读教学的比较研究也相对缺乏。从部分研究中的案例、数据结果来看，部分学者由于时间限制，未能对不同教学环境、不同学生群体进行长期、系统地观察和分析，这也导致了相关理论和一线朗读教学的实际存在脱轨。

从国内朗读教学理论研究上来看，众多学者主要围绕朗读教学价值、策略两

方面展开分析。在朗读教学价值方面，学术界普遍认同在语文教学中，朗读教学是一种重要的教学形式，学生通过教师的引导和帮助，能够逐步掌握朗读的方法和技巧，从而实现朗读的这种本身价值的最大化。因为研究角度和学者自身学术经验的不同，围绕这种朗读价值上的探讨，又形成了诸多观点。如窦桂梅老师从文化传承角度指出朗读是连接读者与文本之间最好的沟通桥梁，认为朗读能帮助学生通过文本追寻其背后的深层次文化内涵，并在这一过程中，传承和发扬中华优秀传统文化、提升个体内在品质。也有研究者从现代语言教学角度，指出朗读教学能帮助学生通过反复张口诵读，克服人体器官上的发音困难问题，从而提高语言表达能力。有研究者从思维发展角度，认为朗读能帮助学生锻炼思维能力，学生在朗读过程中摄入文本内容，大脑同步对知识进行加工，实现思维能力提升。在朗读教学策略方面，有研究者提出可以借助现代信息技术辅助朗读教学，如朗读时引入背景音乐，为学生创造良好氛围。同时，还可以在朗读开始阶段，借助相关音频资源，为学生提供可以学习和模仿的朗读范例。也有研究者提出可以进一步明晰朗读教学的评价标准，丰富评价的主体，根据不同学生学习情况，实行分层评价，从而强化评价的针对性。

从不足之处来看，国内关于朗读教学价值、策略两方面的研究，虽然在某些微观层面极具创新性和独到性，但相关研究较为分散，关于朗读教学，学界未从整体上进行凝练和总结，这也导致了研究缺乏系统性和完整性，尚未形成一套完整的、贴合教学实际的、易于操作的操作规范。

著名教育家叶圣陶先生曾指出："有很多地区，小学里读语文课本还是一字一拍的，这根本不成语言了。中学里也往往不注意读，随口念一遍，就算是读了，发音不讲究，语调不揣摩，更不用说出逻辑关系，传出神情意态了。这是不能容忍的。"① 根据部分区域学校高年级课堂朗读教学现状的问卷调查数据分析来看，目前小学高年级课堂朗读教学存在的问题主要包括以下几个方面：一是朗读教学目标过于简化，部分教师将教学目标描述成将文章读流畅、读流利、读得有感情。这一朗读目标不够具体，导致课堂朗读指导针对性不强。二是缺乏朗读指导的理论知识，部分教师进行朗读指导时，缺乏切实有效的方法指引，学生容

①叶圣陶．叶圣陶语文教育论集，下册［M］．教育科学出版社：656.

易将朗读停留在重复读、换着形式读，传授层面的欠缺，导致学生难以真正提高朗读水平。三是在朗读过程中，重形式，忽视学生个性情感的表达和各感官间的深度参与。

综上所述，当前朗读教学的理论研究与实践探索虽有进展，但仍未深入其核心本质。对朗读教学的理解与把握大多停留在初步发展阶段，未能形成系统且成熟的理论体系。在具体教学实践中，一线教师面临诸多挑战，主要表现为教学经验不足，难以将抽象的理论知识转化为有效的教学实践成果；思想重视度不够，对朗读教学缺乏正确的认识；评价标准相对匮乏，难以做出客观、准确的评价。

二、在新课程标准理念下对朗读教学的要求

随着义务教育全面普及，教育需求从“有学上”转向“上好学”，必须进一步明确“培养什么人、怎样培养人、为谁培养人”。新修订的《义务教育语文课程标准（2022 年版）》较 2001 年颁布的《义务教育课程设置实验方案》和 2011 年颁布的义务教育各课程标准，更为详细和具体。新课程标准对原有课程标准做出了新的优化和调整，从总体上来看：一是强化了课程育人导向；二是优化了课程内容结构；三是研制了学业质量标准；四是增强了指导性；五是加强了学段衔接。① 围绕各学段，新课程标准对语文课堂教学中的朗读教学提出了不同要求。根据新课程标准，绘制的小学各学段朗读教学要求，如下表 1. 1 所示。

表 1. 1　小学语文各学段朗读教学要求的整理与汇总

学段	要求
第一学段（1～2 年级）	喜欢阅读，感受阅读的乐趣。学习用普通话正确、流利、有感情地朗读课文。 愿意为他人朗读自己喜欢的语段；朗读时能使用普通话，注意发音；注意用语气、语调和节奏表现对文本的理解和感受；愿意和同学

①中华人民共和国教育部制定. 义务教育语文课程标准（2022 版）［S］. 北京：北京师范大学出版社，2022.

续表

第一学段（1~2 年级）	交流朗读体验，能简单评价他人的朗读。喜欢读古诗，能熟读成诵；喜欢阅读故事，并与他人讨论。喜欢在学校、社区组织的朗诵会、故事会、课本剧表演等活动中展示。参加文学体验活动，能表达自己的体验、感受和发现，愿意用文字、图画等方式记录见闻、想法。
第二学段（3~4 年级）	用普通话正确、流利、有感情地朗读课文。 乐于参与读书交流活动，能诵读学过的优秀诗文，尝试用不同的语气、语调表达自己的理解与感受。
第三学段（5~6 年级）	熟练地用普通话正确、流利、有感情地朗读课文。 能通过诵读、改写、表演等方式，表达自己对感人情境和形象的理解与审美体验。 重视朗读，借助语气语调、重音节奏等传递汉语声韵之美，在反复朗读中加深对文本内容的理解。

从表中数据不难看出，新课程标准针对小学各学段朗读教学要求十分明确，总体要求呈现递进趋势，即引导学生尝试朗读到熟练运用朗读这种形式抒发情感，实现更深层次的表达。从新课程标准的视角出发，审视小学高年级语文朗读教学课堂，我们发现在教育强国建设的背景下，朗读教学迫切需要进行变革。以往的传授方式已经难以适应当前的教学需求，新课程标准理念对朗读教学提出了更高的双向要求。这要求教师和学生都必须积极参与，将朗读教学摆在更加突出的位置，以实现教学质量的全面提升。

语文学科，承载着中华民族数千年的文化底蕴与智慧结晶。朗读，作为外延语文学科魅力的重要表达形式，在语文课堂教学中占据重要地位。新课程标准提到“核心素养”包括文化自信、语言运用、思维能力、审美创造四个方面。从语文学科核心素养的四个层面理解朗读教学，便会发现，新课程标准始终鼓励教师围绕学生年龄特点和认知规律开展朗读教学，在教师的这种作用下，“核心素养”的培育也会随着学生语文学习的深入而显现出最大的生机活力。

三、提升朗读技巧，培养综合素养

随着《义务教育语文课程标准（2022 年版）》的发布，朗读教学的目标和要求变得更加明确。新课程标准对朗读教学提出了更高的要求，注重学生的综合素质发展，特别是在五六年级阶段，要通过朗读培养学生的语言运用能力、审美能力、情感体验和思维能力等核心素养。新课程标准强化了朗读教学在语文学习中的重要性，并在以下几个方面进行了优化；一是强化语言运用能力：要求学生通过朗读提升理解力、思考能力和情感表达的精准度。二是通过朗读品味美好：要求学生在朗读过程中感受并传递文本的情感美、思想美和艺术美。三是提升对语文学科的兴趣：要求学生重视语文学科学习。

新课程标准对五六年级学生的朗读水平提出更高的要求，既强调朗读的熟练度，又突出了朗读过程中的情感理解和深度表达。特别是在朗读技巧和素养培养方面，五六年级的朗读教学应着重关注以下几个方面：在五六年级阶段，学生的朗读技巧已经进入了较为成熟的阶段，但仍需要通过具体的训练和实践进一步提升。教师可以从以下几个方面进行引导：五六年级学生已经具备一定的学科基础，因此朗读中的发音准确性是基础要求。教师需要加强学生对发音、重音和停顿等细节的关注，确保学生能够清晰、准确地表达每一个音节和音调。朗读中的语气和语调是表达情感的关键。五六年级的学生应当学会根据文本的情感变化调整语气和语调。例如，朗读悲伤的场景时，语气可以更加低沉；而朗读愉快的场景时，语气则可以更为明快和充满生气。朗读时的节奏把握和停顿的使用能极大地提升朗读效果。教师可以通过指导学生在朗读中加入恰当节拍，避免朗读单调和呆板。同时，停顿可以帮助学生更好地理解句子的结构和文本的层次。五六年级的学生应当能够在朗读中分辨和表达不同层次的情感。教师需要指导学生通过细致的练习，帮助学生在朗读时逐步积累情感表现的技巧，确保每一段朗读都能准确传达文本的内涵。五六年级的朗读教学不仅仅是语言技巧的传授，更是培养学生核心素养的关键阶段。新课程标准明确要求通过朗读提升以下几方面的素养：朗读是语言学习的一项重要方式。通过朗读，学生能够更好地理解和掌握语言的表达方式，逐渐形成规范的语言表达习惯。五六年级的朗读教学要引导学生关注语言的准确性和流畅性，并在朗读中提高语言的运用能力，尤其是在长篇课文和诗文的朗读中，培养学生的语言感知和表达技巧。朗读不仅仅是语言的再现，更是思维的反映。五六年级的学生应学会在朗读的过程中思考文本的内涵，通过反复朗读来加深对文本的理解，并通过朗读的节奏、语气、情感变化等方面表达对文本内容的思考。因此，朗读不仅是语言技巧的展示，也是思维能力的训练。朗读是情感表达的一种方式，教师应引导学生通过朗读体验，领悟并表达文本中的情感。在五六年级，学生的情感世界更加丰富，应鼓励学生通过朗读表达自己对文本的理解感悟。例如，在朗读人物对话或描写自然景色时，引导学生去感受人物的心理活动、自然景象的美丽等情感细节。朗读能够帮助学生在语言的美感中提升审美能力。五六年级的学生已经具备一定的文学素养，应在朗读中学会欣赏文本的艺术美，通过语音、语调、节奏等手段感受文字中的音乐感和节奏美。教师可以通过引导学生朗读经典诗文、古诗词等帮助学生提升审美情趣。朗读教学是文化传承的载体之一。在五六年级的朗读教学中，教师应通过朗读经典文学作品、传统文化的诗文等，帮助学生领略中华文化的博大精深，培养学生的文化自信。

五六年级作为小学阶段的关键学段，朗读教学应更加注重技巧的提升和核心素养的培养。通过精细化的技巧训练和深层次的情感表达，教师能够帮助学生在朗读过程中提升语言能力、思维能力、审美能力以及文化自信，全面推动学生综合素质的发展。同时，在实际教学中，教师应关注学生个性化的朗读需求，并引导他们在朗读中充分发挥个人情感和创造力，使朗读教学成为学生语文学习中的重要一环。通过与新课程标准的接轨，五六年级的朗读教学将不仅仅是对语言技巧的培养，更是学生综合能力全面发展的关键一环。

第三节 “启思善悟”情感朗读教学的本质

一、“启思善悟”情感朗读教学的内涵

（一）情感朗读教学概念

“书声琅琅”鲜活地体现出语文课堂的特点。“有感情地朗读课文”是语文学习的重要目标之一。叶圣陶先生曾将有感情地朗读称为“美读”。它侧重于让学生在朗读中通过品味语言，体会作者及作品中的情感态度，学习用恰当的语气、语调朗读，表现自己对作者及其作品情感态度的理解。“情感朗读教学”是课堂教学中一种变式的呈现，它尊重学生的发展，倡导以生为本的教育理念，帮

助学生建构知识体系，使学生经历从“外部语音呈现”到“内部信息加工行为”的完整学习过程。

朗读不仅是一种重要的学习方法，更是一种必不可少的阅读教学方法。训练学生学习朗读，能使得学生在潜移默化的学习过程中以外显的声音刺激大脑皮层记忆，以内隐的信息加工、情感融合进一步提升学生对文本的感受能力。朗读对于学生学习阅读的重要性不言而喻，《义务教育语文课程标准（2022 年版）》便对学生的朗读训练能力做了明确的学段要求，如表 1.2 所示。

表 1.2　语文课程标准中对学生的朗读训练能力的要求

学段	要求
1～2 年级	学习用普通话正确、流利、有感情地朗读课文。
3～4 年级	用普通话正确、流利、有感情地朗读课文。
5～6 年级	熟练地用普通话正确、流利、有感情地朗读课文。

《义务教育语文课程标准（2022 年版）》对小学阶段学生朗读水平的要求主要集中在“正确”“流利”“有感情”这三个方面。“正确”是考查学生对字音的掌握能力，学生只要掌握普通话读音，具备一定的识字量，基本都会具备读正确的能力。“流利朗读”是在“正确朗读”基础上提出的更高要求，只要学生多朗读几次，把握好词语与词语、句子与句子之间的停顿，了解标点符号的停顿意义。经过练习，学生基本都能具备这一朗读能力。而如何培养学生“有感情地朗读”成为了朗读教学比较困难的部分，也是朗读教学亟需要突破与解决的难题。如何才能提高朗读水平，真正通过声音淋漓尽致地体现朗读富有感染力的效果，众多学者一直认为朗读离不开“有感情”的融入。

张颂在《朗读学》一书中明确指出朗读应该引入“情感律”，即“作品内在的含义无论怎样抽象和笼统，作品的文字叙述无论怎样平白和冷静，朗读者都要在深入开掘的基础上，使自己的思想处于运动状态，有感情地朗读它”①。这为我们寻找如何引导学生有情感地朗读提供了更好的思路。朗读者需要“发掘作品中饱含的具体而细微的思想感情及其运动变化”②。

①张颂．朗读学［M］．北京：中国传媒大学出版社，2017：41.
②张颂．朗读学［M］．北京：中国传媒大学出版社，2017：41.

现代很多学者在此基础上，提出“有感情地朗读”方法策略，如有教师通过示范读、创设朗读情景、揣摩标点朗读法、运用多媒体技术、加入朗读技巧、角色扮演等方式引导学生进行有感情地朗读。“有感情地朗读”强调在朗读过程中加入感情，让朗读成为一种直接表达情感的有声语言。但只关注朗读技巧，难以真正帮助学生实现“有感情朗读”的学习目标。学生能“有感情朗读”的前提是理解课文内容，理解语言文字背后蕴含的思想感情，感受其中的情感基调。这需要学生具备一定的语言感受力，具备相当高的语感能力。而情感朗读教学则是新课标理念指引下较为新颖的教学方法，是以激发学生情感体验为主，更尊重学生的学习主体性地位。

情感朗读教学主要表现在指导学生朗读时，需要关注学生在朗读作品时是否能摒弃旁观者的身份，以身临其境般的感受推进思维过程与心理活动的发生，实现对文本的声音再现。这一教学方法强调在朗读过程中，学生应学会调动自身的思维等心理变化过程，去体味文本的感情，再声情并茂地表达出来。只有真正融入自己的感情，朗读才能向更高阶的水平发展。它尊重学生的发展，倡导以生为本的教育理念，帮助学生建构知识体系，使学生经历从“外部语音呈现”到“内部信息加工行为”的完整学习过程。“在朗读文本时，学生所做的一项重要工作是将文本中的语言内化为自身能理解的内容，经过自身的理解与加工，再进行个性化表达。学生自主完成知识内化的过程对其产生的作用远大于教师讲解文本的作用。”①

可以说，情感朗读教学更关注课堂教学中教师的教和学生的学，关注学生在朗读实践中心理发展规律和学习特点，关注学生主动建构知识体系，并最终达到育人的目的，实现了从知识课堂向能力课堂转变，从灌输课堂向主动课堂转变。

（2）“启思善悟”的概念

维果茨基认为，语言和思维相交重合的部分就是言语思维。可以说，我们大脑每天接受不同物象刺激，在脑袋中形成对事物的初步印象，产生内在的思维动机，通过深入思考，从对知识的混沌认识逐渐走向对言语表达内涵的深度理解，以“内部言语”形式储存在大脑，再通过与言语中的文字符号、词语汇合、篇

①万博文．小学语文情感朗读教学的有效性研究［J］．江西教育，2022：48.

章分析，从中提取表达的思想内涵，从而输出可以理解的“外部言语”。这是广义上对“启思善悟”这一提法的理解。然而，语言是一种表达观念的符号系统。当我们借助语言符号进行表情达意时，往往将对某个主题或某个对象的文化理解、思维经验、生活阅历、艺术审美、精神状态等方面进行全方位思考。换句话说，当我们阅读一篇文章或理解他人的一番话语时，不能仅仅停留在对表层意思的认知，而是要洞察并领会言语本身隐藏的思维具象、思想价值与心理意义。

小学语文的教学目的，就是培养学生听说读写能力，而核心是思维的清晰、缜密、审核和创意。只有通过言语思维，在思维和言语两者中不断地调试配合，在语言规律与言语实践之间产生辩证联系，才能架起内部言语与外部言语之间的桥梁。基于此，我们给狭义的“启思善悟”下定义：在以“理解”为目的的阅读过程中，学习者经历了“见文入情—观象寻思—循思探意”等思维转变过程，在这一过程中促进学习者深度思考、深入挖掘、深层理解文本的内涵，感悟言语饱含的思想价值，达到有利于提升学习者语文学科素养的目标。

（三）“启思善悟”情感朗读教学的内涵

“启思善悟”情感朗读教学是在情感朗读研究基础上，更注重朗读“教”与“学”的过程以及高年级学生语文综合素养的发展，为未来中学的学习奠定基础的教学方法。这一教学方法的提出，是建立在情感教育理论、信息加工理论等理论研究基础上，以关注学生思维力、情感力、行为力这三大核心力为朗读教学主张，探寻三大核心力的关系，以朗读教学提升学生语文核心素养。与“有感情地朗读”教学研究相比，“启思善悟”情感朗读教学的研究内容、目标和方法都与之产生极大的不同。

这一概念的提出，进一步明确了朗读的本质内涵。对于朗读教学而言，在朗读过程中，学生对朗读文本进行无意识的加工，形成信息表象。当学生将大脑中的图像信息转换成声音时，会同时建立声音、文字与语言三者之间的联系。在这一过程中，学生加工信息的过程便是高阶思维发生的过程，学生的情感体验最终通过声音表达自己独特感受，形成个性化朗读。《义务教育新课程标准（2022 年版）》对第三学段朗读的内容及朗读的方法、技巧有了一些初步的要求。第三学段要求诵读优秀诗文，注意通过语调、韵律、节奏等体会作品的内容和情感。对于朗读技巧，提出了更加细致也更具针对性的要求，比如语调、韵律、节奏等等。统编小学语文教材就是按照上述要求进行分解、落实朗读和朗读教学的具体任务和要求的。这样的表述总体是规范的，对于一线语文教师开展朗读教学具有方向性和针对性的作用。

王崧舟老师认为，朗读教学最终目的是“为了人”，是“为人而读”，用语文课程比较专业的话来说，就是为言语人格而读。王崧舟老师的这一观点不正是体现了立德树人的根本任务吗？那么，朗读最终目的就是为每一个学生的言语人格进行塑造、重构，换句话说就是朗读教学不是为了“教”人，而是通过朗读“育”人。这就更好地证明了我们之前所提及的通过朗读来培养高年级学生情感力、思维力和行动力，全面提升学生语文综合素养。因此，“启思善悟”情感朗读教学可以定义为：朗读教学以“情感”为主线，遵循学生身心发展规律和学习特点，教师运用多种朗读方法帮助学生深度理解文本思想内涵及文化价值，从而引起学生言语思维、言语情感及言语行为发生的动态互动、及时反馈的教学方法。

二、“启思善悟”情感朗读教学的特征

（一）“启思善悟”情感教学的目标

1. 发展学生思维力

思维是人类所具有的高级认识活动。“按照信息论的观点，思维是对新输入信息与脑内储存知识经验进行一系列复杂的心智操作过程。”① 思维活动主要表现在分析、综合、比较、抽象、概括等形式。在朗读前，学生先会对课文内容进行信息加工，对作品进行分析与理解，这就需要调动思维的参与，促发学生高阶思维的发生。信息加工过程便是思维不断运转的过程。随着信息加工的深入，学生透过文字，理解词语背后的含义，能梳理文本的基本内容，在脑袋中对文本内容进行概括、分析与理解，形成对文本内容初认识。课堂上，教师为了帮助学生更好地理解文本内容，会采取情境创设、理解重点词句、小组交流谈论文本内容等丰富多样的方式，组织学生探寻文本内容，增强对文本内蕴的理解程度。在这个过程中，学生对文本的认识由浅层认识逐渐走向深层认识。但不同学生思维能力基础不同，知识储备能力不同，在文本的理解与感悟程度也会出现个性化差

①刘颖，苏巧玲. 医学心理学［M］. 北京：中国华侨出版社，1997：27.

异。往往思维能力较好的学生，对文本领悟与感悟的能力也更强，由此激发内在的情感程度也更强烈，朗读效果会更佳。由此可见，课堂上教师进行朗读教学不仅只是指向提高学生的朗读能力，也是在培养学生思维发展能力。学生思维能力也将直接影响朗读能力的呈现。思维能力的发展与培养，是“启思善悟”情感朗读教学着重发掘的一个重要内容，既在课堂上关注学生思维能力发展，培养学生的核心素养，也以思维促进学生理解文本意蕴能力，以此打好基础，真正帮助学生激发情感，提高朗读水平。

“启思善悟”情感朗读教学法是基于学生思维能力的培养，在朗读指导过程中引导学生进行思考，在朗读过程中培养思维能力的产生，以读促悟，以读促思，真正引领学生从关注朗读语音层，到关注文本内容，启发思考，学会多角度分析，促进学生高阶思维的发展，以不断培养学生语文核心素养。

2. 激活学生的感知力

科学研究表明，朗读在运动原理上和唱歌有相似之处，都是通过腹部呼吸带动人体口腔及面部肌肉组织的运动，同时锻炼呼吸道和腹部，进而刺激大脑细胞的活跃和兴奋。反复诵读能够激活学生的感知能力，能和学生大脑中贮存的信息产生共鸣，得到一种特有的愉悦体验和感受，并从中获得感知能量。

3. 增强学生记忆力

情感朗读通过学生的声音将文字传达出来，并且伴之以节奏和情感，使其他学习伙伴和教师进入了一种美的享受，这个过程可以有效地激发右脑皮层细胞的活跃。因此，学生经常地进行情感朗读，可以帮助他们增强记忆力，改善记忆品质。因此，情感朗读可以让学生的大脑变得灵敏好用，记忆力、注意力等学习能力就能得到相应提高。

4. 提升学生的理解力

情感朗读是语文能力的重要组成部分。课堂上，教师指导学生在初步理解的基础上有感情地朗读，达到“能初步表达课文的思想感情”的程度，这一过程不仅训练学生的整体思维能力，而且使学生对文本的整体感知更加深刻。在教学中通过创设情境，在学生理解课文的基础上，引导学生读出课文的感情，并在此过程中受到潜移默化的情感教育。

5. 培养行为创造力

学生在学习的过程中会经历逻辑—认知层面的学习，也会经历情感—体验的学习过程。朗读学习亦然，学生在这一学习过程中不仅有理性的思维活动，更有主观的情感体验活动。只有真正激发学生产生情感体验，才能促使学生在朗读过程中投入感情，以声情并茂的状态，完成一次高质量的朗读。在国外，学者曾提出了情感领域教育目标，开设情育课程，设立情感师范教育，指出“情感性（affectivity）是认知发展的动力”①。我国学者也提出了“情感教育”的主张，重视情感作为教育手段对教学和教育活动的影响。在此理论基础上，情感朗读教学有了更加充分的理论指引，重视发挥情感因素对朗读的影响，关注情感力的培养，是“启思善悟”情感朗读教学的重要特征。

学生对文本理解程度是学生实现“有感情朗读”目标的重要基础，但只有理性的逻辑知识能力还不能让学生实现这一目标。随着学生对文本内容理解不断深入，学生的情绪、情感、价值观等也在逐渐发生变化，对作品的人物形象有了更深刻的认识，感受到人物身上体现的人性特点，学生内心的情绪和情感逐步被文本内容所牵动，产生感动、激动、悲愤、喜悦等复杂的情感体验，并在朗读过程中通过声音、表情等外显行为表达内心的这种情感，将朗读水平推向更高层的目标。在朗读过程中，学生的情感体验是决定朗读水平的重要维度。由此可见，朗读教学可以紧抓“情感力”这一维度，以相应的策略帮助学生调动生活情感体验、产生共鸣等助力朗读能力的提升。情感教育更能助力学生将逻辑认识学习过程与情感体验过程相结合，走向更全面而完善的学习过程，助力提高学生的核心素养。由此可见，“启思善悟”是指向提升学生对文本的情感感悟能力，加深对文本的理解与情感感受力，以更好地以外化的朗读行为呈现内在的情感感受力与感悟力，以此不断提升学生真正的感悟能力与情感表达能力，实现“情感”与“朗读行为”的一致表达。

6. 提升综合素养

情感朗读是培养学生语文学科核心素养的重要途径，以下从语文学科核心素养的四个层面理解朗读教学。第一，在实际教学中，学生通过文本朗读感受语言背后所蕴含的深厚的文化内涵，体悟中外文化的丰富与博大。第二，小学高年级学生正处于小学与初中的过渡阶段，他们的抽象思维能力处于快速发展的时期。

---

①朱小蔓．情感教育论纲［M］．北京：人民出版社，2007：14.

第三，朗读文本语言表达丰富多样、生动优美，适合学生从文本内容、人物、语言、情感等多个角度，不同层面对课文进行解读和赏析，在理解和研读过程中提升学生的阅读理解能力。另外，学生朗读的过程不仅是将书面文字化作有声语言，更是学生对文本进行理解甚至能够运用所学的技巧带着自我理解对课文进行艺术再创造的过程。学生在这过程中能够潜移默化地提升自身的审美感受能力与创造能力。

（二）“启思善悟”情感朗读的组织形式

“启思善悟”情感朗读的组织形式是以课堂为单位的学习，建构“R—P—E—P”课堂学习模型。具体来说教师可组织学生有层次、有梯度地进行朗读探索和实践，比如，可首先通过自由朗读、单独朗读或齐读等形式多样的方法，让学生初步体会文本所蕴含的情感；接着教师可进行范读，通过自己的朗读示范，传递情感，引导学生体会文章内容与情境。学生在学习教师范读的基础上在情境刺激的作用下，对接收的信息经过二次编码后，开启外部知觉通道和内部心智通道，建构“言语加工模型”和“情感体验模型”，即学生在学习记忆中将获取的信息进行加工，形成了具有逻辑意义的语音呈现行为；学生对语音进行个性化的、抒情的情感调试，形成了具有情感意义的表情呈现行为，二者相辅相成，相互作用，共同完成了从“语音呈现的外部输入”到“信息加工内部行为”的学习过程。同时，该模型搭建了多元学习支架，形成了“Receive Process Experience Performance”（简称“R—P—E—P”）课堂学习模型，指“接受信息、加工信息、体验投入、表达呈现”。“启思善悟”情感朗读的课堂组织形式，不仅丰富了学生的朗读情感，推动思维的进阶，助力行动的发生，而且全面提升了学生的语文核心素养。

（三）情感朗读教学的“四性原则”

“四性原则”即彰显主体性、突破层次性、强化感受性、优化实效性。“四性原则”遵循语文教学规律，贴合朗读教学本质追求，强调朗读在本质上从属于“品读、体会、理解、表达”等主体的生命活动，体现了朗读教学本身的育人功能与教育价值。朗读是一个动态发展的过程，也是一个极其复杂的心智过程。在小学高年级语文“启思善悟”情感朗读教学的实践中，当学生接触到文字语言时，他们的视觉、听觉、触觉最大限度地发挥协同作用，并通过各种感官进行全方位的感受和体验。教师可以根据教学内容，设计不同的朗读训练点，如什么时候进行感知性朗读，什么时候进行体验式朗读，哪些地方需要用到朗读技巧等问题，引导学生把自己对文本的理解通过语言、腔调表达出来，建立文字、声音、画面之间的联结，从而充分理解课文内容。这一过程，是学生对文本意义的再创造，真正体现了“四性原则”相互融合，缺一不可。

1. 彰显主体性

教育部印发的《义务教育课程方案和课程标准（2022 年版）》中指出：“创设以学习者为中心的学习环境，凸显学生的学习主体地位。”① 进一步强调了学生在教学实践过程中的重要作用。朗读教学作为语文课堂教学内容的重要组成部分，同样需要学生发挥“建设者”作用。在朗读过程中，教师应注重个体差异，以恰当方式，为每位学生提供展示自我的舞台，引导他们通过朗读，关注深层次情感表达，从而实现“启思善悟”有效激发与朗读教学助力个体成长的目标。

1.1 激发学生自我意识，引导学生掌握文本朗读技巧

自我意识（self-consciousness）是意识的一种形式，指主体对自身的意识。它包括对自身机体及其状态的意识，对自己肢体活动状态的意识，对自己的思维、情感、意志等心理活动的意识。② 它具有目的性和能动性等特点。在情感朗读教学的开始阶段，教师可以引导学生通过自主思考的形式，主动对所朗读文本内容进行初步了解，包括主题概括、层次划分、背景联想、基调确定、重点字词研读等。可以说，只有下好这些“先手棋”，学生在具体进行朗读的过程中，才能“有所凭借”。这种以学生为主导“先入为主式”的朗读教学不同于传统教师占据主导、一味灌输式的“单一型”教学模式，它更具科学性和合理性，更符合教育教学发展规律和小学生身心发展特点。在这种教学模式下，学生能够更深刻地体会到文本的内涵，感受到语言的力量，从而在朗读中真情流露，使自己的

---

①中华人民共和国教育部制定．义务教育课程方案和课程标准（2022 版）［S］．北京：人民教育出版社，2022.

②车文博．心理咨询大百科全书［M］．浙江：浙江科学技术出版社．2001：12.

声音成为文本的又一载体。

1.2 尊重学生个性表达，启迪学生深入挖掘文本情感

素质教育观强调教育活动的目的指向“素质”——人的全面素质，其中包含促进学生个性发展的教育。开展情感朗读教学，不仅要让学生“大声地念出来”，还要让学生“把作品的感情表达出来”，而这两者的基础，又依托学生个性认知情感的解放。因此，教师要给予学生足够的时间和空间，让他们自主地对文本进行深入阅读，去发现文本中蕴含的丰富情感，并采取鼓励、尊重的方法使学生敢于表达、乐于表达，喜欢朗读、爱上朗读。

同时，因家庭背景、年龄特点、学习能力、性格习惯等方面影响，不少小学高年级学生在面对老师布置的课堂朗读教学任务时，都害怕张口、不敢主动站起来朗读。解决这一困境，就要求教师提高“容错率”，能够多元包容，接纳学生对文本的个性解读。例如，在学习《卖火柴的小女孩》一文时，有的学生可能更多地感受到小女孩的可怜，而有的学生可能会对当时的社会环境产生愤怒的情感，这些都是合理的情感体验。在学生朗读过程中，教师不能过分强调技巧而压抑学生的情感表达，应避免用单一的标准去衡量学生的朗读实践。只要学生能够真诚地表达出自己对文本的理解和情感，就应该给予肯定。

2. 突破层次性

“突破”即超越原有的限制或障碍，达到一个新的水平或境界。在“启思善悟”情感朗读教学中，突破层次性，要求学生不仅关注文本表面的意义，更要挖掘深层的内涵，实现情感、思维、行动三者有效衔接。从小学高年级语文朗读教学实践来说，突破层次性意味着不拘泥于表面，这种方法可以为不同能力水平的学生提供有针对性的训练和发展空间。例如，对于基础较弱的学生，从简单的字词发音、语句停顿等基础层次进行训练，帮助他们建立朗读的信心；而对于能力较强的学生，则可以引导他们挑战更高层次的情感表达和艺术处理，避免能力强的学生“吃不饱”，能力弱的学生“吃不了”的情况。在这种模式下，学生们可以不断探索自我，展示自身独特风采。如此，课堂氛围日益活跃，学生们对文学作品的感悟力与表达力也能得到显著提高。

从初步感知到深刻领悟，从逐步提升朗读能力到情感理解高水平，从单纯朗读学习到朗读能力到语文学习。语文教学的层次性影响了朗读教学的层次性。以

往单一层次的朗读技巧、体验方法、评价标准、培养路径已难以适应现代化的朗读教学实践，小学高年级学生多样的学习和发展需求，迫切需要教师深化“启思善悟”情感朗读教学，关注他们在朗读中的情感体验和思维发展，突破思想缰绳，敢于创新，以增强课程适宜性。教师在教学过程中，应把握这一规律，巧妙搭建多维教学支架，让学生在探索中成长，在实践中升华。正如古希腊教育家苏格拉底所说：“教育不是灌输，而是点燃火焰。”通过激发学生内心对朗读的热爱，引导他们跨越障碍，我们的教学才能真正实现“以人为本”。

2.1 整体解读文本内涵，明晰朗读技巧

朗读技巧的学习是一个系统、动态的过程，文本本身蕴含着丰富的内涵和复杂的情感，这些往往不是单一层次就能完全展现的，需要朗读者以“大局观”多维度分析，多方面衡量，多视角把握。突破层次性、多方向解读可以让学生发现文本朗读新的可能性，进而引导学生深入思考朗读视域下文本新的表现力，帮助学生逐步构建起完善的朗读技巧体系。

就一次好的朗读体验来说，朗读者对文本的分析、把握一定是先通过掌握最基本的语调、语速开始的。然后进行延伸，从主题概括、层次划分、背景联想、基调确定、重点字词研读这几个方面进一步思考。明白这些文本背后的“弦外之音”后，再通过感知性朗读、体验式朗读，掌握细节处理和文本深处所传达的细腻情感。然而，这每一步之间又不是相互孤立的，朗读演绎的过程中要将几者紧密联系在一起，全盘考虑、突破层次性，以实现上下协同联动，达到“合力”的最大化。教师通过这样的教学方式，使得学生在探究文本深层含义的同时，也能锻炼他们将理论知识与朗读魅力相结合的能力，进一步激发他们对文学作品的热爱和对语言的敏感度。通过不断的实践和反思，学生能够在教师的指导下，逐渐形成自己独特的朗读风格，让每一次的朗读都充满个性和生命力。这种教学方式不仅提升了学生的综合素质，也能为他们未来的学习和生活打下坚实的基础。

2.2 全局推进能力培养，优化递进模式

新课标“因材施教”理念的设计和施行，要求教师对待不同学生情况必须做到具体分析，采取不同措施，并根据对学生学习风格的了解，在教学中有针对性地提供与学生学习风格相适配的教学方式。朗读教学作为小学高年级语文教学中的重要组成部分，也应遵循这一原则，即针对学生朗读能力区别，全局推进能

力培养。同时，在评价阶段，教师应重视多维欣赏，优化具体评价路径。教师需设计出更具包容性的评价体系，不仅关注结果，更要注重学生在朗读过程中的成长与变化。通过个性化反馈，引导学生认识到自己的优势与不足，鼓励他们勇于表达，敢于探索，从而在自我完善中不断提升朗读水平。这样的方式，不仅能够培养学生自我反思的能力，激发他们持续学习的兴趣，让每个学生在享受朗读乐趣的同时，还能引导学生在集体中相互学习、共同进步。针对学生朗读能力区别，全局推进能力培养措施，如图 1. 3 所示。

表 1. 3　针对学生朗读能力的不同所提出的培养措施

措施一	混合小组活动	组建包含不同朗读能力层次学生的小组。例如，在小组朗诵比赛中，让能力强的学生带动能力弱的学生，共同完成朗读任务。在这个过程中，基础薄弱的学生可以学习到高水平学生的朗读技巧和情感表达方法，高水平学生也可以通过指导其他学生来进一步巩固自己的知识。
措施二	共同目标设定	为全体学生设定一个共同的朗读目标，如在学校的文艺会演中进行优秀的朗读表演。这个目标可以激发不同层次的学生的积极性，促使他们在各自的能力基础上提升。在实现目标的过程中，教师可以根据学生的能力差异分配不同难度的任务，如让基础较弱的学生负责一些简单的旁白部分，让高水平学生承担情感表达要求较高的角色独白部分。
措施三	集体阶段训练	在教学过程中，定期开展面向全体学生的阶段性朗读训练。例如，在某个阶段集中训练朗读中的停顿技巧，从简单的语句停顿到根据情感变化进行复杂的停顿处理。不同层次的学生可以根据自己的能力在这个统一的训练中获得不同程度的提高。

3. 强化感受性

朗读是一门高雅的艺术，一门重视个性情感抒发的艺术，个体“感受”的合理表现，是使朗读焕发生机活力、文本内容“隐性”色彩得到极致绽放的不二法宝。在开展“启思善悟”情感朗读教学过程中，教师不仅要注重引导学生关注朗读文本的“形”，还要引导学生关注文本的“神”。“形”是指在对文本的基础性把握上，初步了解外部朗读技巧，包括停连重音、气息控制、口腔控制等。“神”是指在对朗读文本内涵的延伸式理解过程中，通过情感艺术化加工，使朗读更具灵气，使朗读不再是简单的文字传递，而是心灵与心灵的对话。如此一来，学生在享受朗读带来的快乐的同时，也能在潜移默化中提升自己的感受力和表达能力。

3.1“感”字当先，重视主观情感表达

感受是表达的基础。感受，“感”字当先，“感”字本义是外界事物在人们思想情绪上引起的反应，即《说文解字》所谓的“动人心也”。也就是说，唯有内心最本真的东西得到了触动，所表达的东西才能“有灵魂”，才能达到某种意义上的“合一”状态。在具体的朗读教学实际过程中，不少老师反映，明明学生对文本的外部朗读技巧已经掌握很熟练了，但是为什么朗读呈现的效果很一般，不能引起听众的共鸣，其实这就是因为学生只抓住了文本的“形”，缺少了个体“感受”的抒发、对文本意义的情感化创造。

以统编版小学语文五年级上册第四单元第十二课古诗《示儿》课堂朗读教学为例。这首诗是陆游临终前写给儿子的绝笔，全诗直抒胸臆，浑然天成，传达出诗人临终时复杂的思想情绪和忧国忧民的爱国情怀，表现了诗人一生的心愿，倾注了既有对抗金大业未就的无穷遗恨，也有对神圣事业终将实现的坚定信心。“死去元知万事空，但悲不见九州同。”开头第一句表现了诗人的生命观，即自己离开人世间之后，万事皆空，什么都用不着牵挂了，第二句“但悲”又反衬了诗人满腔的悲慨，诗的情调便由平淡转为悲痛。“王师北定中原日，家祭无忘告乃翁。”这两句又传达了诗人对祖国统一事业必成的坚定信念，诗的基调便又由悲痛转化为激昂。如果学生不能体会陆游临终时多种情感交织在一起的复杂思绪，仅从单一层面去理解，那么就不能很好地去展现诗人对旧业尚未光复的遗憾，以及对祖国必将统一的坚定信念，可以说，全诗有悲的成分，但基调是激昂的。教师可以结合诗歌实际，为学生情感朗读创设具体情境，引导学生全盘考虑并结合自己阅读过后的感受进行个性表达，最大限度地实现诗歌文学价值绽放、作者情感表达、个体理性思考这三者的有机统一。

“真感受”才能产生“真表达”，“真表达”才能实现“真朗读”。在小学高年级情感朗读教学过程中，教师不仅要注重对文本朗读技巧的传授，还要引导学生重视对文本内在精神、思想情感的挖掘，促进学生与文本的深度对话，帮助他们捕捉诗文中细腻的情感波动，将技巧与情感融为一体，让他们在朗读中自然流

露出对文本的深刻理解与情感共鸣，让学生在朗读中感受诗文的灵魂，让朗读成为心灵情感的抒发。如此，朗读便不再是机械的复述，而是灵魂深处的共鸣，是历史与现实的对话，是学生自我情感的外化。在这样的教学实践中，学生的每一次朗读都是对自我情感的探索，对文本的再创造。如此，方能实现“启思善悟”情感朗读教学目标，让每个学生的朗读都能成为独特的情感表达，传递文本背后的生命力和时代精神。

4. 优化实用性

高质量的朗读教学能有效提升课堂教学质量，“启思善悟”情感朗读教学关注学生学习心理过程，以学生学习行为作为着力点，通过引导学生深入体会文本，感受字里行间的情感波动，实现传统课堂向趣味课堂转变。在小学语文高年级情感朗读教学中，优化实用性是将朗读从理论技巧转化为学生实际能力的关键环节。它让情感朗读不再仅仅停留在课堂表演的层面，而是真正融入学生的学习、生活，使学生能够运用朗读技巧来更好地理解文本、表达情感，提升自身的语文素养。在此基础上，教师应关注学生的个性化需求，鼓励他们挖掘自身的潜能，将朗读作为一种自我表达和思考的工具。通过这样的实践，学生不仅能在语言技能上得到提升，还能在情感体验和人文素养上获得全面发展，从而真正达到情感朗读教学的目的，即让学生在朗读中感悟生命，在表达中传递价值。

4.1 服务于语文学习，体现朗读的工具性

“启思善悟”情感朗读教学过程中，学生立足对文本的理解和感悟，丰盈朗读文本艺术生命力，知识体系得到建构，使朗读成为推动语文学习的有力“工具”，发挥出其对语文学习的积极促进作用。朗读可以增进学生对文本的理解、对文本精神的把握。在教学中，教师可以引导学生通过朗读来分析课文的结构、情感脉络。同时，教师还可以鼓励学生在预习课文时进行朗读，并在这过程中标记出自己不理解的地方，带着问题去学习，这样可以提高学习效率。

朗读与写作也是相辅相成的。教师可以鼓励学生朗读优秀的作文范文，学习范文的语言表达、情感抒发方式。例如，在朗读描写人物的作文时，注意作者是如何通过细节描写、情感表达来塑造人物形象的，然后让学生模仿这种写作手法进行写作练习。并要求学生在完成自己的作文后，进行朗读检查，通过朗读发现语句不通顺、情感不连贯的地方，进行修改。通过高质量的朗读实践，学生不仅

得到了人文精神的熏陶，还有效提升了自身的语文核心素养。在不断的实践中，学生将逐渐领悟到朗读与写作之间的紧密联系，从而在创作中自然流露出文意的深度与情感的真挚。

4.2 与生活场景结合，增强朗读的实用性

优化实用性，就是要将朗读与学生的生活、学习紧密结合起来，让学生在不断的实践与探索中，逐渐意识到朗读不仅是一种学习方式，更是一种生活的艺术。让朗读成为学生语文学习的得力工具，同时也让学生在生活中能够运用朗读技巧更好地表达自己，使学生真正受益于情感朗读教学。通过这样的实践，这样的融合，学生将朗读学习与生活实际相结合，有效提升语文素养和实际应用能力，真正让朗读教学从而走出课本，走出课堂，成为生活的一部分，在生活的每一个角落绽放。

如此，“启思善悟”情感朗读教学不再是要求学生对文本内容的浅层解读，或者是艺术性表现的抒情朗读，而是对文本内容的深度解读，这种深度是一种个性化的深度，是基于对话和反思的基础上的深度，这种深度化的朗读体现出了学生情感朗读上的价值。情感朗读教学的“四性原则”归根到底从属于语文教学这个核心大框架，需要聚焦立德树人根本任务，以学生为中心，服务学生语文核心素养能力培养，帮助学生建构个性化的朗读体系、发挥情感朗读教学本身的独特价值。由此可见，“四性原则”是相互融合，缺一不可的。

三、“启思善悟”情感朗读教学的发展价值

党的十八大报告提出，要把立德树人作为教育的根本任务。党的二十大报告提出进入新时代，发展教育必须解决好“培养什么人、怎样培养人、为谁培养人”这个根本问题。《义务教育课程方案和课程标准（2022 年版）》颁布实施，进一步强调了学科核心素养，是学科育人价值的集中体现。随着课程改革的变化，项目组提出了“情思行”教育理念，形成了情感朗读教学“四性原则”，构建了“PRT”课堂学习模型和“三位一体”情感朗读教学策略和情感朗读评价模型。基于对课堂教学育人价值和理论基础的深入研究、课堂实践的经验总结以及存在问题的深度剖析，本项目是基于培育语文核心素养，以立德树人为目标，以情感育人为路径，建立情感、思维、行为之间的意义链接，促进学生情感力、思维力、行动力协同发展的产物，对课堂教学改革有着重要的意义，具有言意兼

得、情辞相生的特点。

1. 形成以生为本的“情思行”教育理念

教育理念提出之初，项目组把学生认知结构、朗读行为、情感分别简称为“M、S、P”。在大量的实践中发现一定的语言表象能够表现出特定的情感，由此证明学生认知结构、朗读行为与情感三者的关系密不可分。随着研究的深入，项目组从若干教学实例中发现在特定情境下学习者产生一定的情感并在其作用下出现相应的思维、行为及躯体反应。它的表达式为“S—P—R—T”，即“S”为情境刺激，“P”为情感发生，“R”是思维，“T”是行为。当情境刺激的强度越强（变量Y，Y = 媒介、音像、图像等），学习者在学习过程中所表现出来的情感（P）越强烈，相应的思维（R）及行为（T）朝着积极的方向而发生，反之亦然。因此，“情思行”教育是一种基于学生核心素养发展而提出的教育理念，它以立德树人为目标，以课程育人为路径，打通学生情感、思维、行为之间的意义链接，透过诱情、启思、促行，以“情”带学，以“思”导学，以“行”利学，最终实现情感的内化。该理念坚持学生本位的教育思想，坚持情感、思维与行为的相互统一，具有指向学生心智、学生科学学习、学生未来的特点。

2. 借力AI技术赋能打造课堂教学新样态

课堂教学行为分析是教学过程中进行研究与评价的重要内容，是促进教师专业发展、学生个性化学习和教育教学改革的重要途径。项目组从数据科学视角出发，基于教与学的全过程数据进行教学行为计算，实现精准化、个性化的教学服务和学习评价。借助AI赋能下的信息技术，建立课堂观察数字化平台，通过嵌入教学观察量表，采用行为编码的方式，在课堂上实时采集和记录教与学的相关数据，利用平台对这些数据进行分析和处理，形成客观的、可视化的课堂教学大数据汇总报告。通过这样的课堂观察诊断方式，项目组分析教与学中存在的优劣，构建出“三位一体”情感朗读教学策略，实现从传统课堂向智慧课堂、从灌输课堂到实践课堂、从知识课堂到能力课堂的转变，全面提高教育教学效率，发展学生的核心素养。

3. 设计以教的活动为支点的“三维整合”朗读教学模型

朗读教学模型围绕“再现意义—塑造形象—表达情感”三环节，设计“导·固”“学·练”“悟·评”六步骤，且呈螺旋式上升发展，是一个层叠样式、动态交互、即时反馈的“三维整合”朗读教学过程。该模型打破传统单一的朗读教学模式，遵循朗读的基本规律及情感朗读的本质特征，实现将文字语言的静态向有声语言的动态转化过程。该模型旨在指导学生从“言语意义”“言语形象”“言语情感”深入理解文本内涵而进行的一种再造活动，从而帮助学生引向语文综合素养的形成过程。

4. 建构以学的活动为基点的“R—P—E—P”课堂学习模型

课堂学习模型改变了以往朗读教学中出现的单纯关注“语音”“音美”“形式”的问题，运用信息加工理论、体验式理论等，遵循以学生为本的教育理念，以培养学生核心素养为目标，以注重师生情感和智慧沟通为核心，采用符合学生学习特点及规律的教学活动促进学生的多元理解，提升学生语文核心素养。

5. 构建“三位一体”情感朗读教学策略

“三位一体”情感朗读策略包括：诱情：优化输入；导情：分析状态；悟情：自我内化。该策略以学生情感发展为主线，以提升学生情感、思维、行动为目标，注重朗读从“输入”—“输出”的发展过程，注重提升高年级朗读教学质量，注重推动学生语文阅读水平及其能力的发展，实现良好朗读再造效果的同时，也对其持久的朗读热情的激发与维持产生促进作用。大量的实践充分证明该策略的科学性与有效性。

6. 设计情感朗读评价模型，促使“教—学—评”深度融合

课堂教学评价的有效性直接关系着优质课堂的创建和教育教学质量的提升，是教学方式的调节器和专业发展的助推器。本项目围绕高年级学生三大核心力，“Emotion Thinking Power Action”，即“情感力、思维力、行为力”，采取“三维诊断模式”：“课堂观测＋教师教学行为”“课堂观测＋学生学习行为”“课堂观测＋师生交互行为”，借助AI背景下的信息技术，识别出高年级朗读教学规律和特征，根据数据分析解释模型出现的结果，不断完善和优化模型，建构出“ETA”高年级语文情感朗读评价模型。

第二章
Ai人工智能在小学高年级情感朗读教学中的应用与分析

人工智能（Artificial Intelligence，简称AI）被视为引领即将到来的第四次技术革命的核心力量。AI在深刻影响人们日常生活与职业发展的同时，正以前所未有的速度渗透至教育领域，预示着一个由颠覆性智能技术驱动的教育新时代即将到来。此轮技术革新将以智能教育为核心，为教育教学理念注入新鲜血液，提供创新性的方法与工具，推动教育教学模式实现根本性转变，进而促进教学效果实现质的飞跃。本章将深入剖析AI技术在课堂教学中的应用，重点聚焦于小学高年级朗读课堂观察的精进、教师教学行为的调整以及学生学习行为的重塑等方面。

第一节　AI人工智能在中小学教育中的发展与应用现状

人工智能技术的迅速发展使其在教育领域的应用日益广泛，为教育教学带来了前所未有的变革机遇。特别是在中小学阶段，人工智能教育已经成为教育现代化的重要组成部分。它旨在提升学生的信息素养，普及全民智能教育，并培养人工智能人才。本节将从人工智能技术推动教育深刻变革，探讨国外中小学人工智能在教育教学中的应用现状，分析国内中小学在引入人工智能技术时所面临的挑战，并展望未来的发展趋势。

一、人工智能教育发展历程与技术革新

人工智能教育的发展历程与关键技术紧密相连，自1956年美国达特茅斯会议首次提出“人工智能”这一概念以来，人工智能的研究经历了诞生期

（1956—1966 年）、摸索期（1976—1986 年）和产业期（2006 年—至今）三个阶段。这一历程见证了人工智能教育从萌芽、启动到蓬勃发展的整个过程。在诞生期，AI 和教育的结合主要围绕辅助教学进行探索，应用于答疑、练习、模拟测试等环节，代替部分教师的重复性劳动。在机器学习的兴起下，AI + 教育进入摸索期，二者结合的探索主题为智能导学及自适应学习。随着深度学习技术的进步，人工智能技术步入商业化阶段，AI + 教育也进入产业期。①

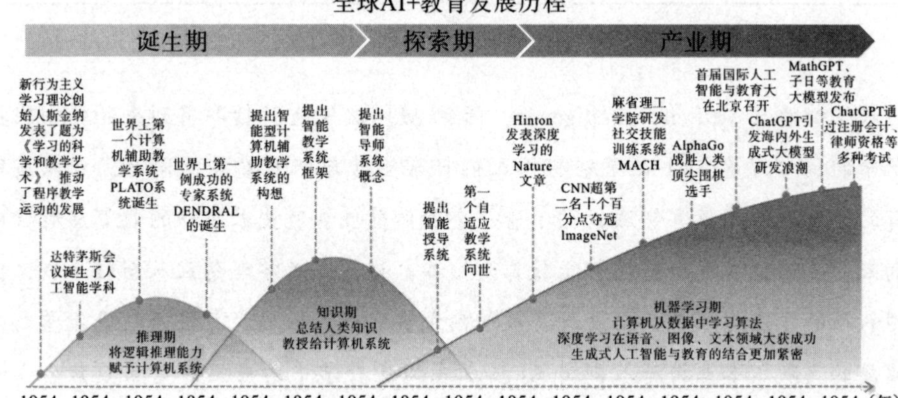

图 2.1 全球 AI + 教育的发展历程

机器人技术使得机器人能够感知周围环境、分析自身状态，并采取合适的策略和动作解决指定的问题。

在 20 世纪 50 年代，随着计算机技术的初步发展，教育领域开始出现了教学机器和程序教学的理念。这一时期，计算机辅助教学系统和一些初级编程语言，如 Algol、Logo 等开始出现，这些成果为后来的人工智能教育打下了基础。尽管计算机技术还非常原始，但教学机器和程序教学的理念已经为后来的人工智能教育铺垫了道路②。到了 20 世纪 70 年代，随着计算机技术的进一步发展，人工智能教育开始进入启动阶段。计算机辅助教学（Computer - Assisted Instruction,

①艾瑞咨询集团. 2024 年 AIGC + 教育行业报告［EB/OL］.（2024 - 02 - 04）［2024 - 11 - 5］. https：//www. iresearch. com. cn/Detail/report? id = 4312&isfree = 0

②Koschmann, T. Paradigm shifts and instructional technology. In T. Koschmann (Ed.), CSCL: Theory and practice of an emerging paradigm (pp. 1 - 23). 1996. Mahwah, NJ: Lawrence Erlbaum.

CAI）逐渐取代了传统的程序教学①，并演化为更加智能的系统，如智能教学系统（Intelligent Tutoring Systems，ITS）和自适应学习系统（Adaptive Learning Systems，ALS）。② 这些系统能够根据学习者的个体差异调整教学策略，为学习者提供个性化的学习体验。这一时期的另一个重要进展是专家系统的出现，它能够模拟专家的知识和决策过程，为学习者提供更为深入的学习指导。

2010年以后，随着大数据、机器学习、人机交互等技术的发展，人工智能教育进入了快速发展的新阶段。大数据技术为智能教学系统提供了丰富的数据来源，使得系统能够更加准确地分析学习者的行为模式和个人偏好。机器学习技术的发展，特别是深度学习算法的突破，为智能教学系统提供了强大的算法支持，使得系统能够自动从数据中学习知识和规律，并根据学习者的反馈不断优化教学策略。人机交互技术的进步，如语音识别、手势识别等，使得教学系统能够以更加自然的方式与学习者进行交流，提升了学习体验。此外，虚拟现实（Virtual Reality，VR）、增强现实（Augmented Reality，AR）等沉浸式技术的应用也为学习者提供了更加直观和生动的学习环境。③

这项技术在教育领域有着广泛的应用，包括口语评测、作文批阅、文献处理、机器翻译等。通过自然语言处理技术，智能教学系统能够更好地理解学习者的问题，并给出有针对性的回答，提升了交互的质量。④

例如，计算机视觉可以帮助智能教学系统自动识别学习者的面部表情，从而判断他们的情绪状态，进而调整教学策略以适应学习者的情感需求。知识图谱通过对信息的语义处理和互联组织，为智能分析和应用提供基础。知识图谱把指定领域信息以“关系”的形式连接成一个网络，从而可视化呈现指定领域的核心

---

①王晓娟，张忠琪，鲁怀伟. 计算机辅助教学的发展与展望［J］. 科技创新导报，2008，(06)：227.

②周琴，文欣月. 从自适应到智适应：人工智能时代个性化学习新路径［J］. 现代教育管理，2020，(09)：89－96.

③吴雪影，杨又. 国外VR数字技术教育研究综述与展望［J］. 教学方法创新与实践. 2021，(04). 23.

④梁迎丽，刘陈. 人工智能教育应用的现状分析、典型特征与发展趋势［J］. 中国电化教育，2018，(03)：24－30.

结构和发展趋势。在教育领域中，知识图谱技术可以用于构建学科知识框架，帮助学习者理解知识点之间的联系，促进深度学习的发生。

例如，通过情感交互技术，智能教学系统能够感知学习者的情绪状态，并据此调整教学策略，为学习者提供更加人性化的学习体验。机器人技术使得机器人能够感知周围环境、分析自身状态，并采取合适的策略和动作解决指定的问题。在教育领域中，机器人可以成为助教，处理学生问答，减轻教师的工作负担；同时，也可以成为学生的学习伙伴，寓教于乐，提高学生的学习兴趣。例如，通过编程学习，学生可以亲手设计和控制机器人，这种实践活动不仅能够提高学生的编程能力，还能激发他们对科学和技术的兴趣。

综上所述，人工智能教育的发展历程体现了从最初的萌芽到启动，再到快速发展的转变。关键技术如机器学习、自然语言处理、计算机视觉、知识图谱、人机交互和机器人技术为人工智能教育提供了坚实的技术基础。随着这些技术的不断进步，人工智能教育的应用将更加广泛，为教育领域的变革提供了无限可能。

二、国外中小学人工智能教育应用现状

以下是几个国家和地区在这一领域的具体应用实例。

美国在人工智能应用于教育教学方面一直处于领先地位。智能教学系统在美国学校中广泛应用，这类系统能够根据学生的学习进度和能力水平提供个性化的学习路径和资源推荐。例如，一些学校采用了基于机器学习的智能导师系统，这些系统能够分析学生的学习数据，为学生提供即时反馈，并为教师提供详细的分析报告，帮助教师更好地了解学生的学习状态①。此外，美国的一些学校还采用了自动化测评系统②，这些系统能够实现客观、一致、高效的测评结果，减轻了教师的工作负担，并为教学决策提供了可靠依据。

与此同时，英国的学校也在积极探索人工智能在教育教学中的应用。一些学校开始使用智能语音助手，如亚马逊的 Alexa 或谷歌助手，这些助手可以回答学

---

①刘清堂，吴林静，刘嫚，等．智能导师系统研究现状与发展趋势［J］．中国电化教育，2016，（10）：39－44.

②P. Jaques，H. Seffrin，G. Rubi et al. Rule－based expert systems to support step-by-step guidance in algebraic problem solving：The case of the tutor PAT2Math［J］．Expert Systems with Applications，2013，（14）：5456－5465.

生的问题，提供学习材料，甚至进行简单的对话练习①。此外，英国的一些学校还在尝试使用虚拟现实（VR）和增强现实（AR）技术来提升学习体验，这些技术可以让学生沉浸在模拟环境中，比如进行历史场景的探索或者进行科学实验②。

在日本，学校利用人工智能技术开发了智能教育机器人，这些机器人不仅可以帮助教师进行课堂管理，还可以与学生进行互动，从而激发学生的学习兴趣。此外，日本的学校也在利用人工智能技术进行学生情绪分析，通过面部识别和声音分析技术来监测学生的情绪状态，帮助教师及时发现学生可能遇到的问题③。

新加坡政府非常重视人工智能在教育中的应用。新加坡的学校正在积极推广智能学习平台，这些平台能够根据学生的学习习惯和偏好提供定制化的学习内容。同时，新加坡的一些学校还采用了基于数据分析的智能辅导系统，这些系统能够实时跟踪学生的学习进度，并根据学生的表现提供个性化的辅导建议④。

这些国家和地区在人工智能应用于教育教学方面的共同特点是采用了先进的技术手段来支持教学活动，包括但不限于智能教学辅助工具、个性化学习系统、智能测评系统等。这些工具和技术的应用不仅提高了教学效率，还为学生提供了更加个性化和高效的学习体验。

智能教学辅助工具的使用，如基于机器学习的智能导师系统，能够根据学生的学习进度和能力水平提供个性化的学习路径和资源推荐，使每位学生都能获得最适合自己的学习体验。这些工具通过分析学生的学习数据，为学生提供即时反

---

①兰国帅，杜水莲，肖琪，等. 国际人工智能教育治理政策规划和创新路径研究——首届人工智能安全峰会《布莱奇利宣言》要点与思考［J］. 中国教育信息化，2024，30（03）：43－51.

②杨姗姗，吴大军，邱成军. 扩展现实技术在教育教学中的应用研究［J］. 科技资讯，2014，12（19）：170－171. DOI：10.16661/j. cnki. 1672－3791.2014.19.055.

③张丹，崔光佐. 中小学阶段的人工智能教育研究［J］. 现代教育技术，2020，30（01）：39－44

④徐鹏，董文标，王丛. 新加坡人工智能终身教育体系现状及启示［J］. 现代教育技术，2022，32（01）：35－43.

馈，并为教师提供详细的学习分析报告，帮助教师更好地了解学生的学习状态，从而做出更加有效的教学决策。

而智能测评系统的应用减轻了教师的工作负担，并为教学决策提供了可靠依据。这些系统能够实现客观、一致、高效的测评结果，帮助教师了解学生的学习进展，并及时调整教学策略，确保每位学生都能够获得必要的支持和指导。

此外，虚拟现实（VR）和增强现实（AR）技术的应用为学生提供了沉浸式的学习体验。这些技术让学生能够在模拟环境中进行历史场景的探索或进行科学实验，从而加深对学习内容的理解和记忆。

智能教育机器人不仅能帮助教师进行课堂管理，还能与学生进行互动，激发学生的学习兴趣。这些机器人通过与学生的互动，能够提供即时反馈和支持，帮助学生克服学习中的困难，提高学习的积极性和主动性。学生情绪分析技术的应用有助于教师更好地理解学生的情绪状态。通过面部识别和声音分析技术，教师可以及时发现学生可能遇到的心理问题，并采取适当的措施来帮助学生克服困难，保持良好的学习状态。

尽管面临一些挑战，但随着技术的不断进步和完善，人工智能在教育领域的应用前景仍然十分乐观。

三、国内中小学人工智能教育技术应用与挑战

随着 AI 人工智能技术对教育的影响逐步加深，我国国家层面对信息技术变革教育高度重视。2017 年国务院印发的《新一代人工智能发展规划》① 中提出，“利用智能技术加快推动人才培养模式、教学方法改革，构建包含智能学习、交互式学习的新型教育体系。”2022 年，教育部等八部门联合印发的《新时代基础教育强师计划》② 要求，“探索人工智能助推教师管理优化、教师教育改革、教育教学方法创新、教育精准帮扶的新路径和新模式。”2024 年，教育部部长怀进

---

①新一代人工智能发展规划［EB/OL］.［2017－8－15］. http：//www. gov. cn/zhengce/content/2017－07/20/content_5211996. htm.

②新时代基础教育强师计划［EB/OL］.［2022－4－2］. https：//www. gov. cn/zhengce/zhengceku/2022－04/14/content_5685205. htm

鹏于3月9日记者会上表示未来将把人工智能技术深入到教育教学和管理全过程、全环节。同年3月，国务院《政府工作报告》① 从国家层面中提到了AI技术及其应用在未来一年发展中的重要性，提及深化大数据、人工智能等研发应用，开展“人工智能 +”行动；并要求加强高质量教育体系建设，其中包含要求大力发展数字教育。同月，教育部正式启动了人工智能赋能教育行动，标志着人工智能在教育领域的应用进入了一个新的发展阶段。

近两年，学术界对“AI + 教育”高度关注，知网数据中，“AI + 教育”的相关文献从2014年的121篇到2014年的6146篇，提升了约50倍，推动了人工智能与教育研究的热度提升。在教育领域，人工智能技术为教师的辅助教学和学习者的自主学习带来了革命性变化②。目前，人工智能已能够在教学、学习、测评、管理等各个方面全方位地提升教与学效率，增强学习体验。基于机器学习模型，智能学习系统能够构建知识逻辑结构，识别不同知识点间的关系，精准定位学生的薄弱点并分析成因，进而预测学习成绩，预警潜在学习障碍。通过机器学习算法，准确评估学生的知识掌握度和学习专注度，深入理解自我调节学习过程，为学生精准推送学习资源，并开发个性化支持系统以提升其元认知技能。运用计算机视觉技术，实现学生教学质量监测并及时提供帮助；自然语言处理技术则通过分析学生发言，以可视化方式评估情绪状态，更好地把握学生的活动情况及情绪。

---

①2024年政府工作报告［EB/OL］. ［2024 - 3 - 12］. http://www.news.cn/politics/20240312/bd0e2ae727334f6b9f59e924c871c5c2/c.html

②盖君芳，黄宝忠. 教育人工智能：新的革命［J］. 浙江大学学报（人文社会科版），2022，52（06）：53 - 65.

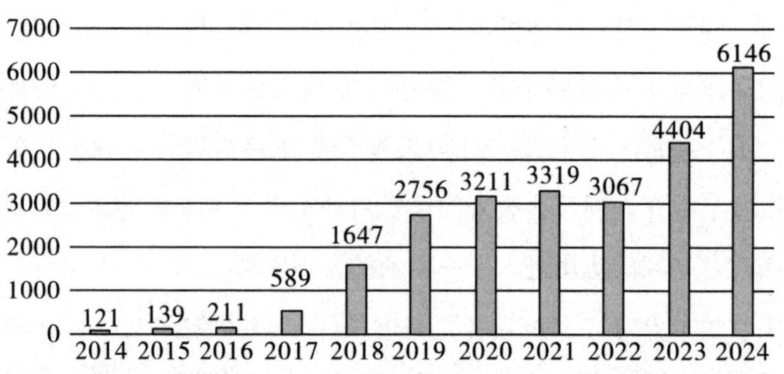

图 2.2　2014—2024 年知网数据库中“AI＋教育”相关文献数量

通过分析人工智能在教学中应用的相关政策文件、学术文献资料发现，随着社会的发展，专家学者们对“AI＋教育”的研究范围也更加深入，从最初的泛泛而谈到对具体方面的深入研究。总的来说，目前主要的相关研究体现在以下方面：

（一）教学模式的创新与智能化

人工智能技术的引入，为中小学教学模式的创新提供了无限可能。智能教学平台与工具能够支持多种新型教学模式的实施，如翻转课堂、混合式学习、项目式学习等，这些教学模式强调学生的主体性，鼓励学生主动探索、合作学习，从而培养学生的批判性思维、创新能力和团队协作能力。

智能教学平台能够根据学生的学习进度和能力水平，动态调整教学内容的难度与深度，确保每个学生都能在最适合自己的节奏下进行学习。此外，AI 技术还能够实现教学内容的智能化推荐与调整。通过分析学生的学习数据和兴趣偏好，AI 系统可以为学生推荐符合其学习特点和兴趣的教学内容，从而激发学生的学习兴趣，提高学习的主动性和参与度。这种智能化的教学模式不仅提高了教学的针对性和有效性，还促进了学生个性化发展，为每个学生提供了展示自我、发挥潜能的舞台。

（二）课堂观察分析与教学优化

传统课堂观察主要依赖教师的直观感受和经验判断，难以做到全面客观。AI 技术的引入，实现了对课堂活动的实时监测和数据分析。利用摄像头、传感器等先进设备，捕捉并记录学生的行为表现、情绪状态及参与度等关键信息，为课堂评估提供科学依据。

AI 通过深度学习算法，对课堂数据进行深度挖掘，揭示出隐藏的教学规律和趋势。例如，分析学生的课堂参与度，可以识别出活跃学生和潜在学习障碍者；评估教师的教学策略，可以判断其是否有效，以及是否需要调整。基于 AI 的课堂分析，教师能够更精准地把握学生的个性化学习需求，从而制定针对性的教学策略。AI 还能根据学生的学习进度和成果，提供及时的反馈和建议，帮助学生克服学习困难，提升学习效果。

（三）学生个性化学习路径及学习反馈

人工智能技术在学生个性化学习路径及学习反馈方面发挥着重要作用，为每个学生提供了量身定制的学习支持。通过大数据分析与机器学习算法，AI 系统能够精准识别学生的学习特点、兴趣偏好及能力水平，并据此为学生制定个性化的学习计划和学习路径。这些计划不仅关注学生的学习进度和成绩提升，还注重培养其兴趣爱好和特长发展。AI 系统还能根据学生的兴趣偏好，智能推荐相关的学习资源和活动，以激发学生的学习兴趣和动力。同时，AI 系统能够实时监测学生的学习进度和成果，为学生提供及时、准确的学习反馈。，这些反馈包括学习成果的评价和分析、学习过程中的问题和挑战，以及改进方向和建议，有助于学生不断完善自己的学习策略。

随着大数据技术的蓬勃发展，教育领域积累了海量的数据，包括学生的学习行为数据、教师的教学行为数据等。这些数据对于深入了解学习过程、优化教学策略具有重要意义。未来，数据驱动的方法将进一步推动教育研究从经验主义向数据主义和实证主义转变。在中小学教育中，通过分析学生的学习轨迹，可以为每位学生提供个性化的学习路径，帮助教师更好地理解学生的学习习惯和难点，从而制定更加有效的教学策略。

短期内，人机协同发展将成为人工智能推动教育智能化发展的一种重要趋势。学习是学习者根据自己已有的知识去主动构建和理解新知识的过程，而新知识是人工智能所无法理解的。因此，在智能学习环境中，教师的参与不可或缺，人机协同将成为人工智能辅助教学的显著特征。例如，智能教学助手可以承担部分常规教学任务，如自动批改作业、提供即时反馈等，而教师则可以更多地关注学生的情感需求和发展规划。在中小学教育中，智能教学平台可以为学生提供定制化的学习资源，帮助他们根据自己的进度进行学习。同时，教师可以利用智能系统提供的数据，更好地了解每位学生的学习情况，为他们提供个性化的辅导和支持。

此外，人工智能技术的发展为全球教育资源的共享提供了新的契机。通过国际合作，不同国家和地区可以共享优质教育资源，从而缩小教育差距。例如，跨国在线课程、虚拟实验室等项目能够为偏远地区的学生提供高质量的学习机会，促进全球教育公平。在中小学教育中，可以利用在线平台与海外学校建立交流合作关系，让学生有机会接触不同文化的教育资源，拓宽国际视野。例如，通过在线视频会议工具组织国际学生交流活动，让学生能够与来自其他国家的同学进行交流，增进彼此之间的了解和友谊。

综上所述，人工智能在教育领域的应用正处于快速发展阶段，未来将通过数据驱动、深化应用、融合创新、人机协同、国际合作以及教育变革等多维度的发展趋势，不断推动教育领域的进步和创新。通过这些发展趋势的应用，我们可以期待一个更加智能化、高效化、公平化和包容化的教育未来。

第二节　AI人工智能技术赋能情感朗读课堂教学转型

随着信息技术的飞速发展，AI人工智能已经逐渐渗透到教育领域，为传统的教学模式带来了深刻的变革。尤其在情感朗读课堂教学中，AI人工智能技术的应用更是为教学方式的创新和学生个性化学习提供了无限可能。本节将深入探讨AI人工智能技术如何赋能情感朗读课堂教学转型，详细分析其在教学内容设计、教学方法创新以及教学评估优化等方面的具体应用情况，并展望未来的发展趋势。

一、AI技术在情感朗读课堂教学中的应用背景

情感朗读，作为语文教学的重要组成部分，是连接文本与读者情感的桥梁，旨在通过声音的抑扬顿挫、语速的快慢变化以及情感的细腻传递，使读者能够深入文本，体会其中的情感内涵。然而，在传统的情感朗读教学中，教师往往依赖于个人的教学经验与直觉，对学生的朗读表现进行主观评价，这种评价方式虽具

有一定的参考价值，但缺乏客观性和精准性，难以全面、准确地反映学生的朗读水平及存在的问题。同时，由于教师资源有限，难以对每个学生进行个性化的指导和反馈，导致情感朗读的教学效果参差不齐。

随着人工智能技术的飞速发展，其在教育领域的应用日益广泛，为情感朗读教学带来了新的机遇。通过语音识别、自然语言处理、机器学习等先进技术，AI能够对学生的朗读进行精准分析和评估，为教师提供科学的教学依据，并为学生提供个性化的学习资源和反馈。这些技术的应用，使得情感朗读课堂教学更加智能化、个性化，有助于提升教学效果和学生的学习兴趣。

二、AI技术在情感朗读课堂教学中的具体应用

在情感朗读课堂教学中，AI技术的融入不仅为传统教育模式带来了革命性的变化，还为学生提供了一个更加个性化、高效且富有情感互动的学习空间。AI以其强大的数据处理、模式识别及智能反馈能力，精准捕捉学生的朗读特征，定制个性化学习计划，即时反馈学习成效，极大地丰富了情感朗读的教学手段，提升了教学效果。AI技术在情感朗读课堂教学中的具体应用如下：

（一）精准朗读评价与即时反馈

AI技术能够对学生的朗读进行精准评估，包括语音质量、语调变化、情感表达等方面。通过语音识别技术，AI可以识别学生的朗读内容，并通过自然语言处理技术分析学生的朗读语调、语速、音量等特征。同时，AI还能够通过机器学习算法对学生的朗读情感进行识别和分析，从而得出学生的朗读质量评估报告。这种精准评估有助于教师更客观、全面地了解学生的朗读水平，及时发现并纠正学生在朗读中存在的问题和不足。同时，AI还能够为学生提供个性化的朗读改进建议，帮助学生更好地提升朗读能力。

（二）个性化学习路径的定制

AI技术通过对学生朗读数据的深度分析，能够识别每位学生的朗读特点、优势与短板。基于此，AI可以智能生成个性化的学习路径，为每位学生量身定制朗读训练计划。例如，对于发音不准的学生，AI会推荐更多针对性练习发音的素材；而对于情感表达欠缺的学生，则会提供富含情感色彩的文本，鼓励其通过朗读深入体会并表达文本中的情感。这种个性化的学习路径设计，确保了每位学生都能在最适合自己的学习节奏下进步。

（三）数据驱动的教学优化

AI 技术能够持续收集并分析学生在朗读过程中的各项数据，包括朗读时长、准确率、情感表达强度等，为教师提供全面的学生学习报告。这些数据不仅帮助教师全面了解学生的学习状况，还能揭示教学中的潜在问题，如某些朗读技巧的教学难点、学生普遍的情感表达障碍等。基于这些数据，教师可以及时调整教学策略，优化教学内容，确保教学活动更加贴近学生的实际需求。此外，AI 还可以通过智能推荐系统，为教师提供适合的教学资源和案例，帮助教师更好地备课和授课。

（四）智能互动与情感激发

AI 技术通过设计互动式的朗读练习，如角色扮演、情感对话等，激发学生的朗读兴趣，增强情感投入。AI 可以模拟不同的人物角色，与学生进行对话，要求学生在朗读中准确表达角色的情感状态，从而提升学生的情感理解与表达能力。此外，AI 还可以根据学生的学习进度和兴趣，动态调整互动内容，保持学习的新鲜感和挑战性。

三、AI 技术在情感朗读课堂教学中的效果分析

AI 技术的引入，为情感朗读课堂教学带来了革命性的变化，其在提升教学效果、促进学生个性化发展以及提高教学效率和质量方面展现出了显著的优势。我们将从这三个方面对 AI 技术在情感朗读课堂教学中的效果进行详细分析。

（一）提升教学效果

AI 技术的应用使得情感朗读课堂教学更加智能化、个性化，有助于提升教学效果。通过精准评估学生的朗读质量，AI 能够为教师提供科学的教学依据，帮助教师更好地了解学生的朗读情况，制定针对性的教学策略和方法。同时，AI 还能够为学生提供个性化的学习资源和反馈，帮助学生更好地提升朗读能力。此外，AI 技术还能够辅助教师进行课堂教学，减轻教师的工作负担，提升教学效率和质量。这些优势使得情感朗读课堂教学更加高效、精准和个性化，有助于提升教学效果和学生的学习兴趣。

（二）促进学生个性化发展

AI 技术的应用有助于促进学生的个性化发展。通过为学生提供个性化的学习资源和反馈，AI 能够满足不同学生的学习需求和兴趣偏好，帮助学生更好地

发挥自己的优势和特长。这种个性化的教学方式，有助于激发学生的学习兴趣和积极性，提升学生的自信心和学习动力。同时，AI 技术还能够通过数据分析技术，对学生的学习情况进行实时监测和评估，帮助学生及时发现自己的不足并制定改进计划。这种实时的学习反馈和个性化的学习支持，有助于促进学生的全面发展。

（三）提高教学效率和质量

AI 技术的应用能够显著提高情感朗读课堂的教学效率和质量。通过智能化、自动化的教学方式，AI 能够减轻教师的工作负担，提升教学效率。此外，AI 技术还能够通过数据分析技术，对学生的学习情况进行实时监测和评估，为教师提供及时的教学反馈和建议。这种实时的数据分析和反馈机制，有助于教师及时调整教学策略和方法，提升教学效果。

四、AI 技术在情感朗读课堂教学中的挑战与展望

AI 技术在情感朗读课堂教学中的应用，无疑为教育领域带来了前所未有的变革。然而，任何新兴技术的应用都伴随着挑战与机遇。在享受 AI 技术带来的便利与效率的同时，也必须正视其在情感朗读课堂教学中所面临的挑战，并对未来的发展进行展望。

（一）面临的挑战

AI 技术在情感朗读课堂教学中面临的挑战主要体现在技术、教师、学生三个层面。

第一，技术层面，AI 在语音识别、情感分析等方面的精度与稳定性仍需提升。尽管 AI 技术已取得了显著进步，但在处理复杂情感表达、方言识别等方面仍存在局限性，这可能导致评估偏差，影响教学效果。此外，技术的持续迭代与升级，要求不断的研发投入和技术支持，以保持其在教学中的领先地位。

第二，教师层面，AI 技术的融入需要教师具备相应的技术素养和适应能力。部分教师可能对新技术持观望态度，或缺乏必要的技能来充分利用 AI 技术。同时，教学方式的转变也需要教师适应新的评估标准和教学方法，这对教师的专业素养和教学观念提出了更高要求。

第三，学生层面，学生的技术接受度和隐私保护是两大关键问题。学生对新技术的掌握能力有所不同，部分学生可能因不熟悉而产生抵触情绪。此外，AI

技术的应用涉及学生个人信息的收集和处理，如何确保学生隐私的安全，防止信息泄露或滥用，是亟待解决的问题。

（二）未来展望

面对挑战，AI 技术在情感朗读课堂教学中的未来发展依然充满希望。

技术层面，随着算法的不断优化和模型的升级，AI 将更加智能化和精准化。它将能够更准确地识别学生的情感表达，提供更个性化的学习资源和即时反馈。同时，AI 技术将与心理学、教育学等跨学科领域深度融合，实现更加全面和个性化的教学支持。

教学体验层面，AI 技术将与虚拟现实（VR）、增强现实（AR）等先进技术相结合，为学生提供更加沉浸式和互动式的朗读学习体验。这将极大地激发学生的学习兴趣，提高学习效果。此外，AI 技术将构建智能互动平台，实现学生与教师、学生与学生之间的实时互动和反馈，进一步促进师生之间的有效沟通。

教育生态层面，AI 技术将全面融入情感朗读课堂教学的各个环节，从备课到授课，再到评估，实现更加全面和智能的教学支持。这将为教师提供更加丰富和便捷的教学资源，减轻其工作负担，提高教学效率和质量。同时，AI 技术将根据学生的朗读特点和兴趣偏好，只能推荐个性化的学习路径和资源，以满足学生的个性化学习需求，从而促进学生的全面发展。

为了推动 AI 技术在情感朗读课堂教学中的广泛应用和深入发展，需要持续加强技术研发与创新，提升教师的技术素养和适应能力，加强数据安全与隐私保护，以及推动跨学科合作与交流。通过这些措施的实施，我们有望打造一个更加智能化、个性化、高效化的情感朗读课堂教学环境，为教育事业注入新的活力和强劲动力。

第三节　AI 人工智能技术赋能情感朗读课堂观察分析

传统课堂学习行为的分析通常依赖于课堂观察和人工编码，这种方法较为依赖专家判断，且存在编码过程复杂、分析效率较低等问题。借助人工智能技术，现在可以实现课堂学习行为的大规模即时采集与自动化智能标注，为改进这一领域带来了新的机遇。利用AI进行多模态课堂学习行为的识别与分析，能够更深入地探究课堂教学的运行机制及其影响因素，进而为教育工作者提供更为有效的教学支持。

一、从传统听评课到AI课堂观察分析

在中国古代就有关于“听课”的说法，《礼记》中提到“天子视学”，《学记》中记载“相视而谓之摩”。张念宏在《中国教育百科全书》中对听课作出了阐释，指出它是领导对课堂教学进行检查、监督、指导的重要形式，是教学管理的必要环节之一①。朱作仁在《教育词典》中给出评课的定义是对教师课堂教学进行分析评定、检查教学质量、总结经验的一种方式②。随着时代的发展，听课、评课已不再局限于领导对教师教学工作的检查、评定，还包括同行、同事之间的相互听课观摩与研究学习。

在教育技术日新月异的今天，特别是人工智能技术的飞跃性发展，教育领域正经历着前所未有的变革浪潮。课堂观察，作为教师专业精进与教学质量优化的基石，其传统模式正受到系统性与科学性缺失的严峻挑战。崔允漷（2012）等学者的研究深刻揭示了传统课堂观察过度依赖个人经验，导致评价主观性强、结果不稳定等弊端③。尤为关键的是，这种模式往往聚焦于教师表现，而忽视了学生的情感体验与学习动态，难以全面、真实地反映课堂教学的成效。

面对教育改革的迫切需求，探索利用科学方法与先进技术手段提升课堂观察的专业性与有效性，成为教育研究的热点议题。大数据、云计算及AI技术的崛起，为课堂观察的创新开辟了新路径。孙众等（2020）指出，AI技术的应用不仅极大提升了课堂观察的效率，而且通过自动化数据分析为教育者提供了客观、详实的反馈，显著增强了课堂观察的可靠性与精准度④。

自然语言处理（NLP）技术能够精准解析课堂对话，实现自动分类与情感分

---

①张念宏．中国教育百科全书［M］．北京：海洋出版社．1991．

②朱作仁．教育词典［M］．南昌：江西教育出版社．1987．

③崔允漷．论课堂观察LICC范式：一种专业的听评课［J］．教育研究，2012，33（05）：79－83．

④孙众，吕恺悦，骆力明，等．基于人工智能的课堂教学分析［J］．中国电化教育，2020，（10）：15－23．

析，帮助教师深入了解学生的学习状态与心理变化（杨晓哲等，2023）①。同时，计算机视觉（CV）技术则捕捉了课堂中的非言语信息，如学生的面部表情与身体语言，为评估学生参与度和情绪状态提供了重要依据。这些技术的应用，使得课堂观察的数据收集与分析更加全面、深入，为教学改进奠定了坚实的科学基础。

本节聚焦于AI技术如何重塑课堂观察，通过深入分析其如何增强课堂观察的专业性、有效性及可操作性，旨在为教育工作者提供一套科学、实用的课堂观察方法论。我们将从传统听评课的局限性出发，对比探讨基于LICC范式（Learning，Instruction，Curriculum，and Culture）的课堂观察研究，并进一步探索AI技术如何辅助LICC范式，实现课堂观察的智能化升级。通过这一系列分析，期望为教育实践提供宝贵的参考与指导，推动教育技术的深度融合与应用，共同促进教育质量的全面提升。

二、传统课堂观察的挑战与局限

在传统教育体系中，听评课作为一种重要的教学评估手段，长期以来在提升教学质量、促进教师专业成长方面发挥着不可替代的作用，其演变与深化不仅映射了教育理念的更迭，也体现了技术进步对教学模式的深刻影响。从最初基于直观感受的朴素评价，到如今依托智能技术的深入分析，听评课逐步转型为课堂分析，这一过程不仅丰富了教学评价的维度，更促进了教育评价体系的科学化和精细化。尽管传统听评课在促进教学改进方面发挥了一定作用，但其现状也暴露出局限性，这些局限不仅限制了评价的深度和广度，也制约了教育质量的进一步提升。

传统听评课通常指教师或教学管理人员进入课堂，通过直接观察、记录和分析教学过程，对教师的教学行为、学生的学习状态以及课堂教学效果进行评价和反馈的活动。这一模式在多数学校得到了广泛应用，成为教学质量监控和教师专业发展的重要环节。

在具体操作模式上，传统听评课往往采用“一对一”或“一对多”的形式

①杨晓哲，王晴晴，蒋佳龙．基于人工智能的课堂师生对话分析：IRE的自动分类与分水平构建［J］．电化教育研究，2023，44（10）：79-86.

进行，即一位或几位听课教师针对一位授课教师进行听课和评课，以此来确保对授课教师的全面观察和评价。参与传统听评课的主体主要包括授课教师、听课教师以及教研组成员等。授课教师是听评课活动的核心，其教学表现是评课活动的主要内容和依据。听课教师则是评课活动的主体力量，他们通过细致观察、认真记录、积极讨论等方式对授课教师的教学进行全面评价。教研组成员则发挥着组织、协调和指导的作用，负责安排听课活动、制定评课标准、汇总评课意见并提出改进建议。

传统听评课在评价标准上往往存在明显的差异，不同学校、不同学科甚至不同教师之间在评价标准上可能存在较大差异。一些学校或教研组尝试制定自己的评课标准和指标体系，如从教学目标、教学内容、教学方法、教学效果等方面入手进行评价。在实践中，传统听评课往往侧重于对授课教师的教学行为进行评价和打分，如语言表达是否清晰流畅、板书设计是否合理美观、课堂管理是否有效有序等。

传统听评课在促进教学交流和反思方面发挥了一定作用，但同时也暴露出诸多局限性和不足。具体体现在五个方面：主观性过强、缺乏系统性、效率低下、忽视学生主体性以及技术支持不足。

首先，传统听评课主观性过强。这主要体现在评价标准的模糊性和评价者个人经验的差异性上。由于缺乏明确、量化的评价标准，评课教师往往依据自己的教学理念、教学风格和个人偏好来进行评价，导致评价结果的主观性和片面性。不同教师对于“好课”的理解可能存在巨大差异，有的注重知识传授的准确性和深度，有的则更看重课堂氛围和学生参与度。这种差异使得评价结果难以形成共识，甚至可能引发争议。为了克服主观性过强的问题，我们需要建立一套科学、客观、可量化的评价标准体系，并加强对评课教师的培训，提高其对评价标准的理解和应用能力。

其次，传统听评课缺乏系统性。传统听评课往往只关注授课教师的某个方面或某个环节的表现，而忽视了对整个教学过程的全面评价和分析。这种碎片化的评价方式难以形成对授课教师教学能力和水平的全面认识和理解。这导致评价结果无法全面反映授课教师的教学能力和水平，也无法为教学改进提供有针对性的建议。在实践中，传统听评课往往将评价活动视为一次性的任务，缺乏与其他教学环节的联系和互动。这导致评价结果难以融入日常教学工作中，也无法为教师的持续成长和教学质量的稳步提升提供有力支持。为了增强听评课的系统性，我们需要构建一套涵盖教学目标、教学内容、教学方法、教学准备、教学评价等多个方面的综合评价体系。此外，还可以利用现代信息技术手段，如教学数据分析平台等，对教学过程进行全面跟踪和深入分析，为教学评价提供更加全面、准确的数据支持①。

第三，传统听评课效率比较低。传统听评课需要投入大量的人力物力进行听课和评课活动，且难以形成长效的教学改进机制。这导致评课活动往往难以持续开展，教学效果也难以得到持续提升。其次，人力物力投入比较大，传统听评课需要组织一定数量的听课教师进入课堂进行实地观察。这不仅需要大量的时间投入，还需要足够的场地和设备支持。同时，评课过程也需要投入大量的精力进行整理和分析，使得整个听评课活动变得异常繁重。由于时间和精力的限制，传统听评课往往难以形成长效的教学改进机制。评课结果往往只能作为一次性的反馈意见被授课教师接受，而无法转化为实际的教学改进行动。为了提高听评课的效率并形成长效的教学改进机制，可以借助现代信息技术手段来优化听评课流程。利用大数据分析技术对教学数据进行深入挖掘和分析以发现潜在的教学问题并提出针对性的改进建议。这些措施不仅可以减轻教师的工作负担，还可以提高听评课的效率和效果，并促进教学质量的稳步提升。

第四，传统听评课忽视学生主体性。传统听评课往往过于关注授课教师的教学行为而忽视了学生的主体地位和学习效果。在传统听评课中，学生往往被视为被动接受的对象而非主动参与的主体。评课教师往往只关注授课教师的教学行为而忽视了学生的课堂表现和学习效果。这导致学生的声音被忽视，其需求和反馈也无法得到及时回应。为了克服忽视学生主体性的问题，我们需要将学生的声音纳入听评课活动中，并加强对学习效果的评估。具体而言，可以采取以下措施：首先鼓励学生参与评课活动，允许他们表达自己的感受和意见；其次利用问卷调查、访谈等方式收集学生的学习反馈，以了解他们的学习需求和困难；最后加强

①王晴晴，杨晓哲．从传统听评课到课堂智能分析课堂研究新范式［J］．上海教育，2022，(24)：6－7.

对学习效果的评估，利用测试、作业等方式进行。

综上所述，传统听评课在主观性过强、缺乏系统性、效率低下以及忽视学生主体性等方面存在明显的局限性。为了克服这些局限性，我们需要采取一系列措施来改进听评课活动，包括建立科学的评价标准体系、强化听评课的系统性、提高听评课的效率、重视学生主体性以及加强技术支持等，以促进教学质量和教师专业发展的提升。

三、转向 AI 技术支持下的专业化课堂观察

（一）AI 课堂观察分析的相关理论

从传统的听评课逐步走向专业化的课堂观察是一个不断标准化、合作化的过程。与传统的听评课不同，课堂观察是一项专业活动，旨在谋求学生课堂学习的改善、促进教师专业的发展，而不是为了评价教师。它是教师日常专业生活必不可少的组成部分，是教师专业学习的重要内容①。

课堂观察的理论构建可追溯至 20 世纪五六十年代，当时出现了多种具有里程碑意义的观察系统。例如，弗兰德斯提出了课堂互动分析系统（Flanders Interaction Analysis System，FIAS）②，该系统通过对教师和学生的言语行为进行分类和计数，来量化分析师生间的互动频率和类型。弗兰德斯提出的这套系统为观察者提供了一个详细的编码方案，指导他们如何记录和分类师生间的言语行为。这一系统强调了观察者之间的一致性和标准化操作的重要性，以确保观察结果的准确性和可比性。

同样地，布罗菲和古德开发了双向互动系统（Brophy - Good DyadicInteraction System，BGDIS）③，旨在通过观察教师和学生之间的双向互动来评估教学的有效性。这个系统强调了师生互动的重要性，特别是在理解课堂动态和促进学生学习方面的作用。布罗菲和古德的工作不仅为观察者提供了一个实用的工具来衡量教

---

①崔允漷，周文叶．课堂观察：为何与何为［J］．上海教育科研，2008，(06)：51 -53.

②Flanders，N. A. 1970. Analyzing Teaching Behavior. MA. Addision - Wesley Publishing.

③Brophy，J.，&God，T. 1969. Teacher - child dyadic interaction：A manual for coding classroom behavior（Report Series No. 27）. Austin：The University of Texas，Research and Development Center for Teacher Education.

学互动的质量，还推动了对课堂环境中各种互动形式的研究，从而促进了教育实践的改善。

随着录音机、摄像机等技术工具的发展，课堂观察开始变得更加科学化和工具化。这些技术工具的引入不仅提高了数据收集的效率和准确性，还为后续的数据分析提供了坚实的基础。通过这些技术手段，观察者能够更准确地记录下课堂教学中的细节，从而为后续的分析提供更加丰富和详实的数据。

随着观察方法和技术的进步，观察者开始采用更为系统化的方式来进行课堂分析。他们不再局限于单一的观察点，而是从多个维度来审视教学活动，包括教学目标的实现、学生参与度的变化、教师的反馈策略等。例如，小组合作观察法通过将学生分组，每个小组选择一个观察对象并记录其表现，可以全面了解学生的学习情况和学习态度。行为观察法则通过观察学生的注意力集中程度、课堂纪律、合作态度等行为表现来评估学生的学习情况。这些方法能够客观反映课堂的真实情况，减少主观判断的干扰。这种方法不仅能够提供更加全面的教学评估，还能够帮助教师识别教学过程中的优势和不足之处，进而促进教学改进①。例如，古德和布罗菲在他们的研究中强调了观察者需要考虑课堂环境中的多种因素，如班级规模、学生年龄和文化背景等，以确保观察结果的准确性和有效性。

传统听评课往往依赖于个人经验和主观判断，这可能导致评价结果的不一致性和片面性。相比之下，专业化的课堂观察更加强调数据驱动的分析方法。通过使用标准化的观察工具和技术，观察者可以收集到客观的数据，并基于这些数据进行分析和解释。这种方法不仅减少了主观偏见的影响，还提高了观察结果的可靠性和有效性。

随着专业化的课堂观察方法的发展，教师的角色也发生了变化。在过去，教师往往是被评价的对象，而在新的观察模式下，教师成为积极参与观察过程的一员。教师可以通过自我观察和同事间的相互观察来反思自己的教学实践，进而实现个人和集体的专业发展。这种转变强调了教师在教学改进中的主动性，促进了教师之间的合作与共享。除了教师之外，学生在课堂中的角色和体验也成为观察

①Good, T. L., & Brophy, J. E. (1987). Looking in classrooms (4th ed.). New York: Harper & Row.

的重点之一。专业化的课堂观察开始更多地关注学生的学习过程和学习成果。通过观察学生的行为、参与度和学习成果，观察者可以更好地理解教学活动对学生学习的影响①。这种方法不仅有助于提高教学的有效性，还能促进学生个体的发展。

崔允漷等提出课堂观察 LICC 范式，指出课堂教学是一种专业实践，因此，我们需要“从简单思维走向复杂思维”，用复杂的实践思维来审视听评课活动；课与人（教师与学生）是二合一的，我们需要从对立思维走向理解思维，用理解、体谅、多元、支持的态度来对待他人的课；听评课是教师同伴合作实践的重要活动之一，因此，我们需要“从业余的思维走向专业的思维”，倡导那种理解课堂、重在合作、关注学习、基于证据的听评课。还提出从实践中演绎出课堂的四个要素：学生学习（Learning）、教师教学（Instruction）、课程性质（Curriculum）和课堂文化（Culture），指出学生学习是课堂的核心，另外三个是影响学生学习的关键要素。

课堂观察从最初依赖个人经验和主观判断的模式，逐步发展成为一项基于标准化、合作化、科学化的专业活动。这一过程不仅提升了观察结果的准确性和可靠性，还促进了教师、学生以及教学环境的全面发展。专业化的课堂观察不仅是对传统教学模式的一次深刻变革，更是推动教育质量与效率持续提升的关键力量。

（二）基于 AI 技术的课堂分析发展现状

进入“人工智能+教育”的新时期，一种具有更强综合性的课堂分析范式在革新中诞生，呈现出课堂视频结构化与多模态数据的智能整合特点。与传统听评课和基于数据的课堂分析相比，基于人工智能的课堂分析能够提供更加精确、个性化和实时的反馈，从而极大地提高了教学评估和改进的效果。

在 20 世纪 70 年代，课堂教学量化分析经历了一轮显著的发展，一系列重要的研究方法相继涌现。这些方法包括 S-T 师生行为分析、弗兰德斯提出的言语交互分析系统（FIAS）、古德和布罗菲的双向互动系统（BGDIS），以及卡兹登的

---

①Good, T. L., Brophy, J. E., & Grouws, D. A. (1979). The effects of classroom environments on student achievement. Journal of Educational Psychology, 71 (4), 413 - 421.

课堂言语 IRE 序列（Initiation - Response - Evaluation，IRE）① 等。特别是 S-T 行为分析和 FIAS 言语分析法，它们以课堂教学视频为主要研究对象，通过“时间取样法”对师生的行为和言语交互进行人工编码和量化分析，成为课堂分析的标志性方法。

然而，基于数据的课堂分析技术面临着相似的挑战：过度依赖专家知识、编码过程复杂烦琐、分析效率低下等问题。以一节 40 分钟的课程为例，使用 S-T 法时，按照每 15 秒进行一次行为切割，则会产生大约 160 个编码；而使用 FIAS 时，按照每 3 秒进行一次言语切割，则会产生大约 800 个编码。这些编码只能由经过专门培训的研究人员手动进行分析，导致整个过程既耗时又低效②。

随着人工智能技术的发展，人工智能技术在课堂分析中的应用已初具规模，并展现出强大的潜力和价值。随着教育信息化的不断推进，越来越多的学校开始引入 AI 技术，以提升教学质量和效率。

首先，AI 技术被广泛应用于学生行为分析。通过智能摄像头、语音识别系统等设备，AI 能够实时捕捉学生在课堂上的行为表现，如注意力集中度、参与度、情绪变化等。这些数据经过专业处理后，可以为教师提供关于学生学习状态的直观反馈，帮助教师及时调整教学策略。例如，某中学引入的智能教学助手系统，能够自动分析学生的作业和考试答案，为教师提供针对性的教学建议，并通过智能题库和个性化推荐功能，显著提升了学生的学习兴趣和效率。

其次，AI 技术还被用于教学评估和反馈。传统的教学评估往往依赖于教师的主观判断和经验积累，而 AI 技术则能够通过数据分析，为教学评估提供更加客观、准确的依据。例如，通过对学生学习数据的深度挖掘，AI 可以识别出学生在学习过程中的薄弱环节和潜在问题，为教师提供个性化的教学辅导方案。同时，AI 还能为学生提供即时的学习反馈，帮助他们及时纠正错误，巩固知识点。

华东师范大学的国际课堂分析实验室团队，依托前沿人工智能技术，对海量课堂音视频数据进行了深度整合、净化、加工与细致分析，这些数据涵盖了多层

---

①Cazden，C. B. 2001 Classroom Discourse The Language of Teaching and Learning.

②杨晓哲．基于人工智能的课堂分析架构：一种智能的课堂教学研究［J］．全球教育展望，2021，50（12）：55-65.

次与多模态的范畴。在此基础上，团队创新性地构建了一套全面的课堂分析框架与标准，即CEED（课堂智能分析标准），该标准聚焦于提升课堂效益、促进课堂公平及强化课堂民主三大核心要素①。该智能分析系统巧妙地分为数据层、认知层、标准层与应用层四大维度，成功地将课堂中纷繁复杂的过程性多模态数据转化为直观可解、富有洞察力的课堂证据。这一转化过程不仅增强了数据的可读性，还通过精准反馈机制，为一线教师提供了高度个性化的教学改进建议，极大地丰富了课堂反馈的维度与深度。

基于人工智能的课堂分析，其深远意义不仅体现在教学技术层面的革新，更是对教育理念的深刻重塑与教育实践的全面优化。这一领域的发展，正以前所未有的方式推动着教育质量的提升与个性化教学的实现，为培养适应未来社会需求的高素质人才奠定了坚实的基础。

首先，人工智能课堂分析的重要意义在于其能够提供前所未有的精确性与个性化反馈。传统的教学评估往往依赖于教师的主观判断和经验积累，难以做到全面、客观且个性化。而借助人工智能技术，通过对课堂视频、音频以及师生互动等多模态数据的智能整合与分析，能够实现对教学过程的精细化刻画与深度挖掘（杨晓哲，2021）②。这种精确性不仅体现在对学生行为、学习状态的实时捕捉与反馈上，更在于能够发现传统教学模式下难以察觉的细微问题，如学生的学习习惯、情绪变化等，从而为教师提供更具针对性的教学建议。这种个性化的反馈机制，有助于教师更好地理解学生的需求，调整教学策略，实现因材施教，从而有效提升教学效果。

其次，人工智能课堂分析对于提升教师专业素养与信息化教学能力具有重要意义。随着教育信息化的不断推进，教师需要具备更高的技术素养与信息化教学能力，以适应新时代的教育需求。人工智能课堂分析系统为教师提供了丰富的数据支持与决策依据，帮助他们更加科学地分析教学过程、评估教学效果、优化教学策略。在这个过程中，教师不仅能够提升自己的专业素养与教学能力，还能够

---

①王晴晴，杨晓哲．从传统听评课到课堂智能分析课堂研究新范式［J］．上海教育，2022，(24)：6－7．

②杨晓哲．透视课堂教学的视频视角［J］．全球教育展望，2021，50（01)：74－77．

逐渐适应并熟练掌握新兴技术工具，为未来的教学创新与发展奠定坚实基础。

此外，人工智能课堂分析还有助于推动教育研究的深入发展。传统的教育研究往往依赖于问卷调查、访谈等主观性较强的方法，难以做到全面、客观且深入地分析教学现象。而借助人工智能技术，可以实现对教学过程的量化分析与精准刻画，为教育研究提供更加科学、客观的数据支持。这不仅有助于揭示教学现象背后的规律与机制，还能够为教育政策的制定与实施提供有力依据，推动教育事业的持续发展。

由此可见，基于人工智能的课堂分析在提升教学质量、优化资源配置、促进教师专业成长以及推动教育研究等方面均具有重要意义。它不仅是教育技术层面的革新，更是教育理念与实践的深刻变革。随着课堂分析范式的革新，基于人工智能的技术不仅解决了传统课堂分析中的诸多难题，还通过视频结构化与多模态数据的智能整合，为教学评估与改进提供了前所未有的精准度和个性化反馈。这不仅是对教育评估方式的一次深刻重塑，更是对教育质量提升的一次有力探索。

（三）AI课堂观察的技术原理与信效度

在教育领域，AI课堂观察技术的兴起标志着教育评估与教学质量提升进入了一个全新的阶段。AI课堂观察技术的核心在于构建一套综合性的数据采集与分析框架，以全面覆盖并精准解析课堂教学过程中的多维数据。

AI课堂观察技术首先依赖于精密的摄像系统、高保真音频捕获设备、高精度传感器以及智能终端网络等硬件设备，实现对课堂环境的全方位监控与数据采集①。这些数据涵盖了言语交互、行为模式等多个维度，确保了数据样本的全面性与高精度。具体而言，通过多机位多视角的摄像设备与录音设备，可以捕捉课堂上教师与学生的语音、姿态及互动行为。

在数据采集完成后，AI课堂观察技术进入数据预处理阶段。这一阶段的主要任务是对采集到的原始数据进行结构化分类与清洗，以剔除噪声与异常值，确

①张乐乐，顾小清．多模态数据支持的课堂教学行为分析模型与实践框架［J］．开放教育研究，2022，28（06）．

保后续分析的准确性和有效性①。具体而言，通过数据清洗算法，可以识别并去除无效或冗余的数据；通过数据结构化策略，则可以将不同类型的数据按照统一的格式进行组织，以便于后续的分析与处理。

在数据预处理完成后，AI课堂观察技术进入认知分析阶段②。这一阶段主要依托前沿的人工智能技术，尤其是机器学习算法与深度学习模型的深度应用，实现对复杂教育场景的智能化解读。具体而言，技术实现路径包括以下几个方面：

1. 语音主体识别：通过音色特征与声纹识别技术，AI课堂分析技术能够精确区分课堂参与者（教师与学生）的发言，实现自动化的语音主体识别。这一技术不仅提高了语音数据的分析效率，还为后续的话语分类与对话分析提供了重要依据，而课堂话语作为课堂教学的重要中介，其功能、形式、主体所构建的课堂文化与学生学习息息相关③。

2. 对话分类与语义理解：通过词向量分析模型与深度学习模型，AI课堂分析技术能够深入文本语义层面，对课堂对话进行细致分类与理解。例如，可以自动识别教师提问的类型（封闭式、开放式等）、学生回答的质量以及教师反馈的方式等。这一技术揭示了教学对话的内容结构与深层含义，为评估教学效果与改进教学策略提供了有力证据。

AI课堂观察技术通过融合多模态数据采集与高级人工智能处理能力，实现了对课堂教学过程的全面覆盖与精准解析。该技术体系多利用摄像系统、音频捕获设备、传感器等硬件设备，全方位监控并采集课堂上的言语交互、行为模式等多维数据。采集后的数据经过结构化分类与清洗，剔除噪声与异常值，为后续分析打下坚实基础。AI课堂观察技术不仅提升了课堂分析的专业性与精准度，还为实现课堂教学的智能化诊断与反馈提供了有力支持，促进了教育教学的创新与发展。

---

①张治斌，刘威．浅析数据挖掘中的数据预处理技术［J］．数字技术与应用，2017，(10)：216－217.

②杨晓哲．基于人工智能的课堂分析架构：一种智能的课堂教学研究［J］．全球教育展望，2021，50（12）：55－65.

③肖思汉，刘畅．课堂话语如何影响学习——基于美国课堂话语实证研究的述评［J］．教育发展研究，2016（24）：45－54.

AI课堂分析技术的信度，即其分析结果的可靠性和稳定性，首先源自数据采集的精确性。通过综合运用多种先进技术手段，AI课堂观察技术实现了多模态数据的全面采集，避免了单一数据源可能引入的偏差，为分析结果的客观性和准确性提供了坚实保障。此外，严格的数据预处理流程，进一步提升了数据质量，确保了分析过程的稳定性和可靠性。在分析方法层面，AI课堂分析技术通过持续迭代优化的机器学习算法与深度学习模型，确保了分析过程的稳健性。这些先进的算法模型基于大规模的训练与验证数据集进行构建，能够有效处理复杂的教学场景，抵御数据噪声与异常值的干扰。同时，通过定期的性能评估与模型调优，确保了分析模型在不同教学环境下的适用性与稳定性，进一步增强了分析结果的信度。

AI课堂分析技术的效度，即其分析结果的有效性和准确性，得益于其多维度、全方位的分析框架。本研究采用的AI课堂分析系统，系华东师范大学自主研发的产品，其分析框架根植于“高品质课堂分析标准”（CEED）①，该标准创新性地融合了课堂效率、课堂公平与课堂民主三大核心维度，每一维度下又细分为多个具体指标与观察点，为AI课堂分析提供了清晰、系统的评价标准体系。此标准的构建，不仅丰富了教育评价的理论内涵，更为AI技术在教育评估领域的应用提供了明确的实践指南，确保了分析结果的全面性、系统性与深度。

在AI课堂观察技术中，IRE（Initiation - Response - Evaluation）序列分析占据了重要地位。这一分析方法通过精准识别课堂中的提问（I）、回答（R）和反馈（E）环节，深入解析师生互动的质量与效果。通过机器学习算法对大量课堂数据进行训练，AI系统能够自动识别不同类型的提问（如封闭式问题、开放式问题）、回答的深度（如简单回应、推理性回答）以及教师的不同反馈方式（如简单回复、追问解释、邀请进一步讨论）②。这种精细化的分析，使得评价结果更加贴近真实的课堂互动情况，有效提升了分析的效度。

---

①杨晓哲．基于人工智能的课堂分析架构：一种智能的课堂教学研究［J］．全球教育展望，2021，50（12）：55－65.

②杨晓哲，王晴晴，蒋佳龙．基于人工智能的课堂师生对话分析：IRE的自动分类与分水平构建［J］．电化教育研究，2023，44（10）：79－86.

为了进一步确保AI课堂观察技术的效度广度，华东师范大学研究团队通过实证研究与迭代优化的方式不断完善分析模型与标准。基于近万节课堂视频录像和十万份教学设计数据的初步尝试与反馈调整，研究团队不断优化分析算法与模型参数，使其更加适应不同教学场景和学科特点①。同时，通过具体课例的智能分析实践，验证了分析模型的有效性和准确性，并收集了一线教师和教研员的反馈意见，为后续的优化与迭代提供了有力支持。这种基于实践的研究方法与持续迭代的优化策略，确保了AI课堂分析技术在不同教育场景下的广泛适用性和高效性。

AI课堂分析技术的信效度优化与扩充需要从数据采集的准确性、分析方法的稳定性、分析框架的多维度性以及实证研究与迭代优化等多个方面进行综合考量与深入探索。只有这样，才能不断提升AI课堂分析技术的信度和效度水平，为现代教育评估领域提供更加可靠、有效的技术支持和参考依据。

人工智能技术在课堂分析中的应用，通过建立课堂观察的标准体系，采集课堂多模态数据，形成大规模的数据集，并基于这些数据集训练机器学习模型，最终实现了对课堂活动的自动化分析。AI课堂分析技术的这一过程不仅极大地提高了课堂分析的速度与精度，同时也确保了分析结果的可靠性与一致性。相较于传统的课堂观察方法，AI技术能够实时捕捉并记录教师与学生间复杂的互动模式，包括言语交流、非言语行为乃至情感状态的变化，从而为教师提供了更为细致入微的教学反馈，有助于其专业技能的精进。

四、AI技术在情感朗读课堂观察中的应用案例

情感朗读作为语言教学的重要手段，其意义不仅在于推动学生语言技能的提升，更在于深化他们对文本情感的体悟与提升他们的表达能力。它要求学生在朗读时精准地传达文本蕴含的情感色彩，从而更深刻地理解和揭示作品内涵。然而，在传统的教学实践中，情感朗读的实施面临多重挑战。教师在面对众多学生时，难以在限定时间内为每位学生提供充足的关注与反馈。同时，教学中往往偏重朗读技巧，而对学生朗读时的思维锻炼与阅读素养的培育重视不足，这无疑限

①杨晓哲．基于人工智能的课堂分析架构：一种智能的课堂教学研究［J］．全球教育展望，2021，50（12）：55－65．

制了学生个体能力的全面发展。

随着人工智能技术的革新，教育领域亦开始尝试运用AI技术攻克上述难题。特别是AI课堂分析技术，它能够通过客观评价和反馈教师的教学表现，协助教师更清晰地认识自身的教学成效，并提供改进方案，从而提升课堂教学质量。

因此，接下来将深入探讨AI技术在情感朗读教学中的必要性，特别是其在分析教师教学行为方面的作用。我们将从多维角度论证引入AI课堂分析技术的合理性，并通过实证研究展示AI辅助课堂分析的实效性。期望通过本研究，为情感朗读教学注入新的视角和工具，推动教师教学能力的进阶，进而强化学生的语言和情感表达能力。这部分将依次探讨以下内容：

（1）深入分析AI技术在小学高年级情感朗读教学中的必要性；

（2）通过实证案例，具体验证AI技术在情感朗读教学中的实际应用成效；

（3）评估AI技术的实践效果及教师反馈，以期教学方法的持续精进。

借助研究，我们期望为教育工作者提供更科学和系统的教学策略，利用AI技术推动情感朗读教学的质量提升，从而更有效地提高学生的语言综合运用能力。

（一）AI课堂观察小学高年级情感朗读教学中应用的必要性

在教育领域，传统课堂评价体系的局限性日益显现，其过度依赖教师主观判断的模式，难以避免地受到个人偏好、情绪波动等主观因素的干扰，从而影响了评价结果的客观性与公正性①。特别是在情感朗读这一强调情感表达与语言理解的特定教学场景中，如何准确评估学生的表现，促进个性化学习，成为了一个亟待解决的问题。在此背景下，人工智能技术的迅猛发展，为这一问题的解决提供了前所未有的创新路径。特别是在情感朗读课堂的融入中，AI技术的必要性与紧迫性更加凸显。

首先，AI凭借其卓越的数据处理能力和高度精细化的算法模型，为教育领域构建了一个更为客观、科学且系统化的评价体系。在这一评价体系中，AI技术深度融合了自然语言处理（NLP）的前沿成果，实现了对学生朗读及回答问题的语音与文本信息的深度解析与精准捕捉。AI运用大数据分析方法，对这些细

---

①顾小清，王炜．支持教师专业发展的课堂分析技术新探索［J］．中国电化教育，2004，(07)：18－21.

粒度的话语数据进行全面而深入的挖掘，生成一系列基于数据驱动、高度客观的评价报告。这些报告不仅准确反映了学生对文本情感的把握程度与理解深度，还通过量化指标的形式削弱了人为偏见对评价结果的主观干扰，确保了评价结果的公正性、客观性与一致性。此评价模式的引入，不仅显著提升了课堂评价的精准度与科学性，还为教师提供了更为丰富、多维的学生学习状态反馈。教师能够依据 AI 生成的详细报告，深入洞察班级学生的学习特点，从而在教学策略、内容设计等方面做出更加精准的调整与优化。这不仅促进了教学资源的优化配置，提高了教学效率与质量，为教学方向的精准调整提供了有力支撑。

其次，AI 课堂观察技术的引入，对促进学生批判性思维和问题解决能力的发展具有深远意义。AI 系统能够深入分析学生的回答内容，根据 I-R-E（启动—回应—评价）分级编码规则，将课堂中的教师或学生提问分为三个层次水平①，识别出引发深层思考的提问点，以及需进一步阐释与拓展的知识领域。这种基于数据的精准反馈机制，不仅增强了教师对学生学习状态的洞察力，还促进了教学资源的精准配置与高效利用，显著提升了教学的整体效率与质量。

此外，AI 课堂观察还能够通过跟踪课堂互动的时间分配和类型，为构建以学生为中心的学习环境提供数据支持②。在传统课堂中，教师往往占据主导地位，学生处于被动接受的状态。而 AI 技术的引入，使得课堂互动变得更加多元化和高效化。AI 能够分析师生互动、生生互动的频率、质量和效果，为教师提供关于课堂互动的全面视图。通过这些数据分析，教师可以评估教学活动的有效性，识别出哪些互动方式更受学生欢迎，哪些环节需要改进。基于这些数据反馈，教师可以调整教学策略，增加学生主动参与的机会，鼓励学生进行批判性思考和创造性表达，从而构建一个真正以学生为中心的学习环境。

可以说，AI 课堂观察在情感朗读课堂中的引入，不仅是对传统课堂评价体系的一次深刻变革，更是推动教育现代化、培养批判性思维与解决问题能力的重要力量。通过 AI 技术的应用，我们可以实现更加客观、准确的课堂评价；同时，我们还能构建一个以学生为中心的学习环境，AI 技术的引入将成为推动教育变

①杨晓哲，王晴晴，蒋佳龙．基于人工智能的课堂师生对话分析：IRE 的自动分类与分水平构建［J］．电化教育研究，2023，44（10）：79-86.

②傅德荣，张慧敏．教育信息处理［M］．北京：北京师范大学出版社，2001.

革和创新的重要驱动力。

通过深入剖析AI课堂观察技术在情感朗读教学领域的应用，可以看到技术革新，尤其是AI技术，对传统教学模式有着深刻影响。AI技术的融入，从根本上重塑了情感朗读教学的评价体系与教学策略，展现了其作为教育现代化关键驱动力的独特价值。

一方面，AI课堂观察有力促进了教师教学行为的改进以及情感朗读教学质量的提升。传统教学中，教师往往依赖于直觉与经验进行教学决策，难以做到全面、精准的个性化指导。而AI课堂观察通过提供详尽的学生学习数据，为教师打开了新的视野，使他们能够更加深入地理解学生的学习状态与需求。这些数据支持教师进行教学反思，及时调整教学策略与方法，从而实现教学行为的持续优化与改进。同时，AI还能协助教师识别学生群体的共性问题与个体差异，使得教学调整更加精准、高效，从而推动整体教学质量的持续提升。

另一方面，AI课堂观察的运用充分满足了学生的个性化需求。每个学生都是独一无二的个体，具有不同的学习风格、兴趣偏好与需求。AI课堂观察通过深度挖掘课堂数据，能够生成详尽的分析报告，为教师提供了关于学生视角的直观数据。基于此，教师能够迅速调整教学策略，针对学生的个性化需求进行精准干预，这种基于数据反馈的教学模式，极大地促进了学生情感朗读能力的个性化发展，提升了整体教学效果。

将AI课堂观察引入情感朗读的课堂，不仅是技术进步的体现，更是教育理念与教学模式的深刻变革。它将以其独特的优势，为教学质量的提升、学生学习体验的增强以及个性化教学目标的实现提供强有力的支持。

（二）案例研究1——六年级下册《两小儿辩日》课堂观察分析

1. 六年级下册第14课《两小儿辩日》教学设计分析

《两小儿辩日》一课是统编小学语文教科书六年级下册第五单元的重要组成部分，该单元以“科学发现的机遇，总是等着好奇而又爱思考的人”为导语，旨在引导学生认识科学精神的重要性。《两小儿辩日》选自《列子·汤问》，全文共分为七个自然段，篇幅短小，故事简单，构思却颇具匠心。这篇文言文寓言故事，通过两个孩童对太阳运动的不同观察与争论，展现了科学探索中观察与推理的重要性。在教学过程中，学生不仅要能够准确、流利地朗读课文，还需要通过对照注释理解故事内容，并借助思维导图学习如何通过具体事例阐明个人观点，同时体会故事中体现的独立思考与实事求是的态度。

本节课的教学设计是基于深度教学实践研究的背景以及《义务教育课程标准》（2022 版）中有关“大单元学习任务群”“以核心素养为目标”的课程理念设计，授课教师整体规划了“制作《辩论宝典》，学做金牌小辩手”的单元活动大情境，并借助四个子任务：（1）启辩之门初入学堂；（2）拜师学艺探辩秘笈；（3）金牌辩手诞生记；（4）插上科学的翅膀飞翔，以及四个语文实践活动：（1）撰写辩论稿；（2）举行班级辩论会；（3）推选金牌辩手；（4）举行年级辩论赛，以学生最终需要达成的成果，对整体单元教学资源进行了整合、重构，从而实现“教学评一致性”。

基于单元整体教学理念，围绕本单元语文要素，设计了单元整体教学框架（见下表）：

表 2.1　《两小儿辩日》单元教学设计

<table>
<tr><th rowspan="2">核心任务</th><th rowspan="2">子任务</th><th rowspan="2">实践活动</th><th rowspan="2">学习内容</th><th rowspan="2">课时数</th><th colspan="2">展示与评价</th></tr>
<tr><th>展示形式</th><th>评价要点</th></tr>
<tr><td rowspan="3">制作《辩论宝典》，学做金牌小辩手</td><td>启辩之门出入学堂</td><td>活动一：颁布闯关计划</td><td>单元导读
观看视频：大学生辩论赛
思考辩题：初步思考选择辩论的话题</td><td>1</td><td>分享交流</td><td rowspan="3">1. 认识 11 个生字，读准 1 个多音字，会写 23 个字，会写 23 个词语。
2. 正确、流利地朗读课文，背诵《自相矛盾》。
3. 了解文言文中的一些单音节词与现代汉语中的一些双音节词相对应的语言现象；初步了解古代对不同年龄段的别称。</td></tr>
<tr><td>拜师学艺探辩秘笈</td><td>活动二：攻关探秘破局</td><td>《学奕》《两小儿辩日》《真理诞生于一百个问号之后》《詹天佑》《表里的生物》</td><td>6</td><td>辩论荟萃
辩论新说
辩论讲坛</td></tr>
<tr><td>金牌辩手诞生记</td><td>活动三：唇枪舌剑比拼</td><td>口语交际：辩论</td><td>1</td><td>班级辩论会《是否以成败论英雄》</td></tr>
</table>

续表

核心任务	子任务	实践活动	学习内容	课时数	展示与评价	
					展示形式	评价要点
	插上科学的翅膀放飞	活动四：金牌辩手颁奖会	习作：《插上科学的翅膀飞》 语文园地：交流平台 词句段运用 日积月累	4	颁发奖章	4. 能仿照例句，写出自己关于时间很慢或当时的内心体验。 5. 能归纳和运用叶圣陶先生修改文章的方法。 6. 能根据故事的起因、经过和结果，用自己的话讲述故事内容。能说出课文中人物的思维过程。 7. 能交流、总结本单元课文中人物的思维过程，懂得要根据实际情况选择合适的解决问题的办法。 8. 能借助提示，按事情发展的顺序写一个探险故事。能展开丰富的想象，把遇到的困境、求生的方法写具体。

本节课的教学目标设计如下：

（1）正确、流利地朗读课文。背诵课文。

（2）能对照注释疏通文意，说出故事内容。

(3) 借助思维导图了解两小儿各自的观点，初步学会用具体事例说明自己的观点。

(4) 体会两小儿独立思考、大胆质疑的精神和孔子实事求是的品质。

在教学内容与方法的选择上，授课教师考虑到《两小儿辩日》是以文言文的形式呈现的，这对六年级的学生来说既是挑战也是机会。通过反复朗读，学生能够逐步掌握文言文的语感，并尝试背诵课文。教师在课堂上利用思维导图这一工具帮助学生梳理两小儿的观点及其依据，培养学生的逻辑思维能力。同时，通过角色扮演活动，学生模拟两小儿辩论的情景，加深对课文内容的理解。围绕两小儿的观点展开讨论与交流，鼓励学生表达自己的看法，并学会用具体事例支持自己的观点，这样的教学设计既注重了语言文字的学习，又注重了学生思维能力的培养。

教学过程分为导入、新授、实践活动和总结拓展四个阶段。首先，导入部分的设计，教师通过提问学生是否有过争辩经历，引发学生对辩论的兴趣，并引入课题。其次，新授阶段，教师将首先解释“辩”字的构成与意义，然后指导学生注意文言文的节奏与停顿，通过注释帮助学生理解文章大意，并引导学生绘制思维导图，概括两小儿的观点和依据。再次，实践活动阶段，教师引导学生通过角色扮演模拟两小儿辩论的过程，使用思维导图中的信息支持各自的立场，进一步巩固了课堂学习的效果。最后，总结与拓展部分，教师通过分析孔子在辩论中的态度引导学生认识到即使是最有学问的人也会有不懂的事情，并通过单元导语“强调科学发现需要好奇心与思考精神”，使学生在学习过程中不仅掌握了知识，更领悟了科学精神的内涵。

为了确保教学目标的有效落实，本节课将采取多元化的评价方式。即时评价体现在角色扮演过程中，教师关注学生能否用句式清晰表达观点，并配合适当的语气和动作。形成性评价则通过学生绘制的思维导图和参与辩论的表现来进行，以评估学生对课文内容的理解程度。终结性评价则通过课后习题检验学生是否掌握了课文中的重点词汇及思想内涵。这些评价手段不仅有助于教师及时调整教学策略，也为学生提供了反馈，帮助他们查漏补缺，提高学习效率。

从情感朗读的教学设计上，此课例设定的情感目标具有方向性，即诗人深厚的爱国主义情感与远大抱负。此课例也体现了朗读的层次性和朗读方法的多样性，通过查工具书，看注释自读课文，教师范读，配乐朗读，学生齐读和男女生分角色朗读，背读，表情朗读等多种朗读形式都被用到，不同层次的朗读有不同的目的，从对字词的掌握到对结构层次的理解，从对写作方法的学习与领悟到探求课文中的情感线索，到最后的表情朗读要求表现情感，朗读贯穿其中。这样通过朗读逐层地品评鉴赏，使学生对文中的情感内涵理解得更加深入、到位、自然。

2. AI 高品质课堂智能诊断分析报告解读

本节课《两小儿辩日》的教学核心目的在于培养学生的科学精神与逻辑思维能力。该课通过两个孩童对太阳运动的不同观察与争辩，展示了独立思考、大胆质疑的重要性，以及孔子实事求是的态度。在教学过程中，学生不仅需要正确、流利地朗读课文并背诵，还需对照注释理解故事内容，借助思维导图了解两小儿各自的观点，并初步学会用具体事例说明自己的观点。下面将从教学效果回顾与 AI 高品质课堂智能诊断分析报告两个方面进行详细阐述。

在实际教学过程中，教师注重朗读与背诵的训练，这不仅有助于学生熟悉文言文的语言特点，更能在反复诵读中体会文章的情感色彩与思想深度。同时，通过对照注释理解故事内容，学生逐步构建起对文章大意的整体认知。在此基础上，教师引入思维导图工具，帮助学生梳理两小儿的观点及其论据，形成清晰的知识框架。这一过程不仅锻炼了学生的信息整合能力，还促进了其逻辑思维的发展。

为了激发学生的学习兴趣与参与热情，教师设计了丰富多彩的教学活动。辩论讨论环节，学生们围绕两小儿的观点展开激烈交锋，不仅加深了对课文内容的理解，还锻炼了口头表达与辩论技巧。阅读课文与写字练习则进一步巩固了学生的语言基础与书写能力。此外，闯关活动与表达演练等游戏化学习方式，更是让学生在轻松愉快的氛围中巩固了所学知识，提升了学习成效。

值得注意的是，在整个教学过程中，教师始终秉持“以学生为中心”的教学理念，鼓励学生积极发言、大胆质疑。在教师的引导下，学生们不仅勇于表达自己的观点，还能对他人的观点进行有理有据的反驳或补充。这种良好的课堂氛围不仅促进了学生之间的交流与合作，还极大地提升了他们的自信心与表达能力。

本节课的教学过程，借助了 AI 高品质课堂智能诊断分析报告，对教学效果进行了全面、深入的评估。该报告不仅提供了详尽的数据支持，还为后面的教学反思提供了客观、科学的参考。

首先，从课堂基本信息来看，本次课程时长为 47 分 35 秒，课堂活动按时间分配，教师讲授占 21 分 48 秒，师生互动占 16 分 32 秒，个人任务占 0 分 27 秒，小组活动占 8 分 46 秒。这一分布体现了课堂活动的多样性与均衡性，既保证了知识的传授效率，又为学生提供了充足的自主学习与合作交流的空间。这一分布体现了教师对教学节奏的精准把握与对学生学习需求的深刻理解（如表 2.2）。

表 2.2　《两小儿辩日》课堂基本信息表

<table>
<tr><td>课程名称</td><td>两小儿辩日</td><td>时长</td><td>47 分 35 秒</td><td>时间</td><td>2024－05－31</td></tr>
<tr><td>学校</td><td>课程与教学研究所</td><td>年级</td><td>六年级</td><td>学科</td><td>语文</td></tr>
<tr><td>学习目标</td><td colspan="5">1. 正确、流利地朗读课文。背诵课文。
2. 能对照注释疏通文意，说出故事内容。
3. 借助思维导图了解两小儿各自的观点，初步学会用具体事例说明自己的观点。
4. 体会两小儿独立思考、大胆质疑的精神和孔子实事求是的品质。</td></tr>
<tr><td colspan="2" rowspan="4">课堂活动时长分布（分钟）</td><td colspan="2">教师讲授</td><td colspan="2">21 分 48 秒</td></tr>
<tr><td colspan="2">师生互动</td><td colspan="2">16 分 32 秒</td></tr>
<tr><td colspan="2">个人任务</td><td colspan="2">0 分 27 秒</td></tr>
<tr><td colspan="2">小组活动</td><td colspan="2">8 分 46 秒</td></tr>
</table>

在师生互动方面，AI 分析报告显示，教师在课堂中提出了 108 个带有疑问语气的问题，有效激发了学生的思考与互动。课堂话轮数为 66 次，反映出师生之间频繁的交流互动。教师讲授语速为 207. 04 字/分钟，处于适中水平，既保证了信息的有效传递，又兼顾了学生的接受能力。这些数据不仅验证了教师在教学设计上的匠心独运，还为学生积极参与课堂提供了有力保障（如表 2.3）。

表 2.3　《两小儿辩日》教师基本情况表

教师个人基本情况	指标说明	分值	参考范围/建议
教师提问数量	课堂中带有疑问语气的句子或问题	108 个	50－200
课堂话轮数	话语主体发生转变的轮次	话轮数：66	－

续表

教师讲授语速	课堂中教师在每分钟内所说出的平均音节数量	语速：207.04 字/分钟	150 - 300

关键词分析环节则进一步揭示了课堂教学的核心议题。“日出”（46 次）、“观点”（27 次）与“小儿”（26 次）等高频词汇的出现，这三个关键词不仅是课堂讨论的核心内容，也是学生理解和表达的重点所在。“日出”“观点”和“小儿”成为本节课的重要关键词，反映了教学目标的实现情况。这些关键词的提取与分析，为教师评估教学效果、调整教学策略提供了重要依据（如表 2.4）。

表 2.4 《两小儿辩日》课堂 TOP20 关键词情况表

序号	关键词	数量	序号	关键词	数量
1	日出	46	11	辩论	17
2	观点	27	12	一点	16
3	小儿	26	13	比较	16
4	太阳	23	14	孔子	15
5	孩子	23	15	老师	15
6	两个	23	16	现在	14
7	掌声	22	17	车盖	13
8	小孩	19	18	男孩	13
9	中午	19	19	女孩	13
10	当中	18	20	清楚	13

课堂互动 ST 图则直观展示了师生互动的模式与效果。教师行为与学生行为的占比均衡（教师行为占比为 0.46，学生行为占比为 0.54），表明课堂互动中学生占据了一定的优势地位。这种互动模式不仅有助于激发学生的参与热情与表达欲望，从而促进其思维能力和表达能力的发展，还能促进师生之间的情感交流与思想碰撞（如图 2.3 所示）。

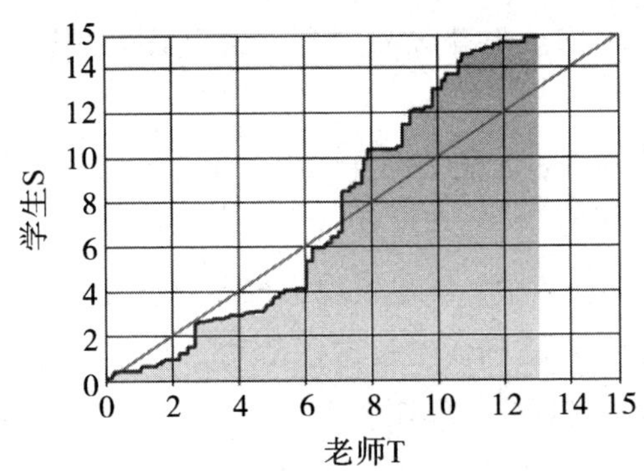

图 2.3　《两小儿辩日》课堂互动 ST 图

学生发言情况的分析则更加具体地揭示了学生的学习成效与能力提升。学生发言总时长为 14 分 35 秒，总字数为 2693 字，表明学生在课堂上有较多的发言机会。根据学生回答情况的分析，R1 层级占总发言的 4.76%，R2 层级占 71.43%，R3 层级占 23.81%。这表明绝大多数学生能够对知识与概念进行回忆性回复，而较高比例的学生也能进行推理性、解释性的回复，这说明学生不仅能够掌握基本知识点，还能进行更高层次的思考（如图 2.4）。

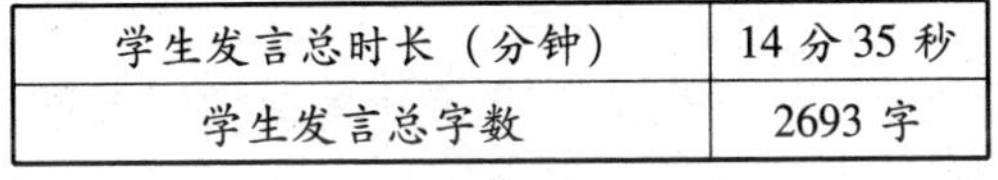

学生发言总时长（分钟）	14 分 35 秒
学生发言总字数	2693 字

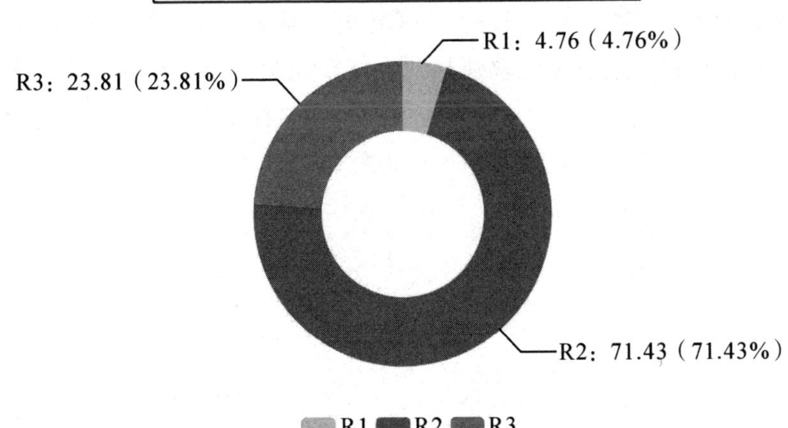

图 2.4　《两小儿辩日》学生发言情况图表

R1 是学生的简单回复。

R2 是学生对知识与概念的回忆性回复，指向的是知道、理解、应用的学习目标。

R3是学生带有推理性、解释性的回复，指向的是分析、综合、评价的学习目标。

在本节课中，Rl层级占总发言的4.76%；R2层级占总发言的71.43%；R3层级占总发言的23.81%；

在小组活动和个人任务中，学生表现出积极的态度。小组活动时长为8分46秒，个人任务时长为0分27秒。通过这些活动，学生有机会将所学知识应用到实践中，提高了学习的实效性（如图2.5）。

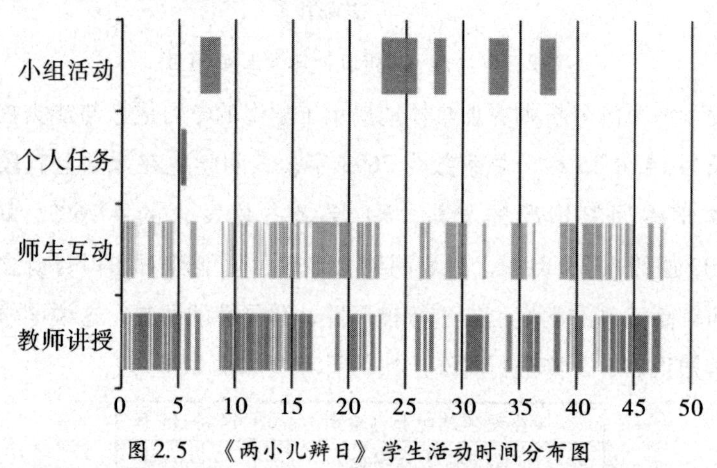

图2.5 《两小儿辩日》学生活动时间分布图

根据RT值（教师行为占有率）和CH值（师生行为转换次数），本节课属于混合型授课模式，这意味着教师和学生都在课堂中充分参与。教师行为占比0.46，师生行为转换率0.23，表明课堂活动既有教师主导的讲授，又有学生主导的互动，体现了良好的师生互动平衡（如图2.6）。

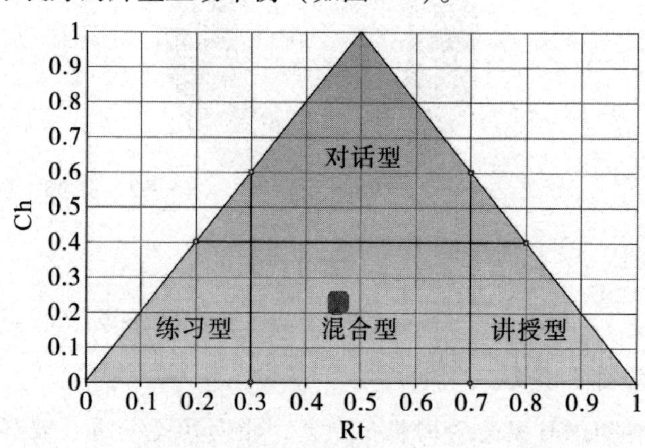

图2.6 《两小儿辩日》Rt－Ch图

教师在教学过程中遵循了加涅提出的九大教学事件。从引起注意到促进迁移，每个环节都被精心设计，以确保学生能够逐步深入地理解课文内容。特别是在诱引行为方面，教师通过提问和提出任务，促使学生主动参与，积极做出反应，这有助于调动学生的积极性（如表2.5）。

表2.5 《两小儿辩日》加涅9事件统计

序号	维度	教学事件	话语数
1	引起注意	通过短片、问题等导入课堂，吸引学生兴趣	6
2	告知目标	告知本节课学习目标，激起学生学习期望	6
3	刺激回忆	回忆旧知，明确同化新知识的经验范围	1
4	呈示材料	教师讲授，讲解注意考虑年龄、基础、学习类型等因素，安排顺序和分量	41
5	提供指导	为学生的学习和任务开展提供指导与策略（脚手架），注意掌握指导的程度	5
6	诱引行为	促使学生主动参与，积极作出反应，如对学生提问和提出任务	77
7	及时强化	给予学生行为及时的反馈评价	42
8	检查评价	针对整堂课的测试评价，检测学习目标是否完成	5
9	促进迁移	布置新任务，提供知识迁移应用的新场景	6

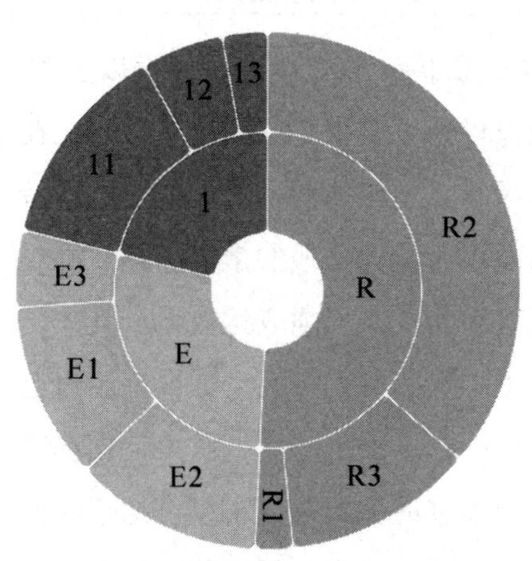

图2.7 《两小儿辩日》课堂IRE分布图

IRE分析揭示了师生互动的模式。教师提问主要集中在有标准答案的问题上，占到了61. 36%，而鼓励推理性或解释性问题仅占25%，开放式问题更是只有13. 64%。学生回答方面，R2层级（解释性回答）占到了71. 43%，说明学生在回答问题时倾向于给出详细的解释。教师对学生回答的反馈也呈现出多样性，既有简单的回复，也有进一步的追问和邀请他人评价，这有助于促进学生的反思能力和元认知发展（如图2. 7）。

表2. 6　《两小儿辩日》课堂IRE占比图

IRE类型	维度	定义	数量	百分比
I表示教师的提问	11	有标准答案的封闭式问题	27	61. 36%
	12	有标准答案的鼓励推理性或解释性问题	11	25. 00%
	13	无标准答案的开放式或半开放问题	6	13. 64%
R表示学生的回答	R1	简单回应，是或否	5	4. 76%
	R2	事实性知识回答，以及解释性的回答	75	71. 43%
	R3	开放性的推理性或解释性的回答	25	23. 81%
E表示教师对学生回答的反馈	E1	简单回复或进行直接的对与错评价	23	39. 66%
	E2	复诉回答者的观点，追问或邀请回答者进一步做解释	25	43. 10%
	E3	邀请本人或他人评价回答，促进反思或元认知，促进群体讨论	10	17. 24%

通过AI高品质课堂分析报告的解读，我们可以发现，在《两小儿辩日》的教学过程中，学生的能力得到了多维度的提升。首先，在语言能力方面，学生通过朗读、背诵和讨论等活动，不仅加深了对文言文语言特点的理解，还提高了自己的语言表达能力和书面表达能力。他们学会了如何准确、流畅地表达自己的观点，如何运用恰当的词汇和句式来增强表达效果。其次，在思维能力方面，学生通过参与辩论和讨论、思维导图制作等活动，锻炼了自己的逻辑思维和批判性思维。他们学会了如何分析问题、提出假设、收集证据和进行推理，从而形成了较为完整的思维体系。这种思维能力的提升不仅有助于他们在学习中取得更好的成绩，还将对他们未来的工作和生活产生深远的影响。此外，在情感态度和价值观方面，学生也获得了积极的成长。通过《两小儿辩日》的学习，他们感受到了

古人勇于质疑、追求真理的精神风貌，也体会到了孔子所倡导的实事求是、不耻下问的学习态度。这些积极的价值观念不仅激发了学生的学习兴趣和动力，还培养了他们的责任感和使命感，使他们更加珍惜学习机会，努力成为对社会有用的人才。

尽管本次《两小儿辩日》的教学过程取得了显著成效，但仍存在一些可以改进的地方。授课教师及项目组团队成员深入剖析了本节课的每一个细节，并结合 AI 高品质课堂智能诊断分析报告的深刻解读，进而更加精准地识别教学中的亮点与不足，为后续的教学改进提供强有力的支持。接下来，我们将详细探讨基于 AI 课堂分析报告的教学反思过程。

3. 基于 AI 课堂分析报告的教学反思

在探讨统编小学语文六年级下册第五单元《两小儿辩日》一课的教学实践时，我们旨在基于 AI 高品质课堂智能诊断分析报告，对教学过程进行学术性反思，以期为未来教学设计与实施提供优化策略。

（1）课堂时间管理与教学节奏

本节课时长为 47 分 35 秒，精准把握了小学生注意力集中的黄金时段。从时间分配来看，教师讲授（21 分 48 秒）与学生互动（25 分 46 秒）的比例趋于平衡，且教师语速适中（207.04 字/分钟），确保了信息传输的有效性与学生接收的舒适度。这一设计体现了教师对学生认知特点的深刻理解，促进了知识的有效传递与内化。

（2）课堂互动模式与深度

课堂互动 ST 分析揭示了师生行为的均衡性（教师 0.46，学生 0.54），趋近于理想的混合型授课模式，促进了学生的积极参与和深度思考。然而，IRE 序列分析指出，尽管学生的解释性回答能力较强，但开放性问题的匮乏限制了创造性思维的拓展。因此，建议未来教学中增加更多开放性问题，以激发学生的多元思考与创新能力。

（3）学生发言与思维层次

学生发言总时长与字数的统计显示了其课堂参与度，但回答内容的分析揭示了思维深度的差异。部分学生能够进行推理性、解释性回复，体现了高阶思维的发展；而简单回应的存在则提示了深化思考的必要性。教师应鼓励学生超越表面知识，进行更深层次的分析与综合，促进其批判性思维的形成。

（4）活动类型与自主学习

小组活动与个人任务的安排反映了合作学习的重视，但个人任务时间的不足可能削弱了独立思考能力的培养。未来教学中，应合理调整活动结构，确保学生在合作中共享智慧的同时，也能拥有足够的个人空间进行深度探索，从而实现合作与自主学习的平衡发展。

（5）师生互动频率与个性化指导

尽管课堂类型为混合型，师生行为转换率较低（0.23），表明互动仍有提升空间。通过增加即时反馈环节，教师可以更频繁地与学生交流，及时了解学习状况，调整教学策略。同时，个性化指导的缺失要求教师在未来教学中更加关注学生的个体差异，提供针对性的学习支持，促进每位学生的全面发展。

（6）教学事件设计与实施

遵循加涅九大教学事件的教学设计，确保了教学过程的系统性与逻辑性。然而，在诱引行为与个性化指导方面，仍需加强。教师应巧妙设置问题情境，以激发学生的探索欲望；同时，注重因材施教，为不同学生量身定制学习策略，以提升教学效果的普遍性与针对性。

AI 高品质课堂智能诊断分析报告为《两小儿辩日》的教学反思提供了丰富的数据支持与深刻的分析视角。通过本次反思，我们认识到在达成教学目标的同时，还需不断优化问题设计、增强师生互动、深化思维训练及强化个性化指导等方面的工作。只有这样，才能更好地服务于学生的全面发展，推动教学质量的持续提升。

4. 结论

通过对案例的研究发现，AI 工具的引入，如本书中的高品质课堂智能诊断分析报告，在高年级朗读课堂中的应用具有重要意义。该报告通过详细的数据分析、活动记录及师生互动情况，为教学提供了全面、科学的评估依据。在高年级朗读课堂中，AI 课堂分析报告的应用不仅限于传统的教学质量评估，更深入到学生个体差异、学习行为分析及教学策略优化等多个层面。

AI 课堂分析报告能够精准评估教学质量，通过多维度的视角深入剖析教师行为、学生活动以及课堂互动等关键环节，为教学质量的精准评估提供了坚实依据。教师可以借助这一全面分析报告，直观地审视自身在课堂上的表现，从讲授语速的把控到问题类型的精心设计，再到反馈方式的多样化应用，每一项指标都成为了教师自我反思与提升的重要参考。通过这样细致入微的分析，教师能够迅速识别教学过程中的优势与不足，进而灵活调整教学策略，确保教学效果的持续优化与提升。同时，报告中的师生互动分析模块，能够清晰地展现师生间互动的模式与成效。它不仅展现了教师如何引导学生思考、激发学生潜能，还揭示了学生在互动过程中的参与度与反应。这一深刻洞察促使教师深刻思考如何进一步优化互动策略，如何通过更加生动有趣的互动方式，激发学生的学习兴趣与积极性，让课堂成为学生主动探索、积极思考的乐园。此外，AI 课堂分析报告还对学生发言情况、活动参与度等关键数据进行了深入分析，为教师提供了宝贵的个性化学习支持信息。这些信息如同指向灯，帮助教师精准把握学生的个体差异与需求，从而能够更有针对性地设计教学方案、提供个性化辅导。在这一过程中，教师不仅能够促进每位学生潜能的充分挖掘与展现，还能有效推动全体学生在知识与能力上的共同进步，实现真正意义上的因材施教与全面发展。

教师基于 AI 课堂分析报告，可以加强数据驱动的教学决策。教师应充分利用 AI 课堂分析报告提供的数据，结合自身的教学经验，制定更加科学、合理的教学计划。同时，教师应关注报告中的异常数据或趋势，及时进行教学调整，确保教学目标的实现。此外，通过 AI 课堂分析报告，教师可以关注到课堂中与学生的有效互动以及每个学生的个体差异。在互动过程中，教师应采用多样化的提问方式和反馈策略，以激发学生的学习兴趣和思维能力；教师还应关注学生在互动中的表现，及时给予肯定和鼓励，从而增强学生的学习自信心。在朗读课堂中，教师可以通过分组教学、个别辅导等方式，针对学生的不同需求和特点进行教学。同时，教师还应关注学生的情感发展，营造积极、和谐的学习氛围。

AI 课堂分析报告在高年级朗读课堂中的应用具有显著效果。通过精准评估教学质量、促进师生互动及提供个性化学习支持等方面的努力，教师可以更好地利用 AI 技术辅助教学，提升整体教学质量和学生的学习效果。本书中所用的 AI 课堂分析报告只是 AI 技术在教育领域应用的一个方面。教师应积极探索和利用其他 AI 教学工具和技术，如智能语音识别、情感分析等，进一步提升教学效果和学习体验。

（二）案例研究2——《桥》《月光曲》《慈母情深》课堂观察分析

在教育技术的快速发展背景下，AI课堂观察系统为深入分析课堂教学提供了前所未有的视角和精确度。本文将以《桥》《月光曲》和《慈母情深》三节语文课为例，综合分析情感朗读在教学中的应用，从情感朗读的教学目标、教学策略以及其他相关维度进行深入探讨，以期为语文教学提供新的启示。

1. 小学高年级情感朗读的教学目标

情感朗读作为语文教学中的一种重要方法，其核心目标在于通过朗读激发学生的情感体验，加深对文本内容的理解和感悟。在三节课中，情感朗读的教学目标均得到了明确的体现。

在《桥》的教学过程中，教师通过情感朗读引导学生深入理解小说的情节和人物形象，特别是老汉的沉着冷静、无私无畏等品质。情感朗读的目标在于让学生能够通过声音的变化、语调的起伏，感受到小说中紧张的氛围和人物内心的波动，从而产生情感共鸣。

表2.7 《桥》教学目标

学习目标	学生能够通过本节课的学习： 理解并掌握小说三要素：情节、环境、人物形象，学会通过关注情节发展和环境描写来感受人物形象。 能够自主阅读小说《桥》，梳理出小说的主要情节，并用小标题的形式进行概括。 通过细节描写，如语言、动作、神态等，深入分析并理解老汉沉着冷静、不徇私情、以身作则、舍己为人、父爱如山的多元形象。 认识到其他人物对主要人物形象的衬托作用，学会在写作中运用此方法塑造人物形象。 发挥想象力和创造力，尝试根据所学内容创编生活故事，培养创新思维和文学素养。 完善个人思维导图，提高信息整合能力和自主学习能力，为后续学习打下坚实基础

《月光曲》的教学中，情感朗读的目标更为细腻。教师不仅要求学生能够准确朗读课文，更希望通过朗读让学生感受到《月光曲》所描绘的画面和音乐节奏的变化。通过情感朗读，学生得以将文字与音乐相结合，体会贝多芬创作时

的情感变化，提升文学鉴赏能力。

表 2.8 《月光曲》教学目标

<table>
<tr><td rowspan="1">学习目标</td><td>学生能够通过本节课的学习：
概括《月光曲》的主要内容，理解贝多芬创作《月光曲》的传说故事，体会贝多芬的情感变化。
抓住文中关键情节和关键词语，梳理文章线索，快速感知文章总体印象，提升信息筛选与概括能力。
通过品读关键语句，想象文中描绘的画面，体会音乐节奏的变化，感受语言文字的魅力，提升文学鉴赏能力。
解锁作家的写作密码，学习并运用动静结合、对比、比喻等写作手法，以及使用动词表达画面动态变化的方法，提升写作能力。
发挥想象力，结合音乐进行即兴创作，将想象的画面用文字表达出来，培养创新思维和表达能力。
背诵课文第九自然段，查找并阅读《名人传》中介绍贝多芬的章节。</td></tr>
</table>

在《慈母情深》的教学中，情感朗读的目标则侧重于培养学生的感恩之心。教师通过引导学生朗读课文中的感人场景和细节描写，让学生深刻体会到母爱的深沉与厚重。通过情感朗读，学生得以将内心的情感通过声音表达出来，进一步加深对母爱的理解和感悟。

表 2.9 《慈母情深》教学目标

<table>
<tr><td>学习目标</td><td>本节课的学习目标为：
学生能够通过课堂对话与讨论，深入理解并概括《慈母情深》中的感人场景，体会作者通过场景和细节描写所表达的情感。掌握通过场景和细节描写表达复杂情感的方法，能够赏析文章中的动作、神态、外貌等细节描写。
能够运用所学方法，结合个人经历，进行写作练习，通过场景和细节描写表达自己的真实情感；
感受文章中母亲的伟大与无私，理解母爱的深沉与厚重，培养感恩之心；拓展阅读视野，通过阅读相关文章，进一步感受不同作品中父母之爱的表达方式，提升文学素养与情感理解能力。</td></tr>
</table>

2. 小学高年级情感朗读的教学策略

为了实现情感朗读的教学目标，三节课均精心设计了多种教学策略，并在AI课堂观察系统的辅助下，这些策略得到了更为细致的分析与持续优化，确保了教学效果的最大化。

借助AI技术精准分析学生朗读情感：AI课堂观察系统以其强大的数据分析能力，成为了情感朗读教学策略中的重要一环。该系统能够实时捕捉并分析学生在朗读过程中的情感表达，为教师提供即时反馈。例如，在《桥》的教学中，AI系统能够精准识别学生在朗读老汉与村民对话时情感表达的细微差异，如语速的变化、音量的起伏以及停顿的处理方式等。这些反馈数据不仅帮助教师迅速定位学生在情感表达上的不足，还指导教师如何更有针对性地引导学生深入理解人物内心的情感变化，从而提升学生的朗读情感表现力。

表2.10 《桥》教师基本情况表

教师基本情况	指标说明	分值	参考范围
教师提问数量	课堂中带有疑问语气的句子或问题	66个	50－200
课堂话轮数	课堂中师生话语主体转变的轮次	话轮数：73	－
教师讲授语速	课堂中教师每分钟所说的音节数量	219.59字/分钟	150－300

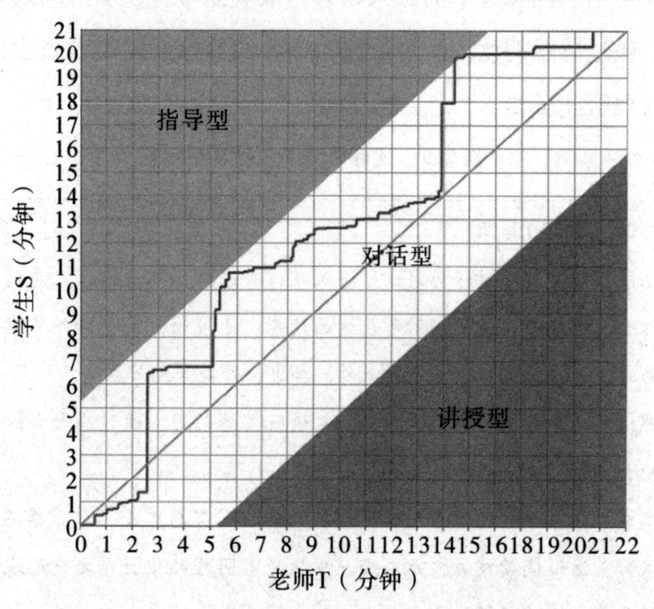

图2.8 《月光曲》课堂互动推进与课型图

通过朗读指导提升学生的情感表达能力：朗读指导是情感朗读教学策略中的核心部分。在三节课程中，教师均将朗读指导作为提升学生情感表达能力的重要手段。以《月光曲》为例，教师不仅要求学生准确朗读课文，更通过细致的指导，教授学生如何通过声音的变化来传达文本中月光下海面的平静与波涛汹涌的对比，以及贝多芬内心情感的细腻变化。这种指导包括语速的调整、语调的抑扬顿挫、气息的控制等方面，使学生能够更深入地理解文本内容，更准确地把握情感脉络，从而在朗读中展现出更强的表现力和感染力。

利用小组合作和讨论促进情感共鸣：小组合作和讨论是情感朗读教学策略中不可或缺的一环。通过小组合作朗读和讨论，学生能够在相互借鉴中共同提升。在《慈母情深》的教学中，教师将学生分成小组，每组负责朗读课文中的感人场景，并分享自己的感受和体会。这种教学方式不仅加深了学生对文本内容的理解，还促进了彼此之间的情感共鸣。在小组合作中，学生能够听到不同同学对同一文本的不同解读，这种多元的视角有助于拓宽学生的情感认知，增强他们的情感共鸣能力。

课堂活动时长分布（分钟）	教师讲授	24：37
	师生互动	15：40
	活动或沉寂	9：25

在本节课堂活动中，教师讲授占比为50.0%，师生互动占比为32.00%，活动或沉寂占比为19.00%，课堂活动具体时间分布如下图所示：

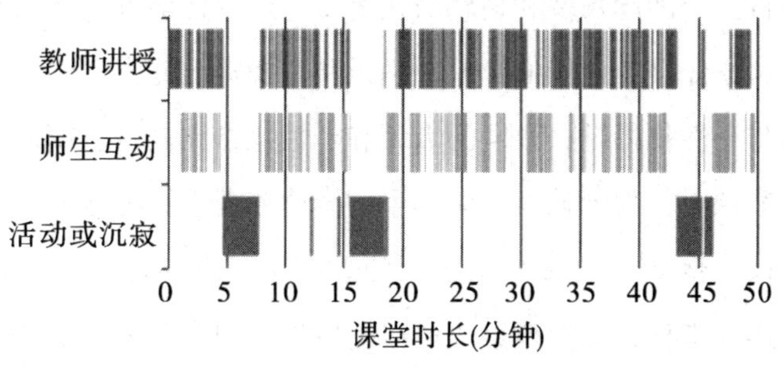

图 2.9 《慈母情深》课堂时段分布图

结合情境模拟与角色扮演深化情感体验：除了上述策略外，三节课还尝试了结合情境模拟与角色扮演的方式来深化学生的情感体验。例如，在《桥》的教学中，教师可以设计情境模拟环节，让学生分别扮演老汉、村民等角色，通过角色扮演体会不同人物在故事中的情感变化。这种教学方式能够使学生在模拟的情境中更加深入地理解人物内心，从而在朗读中更加自然地流露出相应的情感。

利用多媒体资源辅助情感朗读：随着多媒体技术的不断发展，三节课还充分利用了多媒体资源来辅助情感朗读。例如，在《月光曲》的教学中，教师可以播放贝多芬的《月光奏鸣曲》作为背景音乐，让学生在音乐的氛围中朗读课文，从而更好地体会文本中月光与音乐交织的意境。这种多媒体资源的运用能够为学生创造一个更加立体、生动的朗读情境，有助于提升学生的朗读效果和情感体验。

3. 小学高年级情感朗读的评估与反馈

情感朗读的评估与反馈是教学过程中不可或缺的一环。在三节课中，教师均采用了多种评估方式，以确保情感朗读的教学效果得到有效检验和提升。

AI课堂观察系统的实时评估：AI课堂观察系统能够实时评估学生的朗读情感表达情况，为教师提供即时的反馈。例如，在《桥》的教学中，系统可以实时分析学生的朗读语调、情感投入等维度，为教师提供精准的数据支持。这些数据有助于教师更准确地了解学生在情感朗读方面的表现，从而调整教学策略。

同伴互评与自我反思：同伴互评和自我反思是三节课中常用的评估方式之一。通过同伴互评，学生可以相互学习、取长补短；通过自我反思，学生可以更加深入地了解自己的朗读表现和情感表达情况。这种评估方式不仅有助于提升学生的朗读水平，还能培养他们的批判性思维和自我提升能力。

教师点评与个性化指导：教师的点评和个性化指导是情感朗读评估中的重要环节。在这三节课中，教师均注重对学生的朗读表现进行细致的点评，并给出个性化的指导建议。例如，在《月光曲》的教学中，教师针对学生在朗读中存在的问题进行了逐一指导，如何调整语调以更好地表现音乐的节奏变化等。这种个性化的指导方式有助于学生更加精准地把握情感朗读的要领，从而有效提升朗读效果。

4. 情感朗读的启示与展望

通过对《桥》《月光曲》和《慈母情深》三节语文课的综合分析，得出以下启示。

首先，情感朗读是语文教学的重要手段，情感朗读能够激发学生的情感体验，加深对文本内容的理解和感悟。在语文教学中，教师应注重情感朗读的运用，通过朗读指导、小组合作等方式提升学生的情感表达能力。

其次，AI 技术为情感朗读提供了新的可能，AI 课堂观察系统为情感朗读的评估与反馈提供了精确的数据支持。未来，随着 AI 技术的不断发展，我们可以期待更多智能化的教学工具出现，为情感朗读的教学提供更加便捷、高效的支持。

最后，情感朗读需要持续的教学实践与研究，情感朗读的教学并非一蹴而就，需要教师在教学实践中不断探索和完善。同时，也需要更多的研究者关注情感朗读的教学研究，为语文教学提供更为丰富的理论支持和实践经验。

五、教师反馈：AI 技术应用的实践体验与反思

为了深入了解 AI 技术在教学中的实际应用效果及其对教师工作的影响，我们针对一批使用过 AI 课堂分析报告的教师进行了深入的访谈调查。以下是教师们对于 AI 技术应用的一些具体反馈与反思。

（一）教学便捷性的显著提升

多数教师表示，AI 技术的应用极大地提升了教学的便捷性。传统的课堂教学往往需要教师花费大量时间进行手工记录与整理学生的学习情况与课堂表现，这不仅增加了教师的工作负担还容易出错。而 AI 课堂分析报告的出现则彻底改变了这一状况。通过智能分析系统，教师可以轻松获取课堂活动的各项统计数据与图表报告，无须再进行烦琐的手工记录与整理。这不仅节省了教师的时间与精力，还提高了数据的准确性与可靠性。

“以前每次上课都要花好多时间来记录学生的表现和课堂的情况，现在有了 AI 课堂分析报告，这些都不用我操心了。我可以把更多精力放在准备教学内容和跟学生的互动上。”

（二）数据驱动决策的科学实践

AI技术的应用还促使教师们开始更加注重数据驱动的教学决策。通过对课堂数据的深入分析与挖掘教师们能够发现以往忽视的教学细节与问题从而制定出更加合理、科学的教学计划与方法。这种基于数据的决策方式不仅提高了教学决策的准确性，还增强了教师们的信心与决心。

"通过数据的支持，我感觉教学决策有了明确的方向，不再像以前那样容易迷茫。现在，每次查看数据分析结果，就像是得到了一份详细的导航图，清楚地显示出哪些地方需要调整、哪些方法是有效的。这不仅让我对自己的教学策略更加有信心，也为我提供了不断改进和创新的具体指引，确保每一步都走得踏实而有方向感。"

（三）教学信心的增强与教学质量的提升

AI技术的融入，不仅优化了教学流程，更在无形中增强了教师的教学信心。教师们普遍认为，有了AI系统的辅助，自己对教学效果的预判更加准确，对教学方法的有效性也更有把握。这种信心的提升，不仅激发了教师的教学热情，也促进了其在教学实践中的不断探索与创新。

"有了AI系统的帮助，我们现在对教学效果的预判变得更准确了。以前总感觉有点摸着石头过河，现在通过AI提供的数据和分析，能更清楚地知道哪些方法对学生最有效。比如说，我可以提前看到学生可能会在哪一部分遇到困难，然后调整教学计划，确保每个孩子都能跟上进度。这种确定感真的让我们对教学方法的有效性更有把握，也让我们在课堂上更加自信和从容。我们知道自己的努力是有方向的，这不仅让我们的教学更加高效，也让学生们受益更多。"

（四）技术挑战与隐私保护的双重考量

然而，在肯定AI技术带来诸多便利的同时，教师们也提出了不容忽视的问题与挑战。首先，报告中数据解读的复杂性成为部分教师，尤其是那些评价能力基础相对薄弱的教师的使用障碍。他们表示，尽管AI系统功能强大，但学习成本较高，这在一定程度上影响了其在教学中的广泛应用。此外，隐私保护问题也是教师们普遍关心的焦点。他们担忧学生的个人信息在数据采集与分析过程中可能遭遇泄漏风险，从而对学生的隐私安全构成潜在威胁。

总的来说，AI 技术的引入，首先在教学过程的便捷性上实现了质的飞跃。智能分析系统以其强大的数据收集与处理能力，极大地减轻了教师的工作负担。通过即时、精准的数据采集与统计，使教师能够迅速获取课堂全貌，从而有更多时间专注于教学内容的创新与深度挖掘。此外，AI 技术的应用还激发了教学模式的创新与变革。通过智能分析系统的支持，教师可以更加灵活地调整教学策略，实现教学方式的多样化与个性化。

然而，AI 技术在教育领域的推广与应用并非一帆风顺。在实际操作过程中，教师们也遇到了一些挑战与困扰。AI 系统的数据分析能力虽然强大，但如何准确解读这些数据并将其转化为有效的教学策略仍需教师的深入思考与实践。此外，如何确保 AI 系统的数据安全与隐私保护也是一个亟待解决的问题。

可以发现，AI 技术在高年段语文朗读教学的应用与影响是深远而复杂的。它既为教学带来了便捷性、精准性与创新性的提升，也带来了技术门槛、数据解读及数据安全等方面的挑战。

第四节　AI 人工智能技术促进学生情感朗读个性化发展

面对 AI 技术带来的机遇与挑战，教育工作者需要积极寻求平衡，既要充分利用技术的优势来优化教学过程，又要确保技术的应用符合教育的本质和目的。这要求我们在技术与人文之间找到恰当的结合点，不断探索和完善 AI 技术在教育中的应用模式。特别是在情感朗读教学中，AI 技术能够为学生创造更加个性化、高效的学习体验。

一、以学为中心，通过学习习惯的改变达成深度学习

在情感朗读教学中，AI 技术能够通过跟踪和分析学生的学习行为，为教师提供详尽的学生学习习惯报告。这有助于教师了解每位学生的学习偏好、兴趣点以及学习难点，从而调整教学策略，为学生提供个性化的学习材料和支持。通过这种方式，AI 技术不仅能够帮助学生建立良好的学习习惯，还能够促进学生进

行深度学习，提高学习效率。

（一）个性化学习路径的构建

在传统的教学环境中，教师很难为每位学生提供完全个性化的学习路径。而AI技术能够通过记录学生在朗读过程中的表现，包括朗读的流畅度、停顿时机等，帮助教师了解学生是否真正沉浸在文本中，是否能够准确地表达出文本的情感色彩。基于这些反馈，教师可以为学生提供更有针对性的指导，进而帮助他们在情感表达方面取得进步。例如，AI系统能够记录学生在朗读过程中的表现，并通过数据分析识别出学生在朗读时的弱点，如情感表达不够丰富、语调变化单一等。教师可以根据这些数据调整教学内容和方法，为学生提供更加具体和个性化的指导，帮助他们改善朗读技巧，提高情感表达能力。

（二）学习习惯的改变与深度学习

AI技术不仅能够帮助学生改进朗读技巧，还能够促进学生学习习惯的改变，进而达到深度学习的目标。通过AI技术提供的数据分析，教师可以了解学生的学习进度和兴趣点，从而调整教学策略，使学习内容更加贴近学生的实际需求。例如，如果AI系统发现某位学生在朗读特定类型的文章时表现不佳，教师可以为这位学生提供更多这类文章的练习机会，并提供专门的指导。此外，AI技术还可以通过智能推荐系统为学生提供适合其兴趣和能力水平的阅读材料。这种个性化推荐不仅能够加深学生对文本的理解，还能够帮助他们建立起对文学作品的浓厚兴趣，从而培养跨文化交流的能力与视野。

（三）促进自主学习与探究

AI技术的应用不仅限于提供个性化的学习材料和支持，还能够激励学生进行自主学习与探究。例如，AI系统能够根据学生的学习进度和兴趣推荐相应的阅读材料和朗读练习，帮助学生发现自己的学习兴趣，并鼓励他们进行更深层次的探索。这种自主学习的过程不仅能够加深学生对文本内容的理解，还能够培养学生的批判性思维和创造力。

二、以培养核心素养为目的，通过朗读促进阅读思维的变化

在当今这个信息爆炸的时代，学生不仅需要掌握基本的读写能力，还需要具

备批判性思维、创新思维以及跨文化交际等核心素养。本部分将探讨通过 AI 技术的应用，如何以培养核心素养为目标，通过情感朗读促进学生阅读思维的变化。

（一）情感朗读与核心素养的关联

情感朗读是一种集语言表达、情感投入和文本理解于一体的教学活动。它不仅要求学生能够准确无误地读出文本内容，更要求学生能够在朗读过程中投入情感，深刻理解文本的深层含义。这种深层次的理解过程本身就是一种高级的思维活动，它涉及批判性思维、逻辑思维以及审美情趣等多个方面。因此，情感朗读不仅是语言教学的重要手段，更是培养学生核心素养的有效途径。

（二）促进阅读思维变化的策略

首先是批判性思维的培养。在情感朗读过程中，教师可以引导学生思考作者的创作意图、文本背后的情感脉络以及深层寓意。通过提问和讨论的方式，激发学生对文本内容的批判性思考，培养学生的批判性思维能力。其次是逻辑思维的锻炼。在朗读过程中，学生需要不断思考文本的情感走向、人物性格的发展等，这有助于锻炼学生的逻辑思维能力。教师可以通过设计相关的阅读任务，引导学生深入分析文本，培养逻辑思维。然后是对审美情趣的提升。通过情感朗读，学生能够更好地体会文本中的美感和情感色彩。教师可以结合文学作品的特点，引导学生欣赏其中的艺术魅力，提升学生的审美情趣。最后是对跨文化交流能力的培养。情感朗读能够帮助学生更好地理解不同文化背景下的文学作品，促进跨文化交流能力的培养。教师可以引导学生阅读不同文化背景的文学作品，通过朗读加深对作品的理解，培养学生的跨文化交际能力。

情感朗读作为一种有效的教学手段，不仅能够提升学生的语言技能，更重要的是能够促进学生深层次阅读思维的变化，进而培养学生的综合能力。通过 AI 技术的应用，教师能够更加科学、客观地评估学生的表现，为学生提供个性化的反馈和支持，最终达到培养学生核心素养的目的。随着技术的持续进步与优化，情感朗读教学将迈向更加个性化、高效的教学模式，以便更好地服务于学生的全面发展。

三、以评价为导向，以技术为桥梁，促进师生交流互动

在情感朗读教学中，AI 技术不仅是一个工具，更是一座连接师生情感的桥梁。通过 AI 技术，教师可以更加深入地了解学生的朗读状态和情感投入，而学生也能在技术的辅助下，更加自信地表达自己的情感和理解。

（一）增强师生情感共鸣

AI 技术能够精准捕捉学生在朗读过程中的情感波动，为教师提供学生情感投入的直接反馈。教师可以根据这些反馈，更加准确地理解学生的情感状态，从而在指导过程中更加注重情感共鸣的建立。同时，AI 技术还可以模拟不同的情感表达，为学生提供情感投入的示范，帮助他们更好地理解和表达文本中的情感。

（二）促进师生有效沟通

AI 技术能够实时记录学生的朗读数据，为教师提供详尽的朗读分析报告。这些报告不仅包括了学生的朗读技巧和情感表达情况，还反映了学生的学习态度和进步情况。教师可以通过这些报告，更加全面地了解学生的朗读情况，从而与学生进行更加有效的沟通。在沟通过程中，教师可以针对学生的具体情况，提出更加具体的改进建议，帮助学生更好地提升朗读能力。

（三）构建师生共同成长的平台

AI 技术为师生提供了一个共同成长的平台。在这个平台上，教师可以根据学生的朗读数据和反馈，不断调整教学策略和方法，提升自己的教学水平。而学生则可以在技术的辅助下，更加自主地学习和探索朗读技巧，提升自己的朗读能力。同时，师生还可以通过平台上的互动功能，分享朗读心得和经验，共同促进朗读教学的进步和发展。

四、面临的挑战与应对策略

因此，如何在确保技术有效性与合法性的前提下，最大化发挥其教育价值，成为亟待解决的关键课题。

（一）技术成熟度与稳定性

AI 技术在情感朗读个性化教学中的应用尚处于探索阶段，技术成熟度与稳

定性是首要挑战。应对策略包括加大技术研发力度，提高算法精度和稳定性；同时，建立全面技术监测与定期更新机制，确保技术的持续优化。

（二）数据安全与隐私保护

学生的朗读数据涉及个人隐私保护问题，因此，如何确保数据的安全性成为另一大挑战。加强师生对数据安全的意识教育，以及遵循相关法律法规，确保数据的合法合规使用。

（三）教师角色转变与技能培训

AI 技术的引入对教师角色提出了新要求，教师需要从传统的知识传授者转变为学习活动的引导者和支持者。应对策略包括组织定期的 AI 技术培训，提升教师的技术素养；鼓励教师参与 AI 教学实践，探索新的教学方法；以及建立教师交流平台，分享教学经验和心得。

第三章
AI时代小学高年级语文"启思善悟"情感朗读教学模型的建构

第一节 "启思善悟"情感朗读教学模型构建的理论依据及其意义

在当今 AI 技术飞速发展的时代，教育领域也正经历着深刻的变革。小学高年级语文教学作为基础教育的重要组成部分，承担着培养学生综合素养和情感认知的关键任务。传统的语文教学模式在一定程度上已难以满足新时代对学生创新思维和个性化发展的需求。因此，构建一种适应 AI 时代背景的"启思善悟"情感朗读教学模式，对于提高小学高年级语文教学质量、促进学生全面发展具有重要的现实意义。

"启思善悟"情感朗读教学模式以学生为中心，强调通过多种教学手段激发学生的主动思考和情感体验，引导学生深入理解文本内涵，培养其良好的语感和审美情趣，提升语文综合素养。该模式将现代教育技术与语文教学深度融合，充分发挥 AI 的优势，为学生创造更加丰富、多元的学习环境。

一、小学高年级语文"启思善悟"情感朗读教学模型构建的理论依据

1. 建构主义学习理论

建构主义认为学习是学习者在一定的情境即社会文化背景下，借助其他人（包括教师和学习伙伴）的帮助，利用必要的学习资料，通过意义建构的方式而获得。在"启思善悟"情感朗读教学模式中，教师通过创设情境、引导启发等方式，帮助学生构建对文本的理解和认识。例如，教师可以利用多媒体资源展示

与课文相关的图片、视频等资料，为学生营造一个直观、生动的学习情境，让学生在情境中感受文本的情感氛围，从而更好地理解作者的思想感情和写作意图。同时，鼓励学生自主思考、合作探究，通过与同学的交流讨论和小组合作学习，共同完成对文本的解读和感悟，实现知识的建构和意义的生成。

2. 阅读心理学理论

阅读心理学研究表明，阅读是一个复杂的心理过程，涉及感知、注意、记忆、思维、想象等多个心理因素的参与。在情感朗读过程中，学生通过对文字的诵读，能够更加深入地感知文本的语言美、节奏美和韵律美，从而激发情感共鸣，促进对文本的理解。根据阅读心理学的观点，教师在教学中应注重引导学生掌握正确的朗读技巧和方法，如语调、语速、停顿等的运用，使学生能够通过朗读准确地传达出文本的情感色彩。同时，要关注学生的个体差异，不同学生对文本的理解和感受可能会有所不同，教师应根据学生的实际情况进行有针对性的指导，让每个学生都能在朗读中获得独特的体验和感悟。

3. 语文课程标准理念

《义务教育语文课程标准（2022 年版）》强调语文教学应注重培养学生的语文素养，包括语言能力、思维能力、审美能力和文化传承能力等。“启思善悟”情感朗读教学模式正是基于这一理念，旨在通过情感朗读这一核心环节，全面提升学生的语文素养。在朗读过程中，学生不仅能够提高语言表达能力和语感水平，还能培养思维能力和审美情趣。通过对优秀文学作品的朗读和感悟，学生可以领略到语言文字的魅力，感受到中华文化的博大精深，从而增强文化自信和民族自豪感。

二、小学高年级语文“启思善悟”情感朗读教学模型构建的价值及意义

“启思善悟”情感朗读教学这种方法以学生认知活动为突破口，强调外显行为（朗读）与思维内化活动的有机整合，强调认知活动与情意活动、教师主导活动与学生主体活动、学生个体活动与群体活动的相互协调。“启思善悟”情感朗读教学模型的构建达成学生朗读活动的建构，强调从学生生命深处唤起他们在朗读进程中思维转化的意识，激发他们内心的情绪情感，从而将学生的生命感、价值感唤醒。

当前素质教育赋予的学习含义是改变以往单一的被动吸收知识，逐渐向学生在课堂积极主动建构知识框架过渡。因此，课堂教学模式应该也相应发生改变：从课堂教师为主导转变为学生为主导，以知识架构铺展语文模型构建教学，有助于师生借助可视化的模型构建朗读活动，有机融入教师的“教”与学生的“学”，真正使师生在课堂的角色发生改变。

(1) 朗读教学模型的构建能改变学生的学习方式

以往的朗读教学模型注重形式上的多样化，忽视了模型的创新性和可行性，忽视了学生在朗读过程中的个性发展，忽视了学生语文核心素养的发展。“启思善悟”情感朗读教学模型倡导“以学为本”“以生为本”“以人为本”的教学理念，渗透直观化、启发式、实践性的教学方法，为师生互动、生生交互、生本融合创造了轻松愉悦和谐的朗读氛围。学生在各环节中，深入思考、讨论交流、体验参悟，积极调动朗读情绪，将文本的内涵通过声音传递开来。

“启思善悟”情感朗读教学模型围绕“情”为主线，通过“三环”：诱情—导情—悟情，创造知识来源的多元化的教育场境，摒弃以往“填鸭式”“满堂灌”的教育方法，使学生通过小组互助、合作探究、共同学习等方式，变“被动学习”成为“主动学习”，从生活体验中启迪智慧，活跃情感，真正成为“以生为本”的朗读课堂。知识作为朗读教学模型创建的原动力，在课堂中创建多种朗读活动，让朗读教学模型使之成为显性化、可视化的操作工具，大大提高了学生朗读效果。同时，朗读教学模型极大帮助学生主动建构知识体系，在认知体系中寻找知识与知识、要素与要素之间的关联，用知识去驱动模型的构建、修正及论证。在课堂上，以学生的学为主，教师的教为辅，教师带领学生在言语学习中进行思维、情感、创造的发展，推动朗读教学模型有序进行，使学生在动脑、动眼、动口中点燃情感，促发行为的发生，使朗读二次创造。

(2) 朗读教学模型的构建能促进学生能力的进阶

著名心理学家托尔曼提出，动物对于环境的知识将拼合成相关区域的一张地图，并不是对区域地点的刺激-反应配对。基于这点，我们认为学生的认知规律、学习特点、学习水平及学习能力与教学方式很重要。之所以我们进行朗读教学模型的构建，是因为朗读本身能帮助学生走进文本，理解文意，读出语境，是一种常态化、动态的教学形式，更是撬动教学内容、推动课堂质量、点拨学生思维的重要手段。我们在前面的章节分析当前高年级语文朗读教学存在的问题，我们不得不将学生的能力水平及学科核心素养的提升作为首要任务。因此，我们更应该要清楚认识到朗读不能局限于学生浅层认知，而忽视文本真实内容的传递；不能拘泥于对文本言语的赏析，而忽略学生成长的需求。

在统编版语文教材中，很多文质兼美的文章，大多饱含着丰富的情感，也深藏着作者对人生命运、生命价值、社会地位、历史交替的思考，借朗读负载，能够有助于学生走进文本，让语言品味、知识学习、情感体悟真实而深刻的发生，这样的朗读才能做到“情真”“意切”。此外，学生在感知文本的基础上，借助朗读能够引领学生走向言语的深度品味，带动他们思维能力、审美创造力的培养。在文章中，学生能够找到类似文体之间的异同，体会相互间表达情感的方法，根据不同语体选择朗读基调，可以说朗读活动的巧妙调控、相互契合，让学生在语言品味、思维发展、审美创造之间生成链接，自如流转。让朗读徜徉在课堂的任何一个角落，将输入和输出相得益彰，相互贯通，贯穿到学生听说读写的训练中，推进学生品赏和思维的进阶，让朗读教学不仅有“外显”，还有“内隐”，不但有内容，还有实质内涵，这才是朗读教学的应然状态。

（3）朗读教学模型的构建能提高朗读指导的效果

教育教学的价值体现在具体教学环境、情境交往与相互交错产生对教育教学内容所蕴藏的意义的发现，也同时体现在师生之间的共同学习过程中，不管是对学习同伴、教师还是学习对象的重要性的发现。我们所构建的“启思善悟”情感朗读教学模型遵循学生身心发展规律、学习发展特点等诸多要素，遵循人的言语发展规律及言语系统的规则，树立“以人为本”的教育理念，在课堂上有机融合在语文教学的整体框架中，与文本理解、情感体验、素养提升合为一体的品文体悟中。不管是“双减”的实施，还是“高效课堂”的打造，都需要我们将有效的实践把控课堂实践，高效设计朗读教学环节。这就需要我们的老师课前做好充分的朗读教学目标的制定，发掘文本字里行间隐藏的情感因素，借助多种灵活多变的教学手段，如教师示范朗读、抓关键词句理解读等方法，带动学生在体悟文本中的情绪情感，强化学生的语言感知力和表现力，思维敏锐力和深刻力。

（4）朗读教学模型的构建能提升课堂教学的实效

有很多学者在研究朗读教学中，都会提及文本理解与运用，也会注重朗读者的情感需求，这是对朗读的初步理解。著名教育家杜威认为“教育的使命在于发展那些有效的习惯和思考的习惯”，可见一个人思维的培养显得尤为重要。“启思善悟”情感朗读教学模型注重言语思维的训练，不仅要求学生读出文本言语意图，提取“基本语义”，而且还要读出作者思维的形成过程以及作者运用技巧的特点，换句话说朗读不仅仅是教“读”，更重要的是“会读”，将学生言语表达能力与言语思维能力协同发展，促进学生素养的发展。此外，言语情感发展，也是该模型的一大内容。有心理学家做了大量实验研究证明，知识不是产生于外部观察或个人思想，而是产生于相互关系中，实则知识生产的过程是借情感激发和体验、意义呈现和感受、思维碰撞和交融等“认知—情感”的迸发、冲突，协调的过程。因此，该模型的创建极大凸显了学生朗读进程中对其思维、情感、行动的培养，更加凸显了这三者相互融合，相互联系，共同推进朗读教学的顺利进行。有人曾这样形容，情感能力比较好的教师，与学生的关系变得更为积极，在课堂教学中更富有成效。如果师生没有互动，教育也就没有发生。换句话说，在当下的朗读教学中，师生相互共生，共同营造和谐的氛围是理想化的状态，作为一线教师要最大效能根据学生的朗读需求尽可能地涵养生态资源，为学生营造更广阔的朗读空间，遵循其规律，启迪其智慧，丰富其情感，在愉悦和谐的环境中让学生找到自己成长的立足点，这样才能促进师生关系向良好的方向发展，才能有助于课堂教学质量的提升。

第二节　小学高年级语文“启思善悟”情感朗读教学模型构建的原则

一、以生为本，尊重个体差异

（一）关注学生兴趣与需求

在小学高年级情感朗读教学进程中，学生的兴趣与需求恰似熠熠生辉的启明星，指引着教学的前行方向。正如《义务教育语文课程标准（2022年版）》所着重强调的，教学活动的开展应紧密贴合学生的身心发展特点与认知规律，给予学生个体差异和多样化学习需求高度关注①。教师需凭借敏锐的教育感知力，深度探寻学生的兴趣偏好。部分学生对蕴含神秘奇幻元素的神话故事满怀热忱，此类文本能瞬间点燃他们朗读的炽热激情。而那些对动物世界充满好奇的学生，《松鼠》中松鼠的机灵可爱、《白鹭》所展现的白鹭的优雅姿态，便成为激发其朗读欲望的有力诱因。

同时，全方位洞悉学生的朗读需求不可或缺。不同学生在朗读能力的高低、语言基础的扎实程度以及情感感知的敏锐性等方面存在显著差异。一些研究表明，学生在朗读方面的初始水平和发展速度受多种因素影响，包括早期语言环境、阅读习惯等②。教师可综合运用课堂细致观察、与学生深度交流互动、专项测试评估等多元方式，精准剖析学生的具体需求，进而为个性化教学方案的精心设计筑牢根基。例如，通过课堂上对学生朗读表现的密切观察，教师能够发现学生在某些字词发音、语句停顿上的问题；与学生的交流互动则能让教师了解他们在情感理解上的困惑；专项测试可以进一步量化学生在朗读技巧和情感感知方面的水平，从而为后续教学提供全面、准确的参考依据。

（二）实施分层教学策略

鉴于学生在朗读领域的参差不齐，分层教学策略成为提升教学成效的核心路径。依据学生的朗读水平、语文素养及学习能力等关键要素，可将其划分为基础层、提高层和拓展层三个层次。

对于学习水平较弱的学生，教学的核心任务在于稳固根基。着重强化语音、语调、停顿等基础朗读技巧的训练，例如在学习古诗《示儿》时，教师需耐心指导学生读准“祭（jì）”“乃（nǎi）”等易错字音，依据诗句的语法结构和语义逻辑明确如“死去元知万事空，但悲不见九州同”。在“万事空”后稍作停顿的合理停顿之处，助力学生达成朗读的基本规范与流畅，为后续的提升奠定坚实基础。

学习水平较好的学生则应聚焦于情感的细腻感知与适度表达。引导他们深入

---

①中华人民共和国教育部制定．义务教育语文课程标准（2022 版）［S］．北京：北京师范大学出版社，2022.

②覃荔嘉．浅析小学语文朗读法的运用策略［J］．新课程导学，2016，(32)：65.

剖析文本中蕴含的复杂情感脉络，如在《祖父的园子》一文中，学生需用心体会作者对童年自由时光的深切眷恋、对祖父的深厚情感以及对园子的由衷热爱之情，并通过朗读将这些情感层次分明、淋漓尽致地展现出来，使听众能深切感受到文本情感的温度与深度。

学习水平较高的学生可鼓励其进行创造性朗读与深度探究。在朗读经典名著片段如《三国演义》中的精彩段落时，启发他们从独特的视角解读人物形象的多面性和情节发展的内在逻辑，运用个性化的朗读方式诠释对文本的深刻理解，甚至尝试对原文进行适度改编和再创作，融入自身的思考与感悟，彰显其卓越的思维能力和创新精神，为文本注入新的活力与魅力。

在分层教学过程中，教师要依据学生的动态发展适时调整分层，确保教学始终紧密贴合学生的实际状况。通过定期的评估与反馈，教师能够及时发现学生的进步与不足，灵活调整教学策略，使每个学生都能在原有基础上稳步前行，实现朗读能力的持续提升与飞跃，充分挖掘学生的潜力，促进其全面发展。

二、情境创设，激发情感共鸣

（一）营造真实情境氛围

情境创设在情感朗读教学中占据核心地位，其关键在于营造高度真实且富有感染力的情境氛围。借助多媒体技术的强大力量，教师能够将文本中的场景鲜活地呈现在学生眼前。如教授《草原》这一课时，教师可以播放展现草原广袤无垠、绿草如茵、牛羊成群以及蒙古族同胞热情好客的视频资料，那悠扬的马头琴音乐、豪迈的蒙古族舞蹈，瞬间将学生带入辽阔壮美的草原世界，引导学生身临其境般感受到草原的独特风情，为朗读注入鲜活的情感生命力。这与相关教育理论中强调的情境认知与学习理论相契合，该理论认为学习是在特定情境中发生的，真实的情境能够促进学生的知识建构与情感体验。

实物道具的巧妙运用亦能显著增强情境的真实感。在学习《落花生》时，将花生带入课堂，让学生亲自观察花生的外形、亲手触摸其质地、亲口品尝其滋味，从而深切体会作者对花生朴实无华品质的赞美之情，使朗读更具真情实感，生动而深刻。正如一些教育学者所指出的，实物展示能够将抽象的知识具象化，帮助学生更好地理解和感受文本内容①。

（二）引导学生入境体验

引导学生深入文本情境，实现全身心的入境体验，是情感朗读教学的重要环节。教师可通过精心设计的角色扮演活动，引领学生走进人物内心世界。在《将相和》的教学中，组织学生分别扮演蔺相如、廉颇、赵王等角色，在对话和情节演绎中，学生深刻领会蔺相如的顾全大局、廉颇的知错能改以及他们共同的爱国情怀，进而在朗读人物台词时能够精准传达角色的性格特点和情感变化，使朗读充满戏剧性和感染力。这一方法借鉴了戏剧教育的理念，通过角色扮演让学生在体验中学习和成长。

此外，启发学生展开丰富的想象也是入境体验的有效途径。在朗读《月光曲》时，引导学生闭上眼睛，伴随轻柔的音乐，想象自己置身于月光洒满的海边，目睹月光下波涛汹涌的大海，聆听海风与海浪的交织奏鸣，如此一来，学生能更深刻地体悟贝多芬创作时的心境和情感，在朗读中完美融入这种浪漫而深沉的情感氛围，使朗读富有诗意和艺术魅力。相关研究表明，想象能够激发学生的创造力和情感共鸣，提升他们对文本的理解和表达能力。

三、方法指导，提升朗读能力

（一）传授朗读技巧要点

精准且系统的朗读技巧传授是提升学生朗读水平的关键支撑。在停顿技巧的指导方面，教师要依据句子的语法结构、语义逻辑和情感表达需求，引导学生合理停顿。如在朗读“我们爱我们的民族，这是我们自信心的泉源”这句话时，应在“民族”后稍作停顿，以突出语义的层次和情感的强调，使朗读节奏分明、表意清晰。这是基于语言学中关于句子结构和语义理解的原理，合理的停顿有助于听众更好地理解句子的含义。

重音的确定则需紧扣文本的核心情感和关键信息。在《为中华之崛起而读书》中，“崛起”一词应作为重音突出，通过加重音量和延长读音，鲜明地体现周恩来总理立志改变国家命运的坚定决心和宏伟抱负，让听众深刻感受到文本的

---

①乔丽平．音声朗亮，读入心扉——小学高年级朗读教学的问题与对策探究［J］．智力，2020，（04）：5－6．

主旨力量。这是根据朗读艺术中重音的运用原则，强调重要的字词以突出主题和情感。

语调的运用要紧密贴合文本的情感基调。在朗读欢快的儿歌《数鸭子》时，采用上扬的轻快语调，传递出活泼愉悦的情绪；而在朗读《十里长街送总理》时，则运用低沉、悲痛的语调，展现人民对总理的沉痛悼念之情，使朗读的情感表达与文本高度契合，引发强烈的情感共鸣。这体现了语调在情感表达中的重要作用，不同的语调能够营造出截然不同的情感氛围。

语速的调控同样要依据文本的情境和情感节奏。在紧张刺激的情节描述中，如《狼牙山五壮士》中战斗场景的描写，加快语速以营造紧张氛围；在抒情或沉思的段落，如《匆匆》中对时光流逝的感慨部分，则放慢语速，给学生留出充足的时间品味情感，使朗读张弛有度、富有韵律。这是基于对文本节奏和情感变化的把握，合理的语速能够增强朗读的表现力。

（二）培养自主朗读能力

培养学生的自主朗读能力是情感朗读教学的核心目标之一。教师应着力引导学生学会自主剖析文本，在阅读文本前，鼓励学生了解作者的创作背景、生平经历和写作风格，这有助于他们更好地把握文本的情感内涵。在学习《少年闰土》时，介绍鲁迅的文学地位和其对旧中国社会的深刻洞察，使学生理解文中闰土形象所蕴含的社会意义和作者的复杂情感。这遵循了文学批评中的知人论世原则，通过了解作者来深入理解文本。

指导学生梳理文本的结构和情节发展脉络，分析文章的开头、中间和结尾的逻辑关系，以及各个段落之间的衔接与过渡。如在《草船借箭》中，引导学生明晰故事的起因、经过和结果，把握诸葛亮草船借箭的巧妙策略和人物之间的矛盾冲突，从而在朗读时能够依据情节的推进和情感的起伏变化，灵活调整朗读的节奏、语气和语调，实现自主、准确且富有感染力的朗读表达，逐步成长为具有独立朗读能力和深厚语文素养的学习者。这与阅读教学中的文本分析方法相呼应，通过对文本结构的分析提升阅读和朗读能力。

四、多元评价，促进全面发展

（一）制定多元评价标准

构建科学合理的多元评价标准体系是全面、客观评估学生朗读水平的基石。

在朗读技巧维度，对语音的准确性进行严格考查，确保学生读音清晰、标准，如分辨前鼻音和后鼻音、平舌音和翘舌音等常见易错读音；语调的自然流畅性也是重要指标，要求学生避免生硬的语调转换；停顿的恰当合理性同样关键，需符合句子的语法和语义逻辑。这是基于朗读的基本规范和要求，确保学生在技术层面达到一定的水准。

情感表达方面，着重评估学生是否能深刻、细腻地体悟文本的情感，并通过声音的强弱、音色的变化、语速的调整等手段将情感生动地传递出来。例如在朗读《卖火柴的小女孩》时，学生能否在不同的情节段落中准确表现出小女孩的饥饿、寒冷、孤独和对幸福的渴望等多种复杂情感。这体现了情感朗读的核心要求，即情感的真实传达。

理解感悟能力的评价聚焦于学生对文本深层含义、主题思想和文化内涵的领会程度，以及在朗读中是否能将这种理解融入其中。如在朗读《孔子拜师》时，学生是否能理解孔子的好学精神和谦逊品质，并在朗读中予以体现。这反映了朗读与阅读理解的紧密联系，强调学生对文本的深度理解。

创新表现维度则鼓励学生在朗读中展现独特的个人风格和创意，如对文本进行个性化的解读和演绎，或在朗读形式上进行创新尝试，如配乐、配舞或与他人合作进行创意朗读等，为朗读增添新的活力与魅力。这符合现代教育中鼓励创新和个性发展的理念，激发学生的创造力和表现力。

（二）开展多元评价活动

积极开展多元评价活动是落实多元评价标准的重要举措。教师评价应秉持公正、客观且具有建设性的原则，在评价过程中，不仅要指出学生朗读的优点，如出色的语音表现、强烈的情感感染力或独特的创意之处，更要针对存在的问题提出具体、可行的改进建议。例如，对于情感表达不够充分的学生，教师可建议其再次深入分析文本，挖掘更多细节情感，并通过模仿优秀的朗读范例来提升自己的表现。这有助于学生明确自己的优势和不足，从而有针对性地进行改进。

学生自评环节能够有效促进学生的自我反思与自我提升。教师引导学生依据既定的评价标准，对自己的朗读进行全面审视，分析自身在朗读技巧、情感表达和理解感悟等方面的表现，制定个人的改进计划，并在后续的学习中持续跟踪和调整，逐步提高朗读水平。这体现了自主学习的理念，培养学生的自我管理和自我发展能力。

互评活动则为学生提供了相互学习、交流的宝贵平台。学生在互评过程中，能够从同伴的朗读中汲取优点，发现自身的不足，拓宽视野，丰富朗读经验。例如，在小组互评中，学生可以共同探讨如何更好地处理某一文本的朗读难点，分享各自的朗读技巧和心得，在合作与竞争的氛围中共同成长、共同进步，实现朗读能力和语文综合素养的全面提升，推动情感朗读教学向更高质量、更具深度的方向发展。这符合合作学习的理论，强调学生之间的互动与合作对学习的促进作用。

通过以上四个原则的全面贯彻与有机结合，小学高年级情感朗读教学模型能够更加科学、合理、有效地构建起来，为学生的语文学习和情感发展提供有力的支持与保障，促进学生在朗读方面的不断进步与成长，提升他们的语文综合素养。

第三节　小学高年级语文“启思善悟”情感朗读教学模型

朗读是学生走进文本的重要途径和方法，是一种教学形式选择，更是撬动教学内容、推荐课堂进程、点拨学生品味和思考的手段。教学实践中，朗读教学已成为语文课堂上不可或缺的重要环节，但是，正如前面章节所提到，当前浮光掠影的朗读依然屡见不鲜。有的泛化朗读，粗浅地读一读即便就是“朗读”，看不见深度阅读导向和课堂走向，只是走过场；有的囿于技巧指导，任教高年级语文的一线教师，在指导朗读时会说“这里读重一点，那里可以拉长一点”，这种外在的语音、语调的调试是否真的决定了文章的情感性姑且不谈，至少情感朗读的指导未能让学生深度走进文本；有的止于“局部”，教师只是对于文章中的某一个触动情绪的地方加以朗读指导，但是并不能很好地关联到其他教学环节，也不能观照到学生听说读写能力的综合训练。

因此，我们认为小学高年级朗读教学，更应该体现“以生为本”的教育思想，借助朗读负载，让学生在课文中品味语言，学习知识，情感体悟真实而深刻，就在“读中学”发生，如此一来朗读的价值才能真正实现。于是，我们项目组经过反复研究探索，构建了“启思善悟”情感朗读教学模型。

一、“启思善悟”情感朗读教学模型的理论依据

（一）情感教育理论

逻辑－认知活动主要是大脑左半球的功能，同抽象、思维、象征性思维和细节的逻辑分析相关，显示人对数字、语言、逻辑、分析等支配能力。情感－体验活动主要是大脑右半球的功能，同知觉、想象、颜色、音乐、节奏以及其他类似的支配能力相关。这一研究得到20世纪60年代R. 斯佩里的裂脑实验所揭示，后被美国加利福尼亚大学奥思斯坦教授用脑电波测量仪查明。情感－体验活动构成逻辑－认知活动的动力系统，积极的情感体验直接或间接转化为人的动机、激发、强化人的逻辑－认知活动，从而提高个体的逻辑－认知效率。同时，逻辑－认知活动促进情感的分化，提高情感思维与情感交往能力，升华人的情感境界。由此可见，人的认知、情感两者之间有着紧密联系，对于学生而言，他们在朗读过程中回忆已经学过的材料，通过回忆、分析、总结、归纳，直到创造性地组合，形成新材料，调动学生朗读的情感，激发学生调节行为的精神力量，形成对文本的理解、分析、综合、总结，激发学生朗读的二次创造。

（二）朗读学理论

朗读学理论被确立为一门独立的学科，源于张颂的《朗读学》这本书。书中提到朗读学和教育学、心理学、语音学、美学和文学等学科互为关联，形成严谨科学的理论体系，涉及的内容涵盖朗读的本源、规律、朗读者的思想感情、状态、技巧等方面的内容，为朗读实践提供了科学的指导。此外，张颂特别强调朗读者应该根据自己的理解和对材料的感悟，对文本进行个性化的解读和意义重构，并且通过声音来传递自己的情感和思考，这样才能引起听者共鸣和思考。

朗读学的建立对语文朗读教学产生了深远的影响，对指导朗读教学提供了更为清晰的方向，同时为我们一线语文教师提供了系统深入的朗读理论指导，解决了老师们在朗读教学中的诸多问题，使朗读教学的成效显而易见。

基于这一理论，朗读者从文本的语言风格、思想感情、篇章结构等方面入手，全面把握文本的内涵和精髓，在对文本有了深入理解后，朗读者才能根据自己的感悟和体验，把无声语言转化为有声语言，对本文整体情感和情境、意境进

行再塑造，朗读者将自己的情感融入到文本中，用声音去诠释文本中的每一处细节变化，每一处情感变化，此时朗读者就可以通过语音、语调、语速、肢体语言等朗读技巧，充分表达对文本的深入理解，把文本中情感因素以声音传递开来，来增强朗读的感染力和表现力，同时，他们对朗读内容还可以进行加工再创作，使之符合自己的艺术表达。

（三）信息加工理论

1. 朗读中的听觉活动

朗读过程包含多种语言活动，朗读者既是自身言语的说者，又是接收信息的听者，在监听自己话语的同时，做出调整，使之符合自己的表达意图。朗读要求学习者听解和分析自己的语言，从理论上讲，这样能够更好地发现他们的错误（Action，1984）通过朗读能够听到日常接收不到的单词，因此学习者对目标语的听力也就随之扩展（Grin，1992）。人类大脑的基本功能是外界刺激与大脑当中的听觉意象相匹配，正是这种匹配，人们才能够理解别人说的话。根据记忆的原则，听觉输入会留下声音图像，而视觉输入则留下影像。心理学家认为，声音图像与影像保留的时间更长（朱纯，1994：188）。对于有视觉偏好的学习者来说，在他头脑当中的影响只是视觉图像，而不能自动转换成声音图像（文秋芳，1996：91）。通过朗读，学习者能够听到他们自己的语言，语音传输到大脑，形成听觉刺激，建立听觉图像。朗读的自我听觉运动和听别人讲话的听觉运动目的是不同的，过程也不同。朗读时，听觉运动是客观的、被动的，不需要自我理解的，是不知不觉的不以朗读者意志为转移，只要声音输出了，听觉就马上运动，听到自己朗读的信息，听别人讲话时，听觉运动是客观的，但是主动的想去听或不听，想去理解或不理解，是以自我的意志为转移。

2. 朗读与双通道语音加工理论

词汇通达是阅读的基础性环节，在词汇通达过程中，语音解码（phonetic decoding）起着非常重要的作用。所谓的语音解码就是将书面的言语符号转换为语音表征系统的过程。林泳海在综合国内外研究的基础上对语音在阅读中作用的真实性给予充分肯定，“词是以抽象的语音形式在心理词典中进行表征的，词的成分是语音的，每种语音都是由音排序的法则来表征语义概念的可能单位。因此，任何语言信息的恢复必须使之通达到这些语音单位，作为附带句法和语义信息，构成人们词表征的核心。”语言心理学家做了大量研究并提出若干理论模型，而其中双通道交互激活模型（bi - modan interactive activation model，BIAM）是目前描绘词汇加工蓝图最成功的一个重要理论，很好地模拟了人类进行词汇认知加工的过程。BIM 模型中提到，视觉通道与听觉通道是相互促进的关系，并且词汇的语音特征能够迅速激活对词汇试卷特征的识别，从而加快词汇认知加工的速度。

我们认为朗读是从听觉和视觉双通道入手，是加强语音编码的重要手段。通过朗读加强训练，可以促进对词汇的迅速识别，从而提高阅读速度。

（四）朗读与信息加工自动化理论

高效和有效的语言学习，不仅要求学习者能够正确地使用语言，更要求学习者能够自动地理解和运用语言。当我们阅读母语文章时，阅读速度远远超过阅读外语文章。这就是信息自动化加工的结果。信息自动化加工对提高阅读速度和阅读理解的效率有重大作用。

Anderson（1983）提出 ACT（The Architecture of Cognition）理论。ACT 理论认为：在学习的初期，任务的完成主要依赖于有意识的受控加工机制。在学习者进行反复练习和刺激后，加工机制就会程序化，自动操作完成。从认知加工的角度来说，语言知识与技能的掌握过程也就是从控制加工到自动化加工的转变过程。而在进行阅读理解教学时，教师往往让学生采用默读，并通过逐一解释字词，分析句子的结构，介绍阅读技巧等手段提升学生对阅读材料的理解。这属于控制的信息加工，需要消耗很多的资源，速度也比较缓慢。如果能实现信息加工自动化，阅读理解的速度和效率将会大大提高。

基于以上结论，我们认为朗读是实现语文学习信息加工自动化的重要手段，能够帮助学生建立知识结构，能够提高学生阅读理解的效率，使学生能够迅速地领会语言文字的含义。

（五）体验式学习理论

体验式学习在西方国家中的相关思想最早可以追溯到文艺复兴时期，20 世纪 80 年代美国人大卫·库伯提出来的，理论的核心是教师在向学生传授知识的过程中，不但要使学生学到知识，更要使他知道得到这些知识的过程，使其“知其然”“知其所以然”，注重学生学习的过程，让学生在学习知识的同时体验它们，使学生加深对知识的理解，同时使学生注意这些知识与相关知识的联系。法国思想家卢梭认为“我们真正的老师是经验和感觉”。知识的获得是通过感觉，而感觉经验是由实践产生的，要求人们要重视实践的作用，只有通过实践与反思，才能得到内部的知识，即“以行求知，体验中学”，他主张我们要从实践去体验，在体验中去学习。自此，西方的体验式学习理论正式拉开序幕。体验式学习强调个人与环境的“交互作用”，一方面是体验涉及个体的主观内部环境，另一方面涉及客观环境。这两种环境又进行着相互渗透、相互联系的互动。美国教育家杜威和著名的心理学家皮亚杰认为，知识不是一种客观存在，而是一种由客观知识转化为个体知识的过程，而个体知识是个人客观生命经验的积累，因此知识是在学习过程中客观经验与主观经验转换而产生的。学习过程，一直伴随着我们的心理过程，尤其是体验与感受。

体验式学习注重将学习者置身于实践的过程，鼓励学习者投入到真实的环境中去“做”，在“做”中去“学”，它更注重学习者的参与性、主体性与学习的趣味性。

在对体验式学习深入了解基础上，项目组认为学生对文本的熟悉程度将直接影响学生的体验，而朗读是一种心境体悟，通过将静态的文字内容转变为有声朗读，可增强学生对课文内容的感知。朗读是学生多种感官参与的阅读方式，包括大脑、眼睛、嘴巴等，学生会在朗读中感知文本的内涵，并通过声音表现文章意境，真正实现体验式学习。因此，要开展好情感朗读教学，教师应该把握体验式阅读的特点，积极搭建体验平台，从而让学生的情感与文本融为一体，在品文悟理中积累经验，提升语文综合能力。

二、“启思善悟”情感朗读教学主要要素之间的关联性

《义务教育语文课程标准（2022 年版）》对每个学段都提出了朗读要求，课标明确指出学生用普通话正确、流利、有感情地朗读，并能通过朗读等方式传达对作品的理解，同时，在统编版小学语文教材中的精读课文课后习题中均有体现朗读的要求，可见朗读是语文阅读教学中极为重要的一种方式。从小学第三学段语文朗读教学的重要性来看，朗读教学不仅促进学生听说读写全面发展，还有助于学生深化语文核心素养的培养和提升，促进学生语文综合素养的进一步提高。

我们在观摩、研讨朗读教学时，从朗读材料、朗读形式、朗读方法等方面，归纳出当前朗读教学侧重于从言语情感、言语思维、言语创造三个路径，让学生的学习过程经历从“读不懂”“读不透”“读不到”“读不活”向“读懂”“读透”“读到”“读活”质的转变，从而呈现出朗读教学对人培养的价值体现。

（一）言语情感：激发学生言语内驱力的基石

从朗读内容看，分为言语形式和言语内容，在朗读教学中对言语形式把握的基础上深入理解，深入品味言语的内在情感，而对言语内在的情感体悟，又会反过来促进朗读的呈现效果，促进对言语形式的心领神会。我们如果想让言语实现认知的共识性传达，则必须让语言的变化更有依据，内心的变化更丰富。事实上，我们在高年级语文统编版教材中，都能感受到课文本身饱含的感情，如沉重的感情、欢悦的感情、平静的感情等，学生朗读前要明确作为表达者的任务，不是竭力还原作品素材，而是要带入由作品发出的情感去表达。

情感的运动是建立在对文本充分理解的基础之上。真诚的认知，真实的表达，真挚的传达，才能实现信息共享、认知共识和愉悦共鸣。有人认为简单重复的有声语言只是对言语一种机械加工，称不上“美读”“感情朗读”，反之会慢慢让人心神安宁，慢慢感受文字、话语对生命的浇灌。感触语言的魅力，借由创作者流淌出来。

（二）言语思维：丰富学生言语表达的助推器

提升学生语文综合素养，要把言语和思维当作一个整体来研究，因此，“言语思维”应运而生。维果茨基认为，语言和思维相交重合的部分就是言语思维。当大脑接受物象刺激，产生思想，思维匹配表达思想的语义，就会以“内部言语”的形式储存在大脑，再通过与词汇整合并解码，按照语言规则输出语言（即外部言语）。正是有了言语思维，让我们实现了“意以言尽”的理想境界。在朗读教学中，教师往往通过创设多种形式还原言语“原本样子”，还原学生现有思维层级的言语水平，引发与作者语言表达的矛盾，从而走进语言文字内部，提升语感的深度。

此外，言语和思维共生，还体现在两者之间无缝对接，给阅读者极大的想象空间。想象有三种状态：一是由言语材料再生形象，称之为“再造形象”；二是言语材料复现原有的形象，称之为“再现形象”；三是阅读者根据言语内容，结合阅读经验组织语言创造一个全新的形象，称之为“创造形象”。我们在指导朗读时，往往会根据不同的言语材料，激发学生不同丰富的想象，让学生从文字中再现形象、回想形象到创造形象，实现言语和思维的同构同生。

（三）言语创造：是撬动学生言语再造的杠杆

言语，从语用的角度体现“语言”的具体化、个性化和动态化，包括思维、想象、行为等方面的表达。它承载着学生思维、审美、文化等素养发展的起点和载体，是语文课程学习的基本特质。创造，是教与学“质”的提升，是实现语文教学“有深度”的必经之路。

对于教学而言，言语创造使教学设计、教学环节富有创意性、丰富性。借用余映潮先生的话来说，“创造”是指有新意、有创造、有个性的教学。对于学习而言，言语创造使学生在学习过程中真正学习语言、迁移语言、运用语言，并由此产生新的发现、新的认知、新的体验、新的感悟。可以说，强调言语创造，实则是对教与学科学性、艺术性、人文性的应然追求和必然保证。

朗读并非一蹴而就，经过反复锤炼，必然会使朗读材料的叙述角度由作者到读者，由作者的表达外化而成读者的表达内化。言语情感、言语思维、言语创造三者联系紧密，缺一不可，自始至终贯穿于朗读教学全过程，从而促进高年级学生情感力、思维力、行动力三大核心力的交互融合，全面提升学生语文综合素养的发展。

三、“启思善悟”情感朗读教学模型的构建

我们倡导小学高年级语文朗读课堂应以提高朗读的效果和质量为目标，以发展学生语文综合素养为根本，在朗读时将自我内化知识转化为情感和感情，使听者能够较好地理解和感受文本的内涵。以往传统的朗读指导，教师注重于指导效果，但是对深入阅读、细致分析和深刻理解方面，做的功夫还不够，自然对学生形成深刻印象和真实情感的一个心理过程难以再创造，反之，没有恰当而完美的外部声音表现形式，内部的情感状态也难以得到充分的表达。只有当外部语音表现和内部信息加工相辅相成时，内容与形式、体验与表现、情感与技巧才能完美融合，达到和谐统一，这样，朗读才能真正实现以情感带动声音、以声音传递情感，达到声情并茂的至高境界。

结合前期大量的实践研究，我们探索出“启思善悟”情感朗读教学模型。（见图3.1）该模型以情感教育论和信息加工理论为理论基础，情感朗读过程是视觉分析器、言语运动分析器和听觉分析器协同参与的活动，是在理解的基础

上，进一步运用三种分析器“再现意义、塑造形象、表达情感”的过程，因此，通过情感朗读教学，不仅能够提高学生感受力、理解力、欣赏力和评价力，还能进一步发展学生语文学科核心素养。

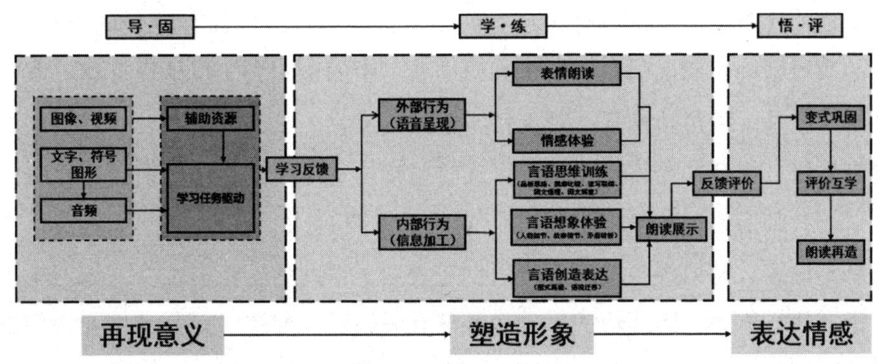

图 3.1 “启思善悟”情感朗读教学模型

▲“导·固”：人文心理学家罗杰斯指出，“学习本身就包括认识和情感两个方面”①。这一环节我们立足学情，目标明确，以学定导，以导促学，巩固经验。在朗读教学过程中，情感对朗读训练有着举足轻重的作用，能够对其启动、定向、维持、调节具有促进积极的意义，因此，根据这一理论认识，作为一线教师应该充分运用多种方法，如除了原有文字、固有的资源外，还应该充分考虑使用媒体技术，如 AI 技术、智慧教育平台、音频、视频、图像等，帮助学生在进入课文学习前激发学习热情，调整学习情绪，明确学习任务，巩固已有经验，以便更好地进入朗读教与学的活动中。因此，“导·固”这一环节在情感朗读教学中，对全面提升课堂效率起着决定性意义。

▲“学·练”：这是情感朗读教学中最为重要的环节，我们倡导以学定教，以学促学，帮助学生建构认知、思维、想象等能力，全面提升学生语文学科核心素养。根据现代教学论，语文朗读法应该包含“语音呈现”和“信息加工”内外协同进行的学习方法。在朗读中，只有“语音呈现”而过多关注语音的情感表现力，这视为忽视了文本真正的内涵；只有“信息加工”而过多关注文本的建构意义，这理解为忽视了文本传递的情感。然而，在实际朗读实践中，朗读教

---

①邵建国．学生朗读心理的优化［J］．内蒙古教育，1998：729.

学应该包括了“语音呈现”和“信息加工”，且两者协同合作，帮助学生实现朗读的全过程。

“语音呈现”不能单纯理解为就是“美美地读”“美读”，在语文教材中每一篇课文都饱含着丰富的情感外，还有许多丰富的语言，里面有较强的逻辑意义，明晰的逻辑结构，明确的语意。例如语文教材中的说明文、议论文等这一类实用类文章，就是一种逻辑性强、理论性丰富的构成物。又如文言文、古诗词，这一类具有严格、规范的语言规律且讲究文学韵味的文体，就是一种情感味较强的文体。对于教师而言，让学生进行朗读实践，就要进入“信息加工”环节，通过言语思维训练、言语想象发挥、言语创造表达，帮助学生在多种变式练习中不仅对言语规律、措辞、表现形式、符号特征有较为深入理解，充分掌握知识内部逻辑联系，更能从练习中反复揣摩语言汉字的味道，从而打开和外部语音呈现的通道，才能转变成语文朗读课堂中真正意义上的情感朗读。对于学生而言，他们在整个朗读过程中，借助文本，从对文本知识的意义建构到真正转化为自身知识的储备，通过多种学习手段，让自己的情感与文本内涵联结起来，抑或对作品内容进行重构，加深对文本的思考；抑或对作品情感加以重构，提高个性化朗读的能力；抑或对作品语言规律适切重构，促进学生语文综合素养的发展。我们将在第四章节课堂学习模型中进一步阐释学生朗读实践的全过程。

▲“悟·评”：如果说朗读教学模型的“导·固”是学习地图，“学·练”是学习体验，“悟·评”是学习交流，共同构成“启思善悟”情感朗读教学模型。这一环节我们倡导“以学促评”“以读促学”，实现学习增值效益。有一些研究者对朗读的价值定位为“读出声音来，这样能锻炼语言表达能力，培养语感”，我们认为朗读作为文学阅读的载体，不仅是读出声音，读出情感，更是对课堂学习进行的跟踪评价，这才是对学生语言学习、思维训练、审美创造、道德提升的综合体现，才是真正体现出一个人朗读素养的发展。

朗读对象既是读者也是听者，评价是读者间交互的学习形式。这一环节充分发挥学生学习的主动性，通过反馈评价，让学生之间以互学的形式，发现自身在朗读时遇到的困难、疑惑、问题进行纠正，对知识上的理解进行重新审视，可以说是主动建立阅读与交流的方式，是促进阅读理解和情感体会的手段。学生从“学习、练习”到“感悟评价”，教师要善于把握第三学段的文本练习，寻找朗读练习的切入口，设计与文本理解深度融合的评价体系（在后面章节加以阐释），逐步培养高年级学生从初读者，到会读者，再到善读者，最后到读创者，全面促进学生情感力、思维力、行动力的协同发展，助推语文文学阅读的深度学习。

第四节　小学高年级语文“启思善悟”情感朗读教学实施策略

一、启思善悟情感朗读教学策略的运用价值

在高年级语文教学中，情感朗读占据着重要地位，而启思善悟情感朗读教学策略通过“导·固”“学·练”“悟·评”三个关键环节，构建起一个有机的教学体系，对提升教学效果、培养学生语文素养具有不可忽视的运用价值。

“导·固”环节立足学情，以学定导，充分运用多种资源和技术，如 AI 技术、智慧教育平台等，激发学生学习热情，调整学习情绪。这不仅能让学生快速进入学习状态，明确学习任务，还能巩固已有经验，为后续的朗读学习奠定坚实基础。通过这一环节，课堂效率得以全面提升，学生能更好地融入朗读教与学的活动，为深入理解文本情感做好准备。

“学·练”环节是情感朗读教学的核心，倡导以学定教、以学促学。它强调“语音呈现”和“信息加工”内外协同，帮助学生建构多种能力，全面提升语文学科核心素养。在朗读实践中，引导学生深入理解文本的语言、逻辑和情感，通过言语思维训练等方式，让学生掌握知识内部逻辑联系，体会语言韵味，实现真正意义上的情感朗读。学生从对文本知识的建构到自身知识储备的转化，通过多种学习手段加深对文本的思考，提升个性化朗读能力，促进语文综合素养的发展。

“悟·评”环节作为学习交流阶段，倡导“以学促评”“以读促学”。朗读不仅是读出声音和情感，更是对课堂学习的跟踪评价，体现学生多方面素养的发展。通过学生之间的反馈评价，他们能主动发现并纠正自身问题，重新审视知识理解，建立阅读与交流的有效方式，促进阅读理解和情感体会。“悟·评”环节将朗读从单纯的语言输出拓展为综合性学习活动。学生在互评互学中，主动发现

并解决朗读问题，重新审视知识理解，阅读与交流能力得到显著提升。教师精心设计的评价体系，成为推动学生从初读者向读创者转变的催化剂，教师把握文本练习，设计合理评价体系，逐步培养学生从初读者到读创者的能力，全面促进学生情感力、思维力、行动力的协同发展，推动语文文学阅读的深度学习。

启思善悟情感朗读教学策略通过各个环节的紧密配合，从激发学习兴趣到培养核心能力，再到促进素养全面发展，为高年级情感朗读教学提供了科学有效的路径，对提升学生语文综合素养和学习能力有着深远的意义。

二、案例实施——统编版小学语文五年级上册《慈母情深》

《慈母情深》是一篇饱含深情的课文，讲述了母亲在极其艰难的生活条件下，毫不犹豫地给钱让“我”买书的故事，体现了伟大而深沉的母爱。在高年级语文教学中，如何引导学生通过朗读深刻体悟这种情感，是教学的重点与难点。本案例将结合“启思善悟”情感朗读教学模型的“导·固”“学·练”“悟·评”三个环节，详细阐述如何将情感朗读教学策略运用到《慈母情深》的实际教学中。

（一）“导·固”：情境导入，引发共情

1. 时代场景呈现：上课伊始，教师播放一段精心剪辑的反映七八十年代工厂劳作场景的视频。视频中，嘈杂的机器声震耳欲聋，昏暗的灯光在弥漫的粉尘中摇曳，工人们在狭窄的空间里忙碌地穿梭，脸上写满了疲惫。学生们的注意力被迅速吸引，仿佛置身于那个艰苦的时代。

2. 图片细节展示：紧接着，教师展示一系列与课文相关的老照片，如破旧不堪的厂房外观，墙壁上布满了岁月的痕迹；简陋的车间内部，机器陈旧且拥挤；工人们穿着朴素甚至破旧的工作服，脸上带着生活的沧桑。教师一边展示，一边简要介绍那个时代的生活特点，让学生对课文背景有更直观、深刻的认识。

3. 情感引导提问：在学生沉浸于时代氛围后，教师提问：“同学们，在这样艰苦的环境下生活，你们能想象自己的父母为了家庭付出了多少艰辛吗？”这个问题如同投入平静湖面的石子，激起学生内心的波澜。他们开始回忆自己父母为家庭的操劳，纷纷陷入思考，对课文中母亲的形象充满好奇，迫切想要了解在这样的环境下，母亲是如何展现出伟大的母爱。

4. 已有情感联结：教师进一步引导：“大家回忆一下，在你们的生活中，父母有没有为你们做过让你们特别感动的事情?”学生们纷纷举手发言，分享自己与父母相处的温馨瞬间，有的讲述父母在自己生病时的悉心照料，有的回忆父母为了给自己买心仪的礼物而辛苦工作。通过这些分享，学生们巩固了已有的情感体验，为理解课文中深沉的母爱搭建了情感桥梁。

（二）“学·练”：深入文本，体悟情感

1. 范读引领，感受基调：教师富有感情地范读课文，在朗读过程中，注意运用恰当的语速、语调、停顿和重音，准确传达出课文的情感基调。例如，在朗读母亲工作的场景时，语速放慢，语调低沉，突出环境的艰苦；在朗读母亲塞钱给“我”的段落时，语速稍快，语调坚定，展现母亲的果断和对“我”读书的支持。学生们认真倾听，闭上眼睛，用心感受课文所传达的情感。

2. 小组讨论，分析文本：范读结束后，教师组织学生分组讨论。首先，引导学生找出文中描写母亲外貌、语言、动作和神态的句子，如“七八十台破缝纫机一行行排列着，七八十个都不算年轻的女人忙碌在自己的缝纫机旁。因为光线阴暗，每个女人头上方都吊着一只灯泡。正是酷暑炎夏，窗不能开，七八十个女人的身体和七八十只灯泡所散发的热量，使我感到犹如身在蒸笼”。让学生分析这些描写体现了母亲工作环境怎样的恶劣。小组内成员各抒己见，有的说从“七八十台破缝纫机”和“七八十个女人”可以看出工作空间的拥挤，有的说“光线阴暗”和“犹如身在蒸笼”突出了环境的艰苦。

3. 言语思维训练，体会情感：教师进一步提问：“作者为什么要如此细致地描写母亲的工作环境?”引导学生思考环境描写与母亲形象以及文章主题的关系。学生们通过讨论，逐渐明白恶劣的工作环境更能衬托出母亲的勤劳和坚韧，以及她为了孩子甘愿付出一切的伟大母爱。在这个过程中，学生的言语思维能力得到锻炼，他们学会从文本的细节中挖掘深层的情感内涵。

4. 朗读练习，协同发展：在对文本有了深入理解后，学生进行朗读练习。教师鼓励学生将自己对文本的理解融入到朗读中，注意语音呈现与信息加工的协同。例如，在朗读“背直起来了，我的母亲。转过身来了，我的母亲。褐色的口罩上方，一对眼神疲惫的眼睛吃惊地望着我，我的母亲的眼睛……”这段话时，学生们通过强调“我的母亲”，放慢语速，加重语气，表达出作者对母亲的心疼与敬爱之情。同时，教师在教室里巡回指导，及时纠正学生的朗读错误，给予个性化的建议。

（三）“悟·评”：交流分享，深化感悟

1. 小组朗读展示：学生分组进行朗读展示，每个小组推选一名代表进行朗读，其他小组成员认真倾听。在朗读过程中，朗读者要尽可能地展现出自己对课文的理解和感悟，运用所学的朗读技巧，将情感融入到朗读中。例如，有的小组在朗读“我鼻子一酸，攥着钱跑了出去……”这一段时，朗读者通过声音的颤抖和停顿，准确地表达出作者内心的感动与愧疚。

2. 学生互评：朗读结束后，进入学生互评环节。其他小组的同学从语音准确性、语调把握、情感表达、节奏控制等方面对朗读者进行评价。评价时，要求评价者既要指出优点，也要提出具体的改进建议。例如，一位评价者说：“你在朗读时，语音很准确，但是在情感表达上还可以再深入一些，比如在‘谁叫我们是当妈的呀！我挺高兴他爱看书的！’这句话中，可以把母亲的那种自豪和坚定的语气再突出一些。”通过互评，学生们能够从他人的角度审视自己的朗读，发现自己的不足之处，同时也能学习他人的优点。

3. 教师总结引导：教师根据学生的朗读和评价情况进行总结和引导。首先，肯定学生们在朗读和评价中的优点，如对文本情感的把握、评价语言的准确性等。然后，针对学生在朗读中存在的共性问题，如情感表达不够深刻、节奏把握不够准确等，进行再次指导。教师引导学生回顾课文中的关键语句和细节描写，让学生进一步体会作者的情感变化。例如，教师提问：“在作者看到母亲工作的场景后，他的情感发生了怎样的变化？从哪些语句可以看出来？”通过这样的问题，引导学生深入理解文本，提升朗读的情感表现力。

4. 拓展延伸，深化感悟：在学生对课文有了深入的理解和感悟后，教师引导学生分享自己在生活中感受到的母爱故事。学生们纷纷踊跃发言，有的讲述自己在考试失利时母亲的鼓励，有的回忆母亲在自己参加比赛时的默默支持。通过这些分享，学生们将课文中的情感与自己的实际生活紧密联系起来，进一步深化了对母爱的理解，实现了从文本到生活的情感迁移。

通过“导·固”“学·练”“悟·评”三个环节的有机结合，将情感朗读教学策略有效地运用到《慈母情深》的教学中。在“导·固”环节，成功激发学生的学习兴趣，引发情感共鸣；在“学·练”环节，帮助学生深入理解文本，掌握朗读技巧，实现语音呈现与信息加工的协同发展；在“悟·评”环节，促进学生之间的交流与合作，深化对课文情感的感悟，全面提升学生的语文素养。这种教学策略不仅适用于《慈母情深》的教学，也为高年级语文情感朗读教学提供了有益的借鉴和参考。在今后的教学中，教师应不断探索和完善这种教学策略，让学生在朗读中感受语文的魅力，在情感的熏陶下茁壮成长。

三、案例实施——统编版小学语文六年级上册《月光曲》

一、诱情：激发情感，营造氛围

1．播放音乐，营造氛围

首先播放《月光曲》这首曲子，让学生闭上眼睛聆听。在音乐声中，引导学生感受乐曲的美妙，想象自己仿佛置身于贝多芬创作时的那个场景之中，初步诱发学生对课文情感的兴趣和期待。通过音乐的渲染，学生能够迅速进入课文的情感基调，为后续的学习奠定基础。

2．介绍背景，激发好奇

简单介绍贝多芬的生平以及他创作《月光曲》的背景故事，让学生对这位伟大的音乐家以及这首曲子的创作缘由产生好奇。通过背景知识的铺垫，学生能够更好地理解课文内容，并对贝多芬的创作动机和情感产生共鸣，从而更有欲望去深入探究课文。

二、导情：引导情感，深入理解

1．初读课文，整体感知

学生自由朗读课文，初步了解课文的大致内容，即贝多芬创作《月光曲》的经过。在朗读过程中，引导学生思考文中哪些地方让你印象最为深刻，或者有哪些不理解的地方，为进一步探究做好铺垫。通过初读，学生能够对课文有一个整体的感知，并初步形成自己的情感体验。

2．问题引导，深入探究

提出一些具有启发性的问题，如“贝多芬为什么要给盲姑娘弹琴?”“他在弹琴时心里可能在想着什么?”等，引导学生带着这些问题再次阅读课文，寻找答案。通过小组讨论、交流分享等方式，让学生的思维相互碰撞，深入理解课文中所蕴含的情感。问题的引导能够帮助学生聚焦课文的关键点，从而更深入地体会人物的情感。

3. 角色扮演，体会情感

组织学生进行角色扮演，分别扮演贝多芬、盲姑娘等角色，模仿他们的对话和动作。在表演过程中，学生能够更加深入地体会到人物的情感和心理活动，如贝多芬对贫苦人民的同情与关爱，以及盲姑娘对音乐的热爱和渴望等。通过角色扮演，学生能够将自身代入到课文情境中，进一步加深对情感的理解。

三、悟情：升华情感，拓展延伸

1. 联想画面，感悟意境

引导学生根据课文中的描述，展开丰富的联想和想象，在脑海中构建出一幅幅生动的画面，如月光照耀下的大海、穷兄妹俩在小屋里听琴的场景等。让学生感受这些画面所传达出的宁静、美好以及兄妹俩之间的深情厚谊，从而深刻领悟到《月光曲》中所蕴含的情感和意境。通过联想和想象，学生能够将文字转化为具体的画面，进一步感悟课文的情感内涵。

2. 对比阅读，深化理解

提供一些与《月光曲》相关的其他作品或资料，如贝多芬的其他音乐作品介绍、不同时期人们对《月光曲》的评价等，让学生进行对比阅读。通过对比，学生可以更清晰地看到《月光曲》的独特之处和它所反映的时代精神，进一步深化对课文情感的理解和感悟。对比阅读能够拓宽学生的视野，帮助他们从多个角度理解课文。

3. 情感升华，拓展延伸

引导学生思考贝多芬的创作对自己的启示，以及在现实生活中如何像贝多芬一样关注他人、传递爱心等。让学生将课文中所学到的情感和价值观延伸到自己的生活中，实现情感的升华和迁移，培养学生的社会责任感和人文关怀精神。通过情感的升华，学生能够将课文中的情感体验转化为实际行动，从而实现语文教学的情感教育目标。

四、案例实施——统编版小学语文六年级上册《桥》

《桥》是统编教材六年级上册小说单元的精读课文，其微型小说文体特征鲜明，通过凝练的短句、环境渲染与悬念设置，塑造了老支书在生死关头舍己为人的光辉形象。六年级学生已具备通过语言、动作描写分析人物形象的能力，但对环境描写与情节设计的艺术手法缺乏系统性认知。基于此，本课以“感受情节与环境对人物的塑造作用”为核心目标，分两课时展开教学。

本案例以“三位一体”情感朗读教学策略为框架，围绕“诱情—导情—悟情”三阶段，通过任务驱动、思维导图、深度品析与创意表达等策略，引导学生从情节梳理、环境分析、人物解读三个维度，实现小说阅读能力的进阶。

第一课时：诱情—导情—悟情

1. 诱情阶段：情境任务驱动，激活情感体验

任务创设：发布“创编班级微小说集”单元任务，呈现山洪暴发的视频片段，引导学生用“越来越……”句式描述危机情境。

优化输入：教师示范朗读描写洪水的短句（如“像”），学生闭眼聆听并想象画面，初步感知语言的节奏感与紧张氛围。

情感锚点：学生用“一个词”概括老汉的初印象（如“镇定”“威严”），形成情感共鸣的起点。

2. 导情阶段：思维导图复盘，深化语言分析

情节梳理：小组合作绘制双线思维导图（环境变化线、老汉行为线），对比洪水“咆哮—逼近—肆虐”与老汉“盯—喊—揪—推”的行为逻辑。

矛盾辨析：聚焦“揪”与“推”的冲突，引导学生思考：“老汉对群众与儿子的态度是否矛盾？如何体现其‘如山’形象？”

语言聚焦：品析比喻句“他像一座山”与拟人句“死亡在狞笑”，探讨修辞手法对人物崇高性与环境压迫感的双重强化作用。

3. 悟情阶段：角色朗读内化，实现情感升华

分角色朗读：学生分组演绎村民的“慌乱”与老汉的“嘶吼”，通过语气、停顿的对比，体会短句的急促感与人物形象的立体性。

创意输出：以“老支书的遗物”为话题，撰写100字内心独白，从儿子视角重构人物形象。

第二课时：环境描写与主题升华

1. 诱情阶段：悬念导入，激发探究动机

问题链驱动：“文题为《桥》，为何全文仅两处直接写桥？‘桥’的深层含义是什么？”

2. 导情阶段：环境描写的作用解析

语言对比：将原文环境描写（如“洪水跳舞”）改写为平铺直叙（如“洪水上涨”），学生对比朗读，体会拟人化语言的情感渲染力。

支架搭建：提供学习单，引导学生归纳环境描写的三重功能：渲染气氛、推动情节、反衬人物。

悟情阶段：主题迁移与创意表达。

跨文本联结：对比《桥》《穷人》《金色的鱼钩》中环境描写的异同，总结“困境中的人性光辉”这一共性主题。

微小说创编：根据给定场景（暴雨中的校园）与人物（值周教师），设计包含环境描写与悬念的故事情节，完成班级小说集的初稿。

五、“三位一体”情感朗读教学策略

“三位一体”情感朗读策略包括：诱情：优化输入；导情：分析状态；悟情：自我内化。三个部分一起构建成朗读教学的框架。

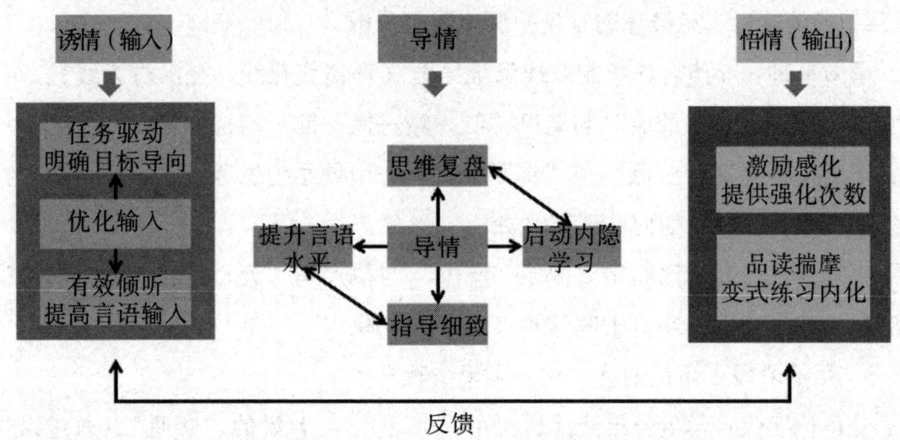

图 3.5　“三位一体”情感朗读教学策略框架图

（一）诱情：优化输入

本阶段的任务是通过外部环境的刺激后，将学生处于未激活或抑制状态的情感激发出来，从而使情感培养在朗读教学中得以更为高效地进行。

1. 任务驱动，明确目标导向

任务的难易程度取决于目标的设定。可从“满足学生个性发展需求的目标”“文本解读的目标”“提高朗读教学有效性的目标”这些角度明确目标指向。当面对较为困难的任务时，学生阅读速度会减慢，对单个字的理解会加长，大脑需要对信息进行更深层次的加工。通过视听通道的信息输入，学生就可以立体地调动与文本信息有关的各种经验与各种知识表征，从而提高学生理解文本的可能性，容易激发学生朗读情感的发生。

2. 有效倾听，提高言语输入

对于朗读教学而言，其中听觉信息比较高。在倾听中体会朗读者的情感、想象朗读者营造的画面、理解朗读者传递的信息，这些都是情感培养的指向。教师在朗读教学前明确倾听者、倾听任务及注意事项，倾听者集中注意力关注文本，关注朗读者，还应该适时做记录。整个倾听过程，提高言语刺激的输入效率，尽可能调动学生的情感，为后续的教学做好铺垫。

（二）导情：分析状态

这个阶段的学生能够积极高效地参加朗读活动，获得印象更为深刻的言语经验。在此过程中，学生以内隐学习为主，获得的主要是感性体验，此时需要经过信息加工，才能更好地调动学生主动体验的积极性，便于巩固学习成果。

1. 思维复盘，启动内隐学习

对于朗读教学来说，复盘的内容为朗读活动中的思维过程，分为第一阶段辨别文字符号，学生需要借助言语活动经验和语境完成判断，才能成为学生“言语模型”。第二阶段建立形象感与逻辑感之间的桥梁。学生在此期间是言语感受力与理解力，建构自己的知识体系，促进有意义朗读的发生。第三阶段朗读技巧的选择。这时需要学生把自己辨别力、理解力与感受力同时发挥作用，当达到相当程度时情感体验会越强烈，越能投入到情境中，这就体现了个体的文学审美水平。

2. 指导细致，提升言语水平

朗读教学中教师的指导可以分为内部状态指导和外部状态指导。对于内部状态而言，教师对文本进行多元化解读，帮助学生在大脑中建构画面，调动学生已有知识经验。根据文本的语境与情味，在深度情感体验后，学生已经进入朗读状态。对于外部状态而言，教师指导学生辨别语言材料中的语法、读音等，根据不同文体理解作者写作用意，准确把握文本主题，敏锐地把握文本的写作技巧、表达效果，这些都是建立学生与文本之间的情感共鸣，可以说以“教”导学，以“学”促教，让课堂结构真正立体化，体现学生朗读的主体性。

（三）悟情：自我内化

前两个阶段在教师“引情”“导情”下，学生朗读水平体现是进行多次的信息加工转换过程，以达到自动化的最高级别。

1. 激励感化，提供强化次数

为了让学生获得尽可能多的课堂实践机会，教师需要充分挖掘朗读教学的使用情境，探究其可能性，让朗读在课堂不同环节中都能发挥作用。同时，设计朗读环节，可以在插图处，也可以在空白处等地方，反复练习，达到熟练的程度。学生在老师多次练习指引下，以及语言激励下，学生找到自己朗读后的成就感、幸福感。

2. 品读揣摩，变式练习内化

教师在研读课文后，可以鼓励学生主动参与朗读，多听、多读。在指向情感培养的朗读教学中，教师选择比较文本：求同比较或求异比较。前者是聚焦性思维方式，关注不同文本的效果。后者是发散性思维方式，在对比中完成情感的顺应，扩充言语积累。

第四章

AI时代小学高年级语文“启思善悟”情感朗读课堂学习模型的建构

第一节 “启思善悟”情感朗读课堂学习模型构建及意义

一、“启思善悟”情感朗读课堂学习模式的提出背景

在小学高年级的语文教学领域，朗读占据着举足轻重的地位，能够为学生打开理解语言文字、体会情感的大门，对提升学生的语言感知、情感表达以及思维能力有着不可忽视的重要意义。然而，朗读教学正面临新的转型需求。当我们观察日常教学现场，会发现这样的矛盾现象：教师精心设计的朗读指导往往停留在技巧层面，学生或机械模仿标准发音，或模式化地处理轻重缓急。这种“见声不见情”的教学方式，使得原本充满生命力的文字沦为枯燥的发音练习，严重制约了学生语言感知与情感表达能力的协同发展。基于多年的课堂观察和行动研究，我们发现真正有效的朗读教学应实现三重突破：突破声音表象的局限，让文字背后的情感脉搏在课堂共振；突破单向传授的桎梏，构建师生共同探索的对话空间；突破碎片化训练的惯性，形成“感知－体验－表达”的完整闭环。

“启思善悟”课堂学习模型改变了以往朗读教学中出现的“唯语音”“唯音美”“唯形式”的问题，运用信息加工理论、情感体验理论，以学生学习为本位，以培养学生核心素养为目标，以注重师生情感和智慧沟通为核心，尊重学生学习特点及学习规律，关注学生的学习需求，用学习活动促进学生的多元理解，提升学生核心素养。在情境刺激的作用下，学生对接收的信息经过二次编码后，开启外部知觉通道和内部心智通道，建构了“言语加工模型”和“情感体验模型”，即学生在工作记忆中将获取的信息进行加工，形成了具有逻辑意义的语音呈现行为；学生对语音进行个性化的、抒情的情感调试，形成了具有情感意义的表情呈现行为，二者相辅相成，相互作用，共同完成了从“语音呈现的外部输入”到“信息加工内部行为”的学习过程。同时，该模型搭建了多元学习支架，形成了“Receive Process Experience Performance”（简称“RPEP”）课堂学习模型，指“接受信息、加工信息、体验投入、表达呈现”。该模型不仅丰富了学生的朗读情感，推动思维的进阶，助力行动的发生，而且全面提升了学生的语文核心素养。

二、“启思善悟”情感朗读课堂学习模式的构建

（一）理论基础

“启思善悟”情感朗读课堂学习模式的构建，扎根于以下坚实理论根基之上。

1. 建构主义学习理论

建构主义学习理论认为，学习是学习者在一定的情境即社会文化背景下，借助他人（包括教师和学习伙伴）的帮助，利用必要的学习资料，通过意义建构的方式而获得的。教师通过多媒体资源创设情境，如播放相关视频、展示图片、讲述背景故事等，引导学生在具象化场景中激活个人经验，形成对文本的个性化解读。

2. 情感教育理论

情感教育理论强调情感在学习过程中的重要性，认为情感不仅影响学生的学习态度和动机，还直接关系到学习效果和质量。在情感朗读课堂中，需通过系统化设计融入朗读教学。教师采用“感知—体验—表达”三阶模式，通过示范朗读建立情感感知基础，运用角色扮演、合作讨论等方式促进情感内化。并通过个性化朗读输出，实现情感表达。

3. 行为主义学习理论

行为主义学习理论强调通过实践、练习和反馈来培养学生的良好行为习惯。在朗读教学中，教师可构建“即时反馈 + 量化评估”双轨系统。通过表情观察、语音语调分析等手段进行实质性反馈，并借助智能评估工具生成相关数据。

4. 理论对比分析

（1）核心关注点

第一，建构主义学习理论的关注点在于学生如何在特定情境中主动建构知

识。它强调学生是学习的主体，知识的建构是在与环境的互动中完成的。在情感朗读课堂中，关注学生如何通过情境创设与文本互动，形成对文本的个性化理解。

第二，情感教育理论的关注点在于情感对学生学习的影响。它强调情感是学习的重要组成部分，情感的体验和表达能够促进学生对知识的理解和掌握。在情感朗读课堂中，关注学生如何通过情感朗读和合作交流，深入体会文本中的情感元素，增强情感共鸣。

第三，行为主义学习理论的关注点在于学生的行为表现和习惯养成。它强调通过实践、练习和反馈来塑造学生的良好行为习惯。在情感朗读课堂中，关注学生如何通过行为反馈环节，不断改进朗读表现，形成良好的朗读习惯和语文学习行为。

（2）路径差异

第一，建构主义学习理论的实施方法主要是创设情境、提供资源和促进互动。教师通过播放视频、展示图片、讲述背景故事等方式，为学生创设与文本内容相契合的情境，提供丰富的学习资源，促进学生与文本、教师和同伴之间的交流和互动。

第二，情感教育理论的实施方法主要是情感朗读、合作交流和角色扮演。教师引导学生通过情感朗读，表达文本中的情感元素；组织学生进行合作交流，分享情感体验和理解感悟；开展角色扮演和情景模拟活动，让学生在模拟的情境中更加深刻地体验文本中的人物情感。

第三，行为主义学习理论的实施方法主要是行为反馈和量化评估。教师对学生朗读表现进行及时、具体的反馈，肯定优点、指出不足，并提出改进建议；利用智能评估系统，对学生的朗读表现进行量化评估，为学生提供客观、准确的反馈，帮助学生了解自己的学习进度和水平。

（3）教学影响维度

第一，建构主义学习理论对学生学习的影响主要体现在促进知识的深度理解和个性化建构。建构主义的情境创设不再局限于物理环境营造，其核心价值在于触发学生的理念与文本信息的交互反应。

第二，情感教育理论对学生学习的影响主要体现在激发学习动机和提升学习效果。通过情感体验和表达，学生能够增强对学习内容的情感共鸣，提高学习的积极性和主动性，从而提升学习效果和质量。

第三，行为主义学习理论对学生学习的影响主要体现在塑造良好学习行为和习惯。通过行为反馈和量化评估，学生能够明确自己的优点和不足，及时调整学习策略，逐步形成良好的朗读习惯和语文学习行为，提高学习效率和成果。

5. 理论协同作用

上述三种理论在情感朗读课堂学习模式中形成有机整体，共同促进学生的学习和发展。

建构主义犹如课堂的骨骼框架，为整个教学体系提供坚实的支撑。教师通过多维度情境，如生动的案例、丰富的媒体资源和实际操作机会，为学生搭建理解文本的认知之家，使学生能够在具体情境中主动构建知识。

情感教育理论如流淌其中的血液，通过情感共鸣激活学生主动解读文本的内驱力。教师通过引导学生体会文本中的情感元素，如角色的心理活动和情感冲突，使学生与文本产生深度共鸣，从而激发他们的学习兴趣和探索欲望。

行为主义学习理论则似神经传导系统，借助即时反馈机制将认知与情感转化为具体可操作的朗读行为。通过对学生朗读行为的观察和评估，教师可以及时调整教学策略，确保学生的认知和情感得到有效的输出和实践。

通过这种综合运用，三大理论相互渗透、相互支持，共同构建了一个高效、动态的情感朗读课堂，使学生在认知、情感和行为等方面得到全面发展的同时，也能更好地理解和运用所学知识。

（二）“启思善悟”课堂学习模型的内涵

“启思善悟”课堂学习模型是一种以学生为中心，强调学生学习特点和规律，并以培养核心素养为目标的教学模型。该模型的核心理念是促进师生之间的情感交流和智慧沟通，确保学生在课堂中不仅获得知识，还能体验到情感的共鸣，进而提升其学习能力和综合素质。

在这一模型中（见图 4.1），学生的学习过程经历了从外界信息刺激、信息加工，直到形成课堂学习行为的完整环节。具体来说，教师通过创设情境，利用来自环境中的信息刺激（如声音、文字、图像等）直接作用于学生的感官系统，如眼睛、耳朵等感受器。此时，学生处于无意识的注意状态，即他们被动地接受外界的刺激信息，而这些信息以图像的形式保存在感觉登记器中，并进行初次编码。在这一阶段，学生只能初步感知到信息的表象，尚未深入理解其内涵。

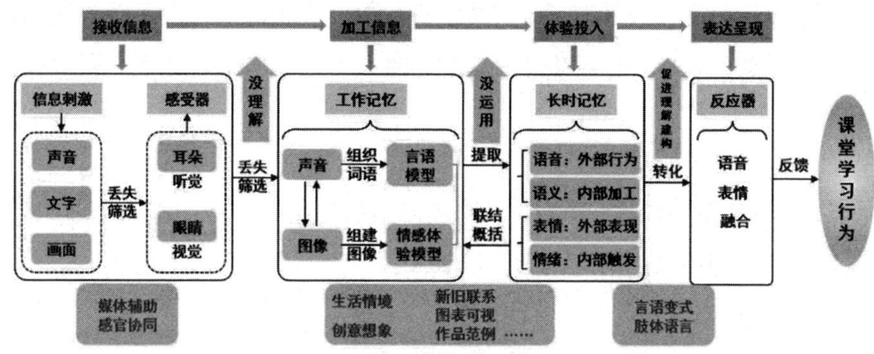

图 4.1　“启思善悟”课堂学习模型

再者，当大脑中的图像信息转换为声音信号时，这些信息进入工作记忆并被再次编码。这时，学生开启了两个认知通道：外部知觉通道和内部心智通道。外部知觉通道使学生能够通过声音、文字和言语之间的相互联系建立起所谓的“言语模型”，而内部心智通道则帮助学生将声音转换为带有情感意义的图像，形成“情感体验模型”。言语模型的核心在于信息逻辑和语言关联的构建，而情感体验模型则更关注学生对内容的感性认知与审美感受。

当这些语言模型和情感体验模型被编码并存储于长时记忆之中时，学生在后续的学习就会像调取旧文件那样提取这些信息。新任务激活旧知识时，那些刚理解的内容还带着生疏感，这种信息提取过程实际上是知识体系逐步形成的动态反映。

随着学生对知识的理解加深、对情感体验的积累增强，他们开始将记忆中的信息整合成更加系统的知识框架。这些结构化的知识模块不再是零散的碎片，而是能够支持灵活运用的认知工具。

此时，学生的表达器官（如声音、面部表情等）会自然参与进来，学生通过语言表达自己的独特见解和情感体验，完成从知识接受到表达的完整过程。

这一学习模型为学生搭建了多元支架，帮助学生从不同维度提升能力。学生需要将内在思考转化为外在表达，语言运用能力得到提升；通过反复加工形成更深入的理解，思维能力得以深化；在情感体验中增强对知识的感性认知，培养了审美能力。当学生能在这些能力维度间自如转换，知识就真正内化为自身素养。

“启思善悟”课堂学习模型通过合理利用学生的认知与情感资源，推动学习过程向纵深发展。这一教学模型不仅能够有效提升学生的语言表达能力和知识理解水平，更重要的是能帮助学生建立知识与情感的内在联系，从而全面达成教学目标。

（三）模式框架

“启思善悟”情感朗读课堂学习模式涵盖以下关键环节，旨在构建一个高效、连贯且富有吸引力的语文课堂。

1. 接受信息（Receive）

时间分配建议：5～8 分钟

实施步骤：

（1）教师深入钻研教学文本，挖掘其中丰富的信息元素，如故事背景、人物特点、关键情节等，明确信息接收的重点方向。

（2）筛选适配的多媒体资源，包括纪录片片段、实景图片、科普音频等，精心制作信息丰富且引人入胜的信息导入课件。

（3）课堂上，通过播放纪录片片段展现文本相关的宏大场景，展示图片呈现关键细节，讲述有趣的背景故事引出文本主题等方式，全方位刺激学生的感官，将学生带入与文本紧密相连的信息情境中，激发学生对文本信息的好奇心与探索欲。

2. 加工信息（Process）

时间分配建议：10～12 分钟

实施步骤：

（1）教师提出一系列具有深度与启发性的问题，例如分析文本中人物行为的动机、事件发展的逻辑关系等，引导学生深度剖析文本内容，深入思考信息背后的意义。

（2）组织学生开展小组讨论，鼓励学生分享自己对文本信息的理解与分析，交流不同的观点与想法，在思维碰撞中相互启发。

（3）教师巡视各小组讨论情况，观察学生的思维过程与交流状态，适时给予引导性提示、纠正偏差思路，帮助学生更好地加工信息。

（4）小组代表依次汇报讨论结果，教师进行全面总结与针对性点评，梳理学生的思维脉络，完善学生对文本信息的加工成果，构建系统的知识框架。

3. 体验投入（Experience）

时间分配建议：12 ~ 15 分钟

实施步骤：

（1）在前期接受信息与加工信息的铺垫下，学生全身心投入文本情境中，进行沉浸式体验。

（2）教师指导学生情感投入的技巧，如在朗读时根据文本情感调整语气的轻重缓急、节奏的快慢疏密、重音的强调突出等。

（3）鼓励学生结合自身生活经验与情感经历，将个人独特的情感融入对文本的体验中，实现与文本的深度情感共鸣。

（4）教师认真倾听学生的情感表达，无论是朗读、分享还是讨论，及时给予情感引导与表达技巧方面的指导和帮助。

（5）运用录音、录像等技术手段，记录学生在体验过程中的表现，为学生提供自我反思与对比提升的依据，促进学生不断深化情感体验。

4. 表达呈现（Performance）

时间分配建议：8 ~ 10 分钟

实施步骤：

（1）学生分组进行表达练习，每组人数根据教学实际合理安排，确保每个学生都有充分的表达机会。

（2）小组内成员相互倾听彼此的表达，从语言准确性、情感感染力、逻辑连贯性等方面进行纠正与点评，共同提升表达水平。

（3）教师分配多样化的表达任务，如个人演讲、小组辩论、故事演绎等，满足不同学生的表达需求，激发学生的表达潜能。

（4）鼓励学生积极发表观点，在表达过程中锻炼语言组织能力、逻辑思维能力以及沟通交流能力，培养自信大方的表达态度。

（5）教师密切关注每个小组的表达交流情况，及时给予肯定与鼓励，针对存在的问题提出建设性的改进建议。

（6）组织多样化的展示活动，如举办小型朗诵会、戏剧表演等，让学生在实际情境中充分展示表达呈现的成果，加深对文本的理解与感悟，同时增强学生的成就感与自信心。

（三）技术支持

1．“启思善悟”情感朗读课堂学习模型运用的人工智能技术

人工智能技术为“启思善悟”情感朗读课堂学习模型的高效实施提供了强有力的支撑与助力。

（1）智能分组系统：教师可以根据学生的朗读水平、性格特点、学习风格等多维度数据，利用智能分组系统对学生进行科学分组。该系统通过分析学生的过往表现、测试成绩、课堂参与度等信息，为每个学生生成一个综合评价指标，然后根据指标将学生分配到不同的小组。这样分组能够确保每个小组成员在朗读能力上具有一定的梯度，便于开展合作学习和互帮互助。

（2）智能情感引导工具：教师可以利用智能情感引导工具，如情感分析软件、虚拟现实（VR）设备等，进一步激发学生的情感共鸣。情感分析软件可以对学生在课堂上的表情、动作、语言等进行实时监测和分析，判断学生的情感状态。当发现学生情感投入不够时，教师可以及时调整教学策略，通过播放相关的历史影像资料、受害者的亲身讲述等，引导学生进入文本所描绘的情感世界。VR 设备可以为学生创造沉浸式的学习环境，让学生仿佛身临其境地感受文本中的场景和情境。

（3）智能推荐系统：教师可以根据学生的表现和需求，利用智能推荐系统为学生推荐相关的优秀朗读和演讲范例。该系统通过分析学生的朗读数据、学习进度、兴趣爱好等信息，为每个学生量身定制推荐内容。

（4）AI 个性化教学：AI 技术可以根据学生的朗读特点和需求，为学生提供个性化的朗读指导和反馈。例如，AI 语音识别技术可以实时分析学生的朗读语音，对学生的发音、语调、节奏等进行精准评估，并给出针对性的改进建议。同时，AI 可以根据学生的朗读进度和学习效果，自动调整教学内容和难度，为学生提供最适合自己的学习路径。例如，当学生在朗读某篇课文时出现较多错误时，AI 可以适当降低课文的难度，增加一些基础的朗读练习；当学生朗读水平提高后，AI 可以逐步增加课文的难度，引入一些更具挑战性的朗读任务，让学生始终保持学习的动力和兴趣。

2. 人工智能技术融合创新

多种人工智能技术的融合与创新，为“启思善悟”情感朗读课堂学习模型提供了更为优越的支持与促进。

（1）智能分组系统与智能情感引导工具的结合

将智能分组系统与智能情感引导工具相结合，可以根据学生的情感状态和学习特点进行动态分组，使合作学习更加高效。具体实施步骤如下：

①情感状态监测：利用情感分析软件实时监测学生在课堂上的表情、动作、语言等，判断学生的情感状态。例如，通过摄像头捕捉学生的面部表情，分析其是否专注、兴奋或困惑。

②学习特点分析：结合学生的过往表现、测试成绩、课堂参与度等多维度数据，生成每个学生的综合学习特点画像。包括朗读水平、理解能力、性格特点等。

③动态分组调整：根据情感状态和学习特点，智能分组系统动态调整分组。例如，将情感投入不足但理解能力强的学生与情感丰富但朗读技巧欠缺的学生分到同一组，通过互补促进合作学习。

④实时反馈与引导：在合作学习过程中，智能情感引导工具根据监测到的情感状态，实时提供反馈和引导。如通过 VR 设备为情感投入不足的学生创造更具沉浸感的学习环境，激发其情感共鸣。

（2）AI 个性化教学与智能评估系统的衔接

将 AI 个性化教学与智能评估系统相衔接，根据评估结果自动调整个性化教学方案，实现教学的精准化和智能化。具体实施步骤如下：

①量化评估与数据收集：智能评估系统从语音准确性、语调自然度、节奏流畅性、情感表达等多个维度对学生进行量化评估，生成详细的评估报告。同时，收集学生在课堂上的互动数据、作业完成情况等。

②个性化教学方案调整：AI 技术根据评估结果和收集的数据，自动调整个性化教学方案。例如，对于语音准确性较低的学生，增加发音练习模块；对于情感表达不足的学生，提供情感朗读示范视频和模拟练习。

③实时反馈与调整：在教学过程中，AI 实时分析学生的朗读表现和学习进度，根据反馈结果进一步调整教学内容和难度。如当学生在某个知识点上掌握不

牢固时，AI 会自动增加相关练习和讲解。

④学习路径优化：根据学生的个性化需求和学习进度，AI 为每个学生规划最优的学习路径。例如，对于进步较快的学生，提前进入下一阶段的学习；对于需要巩固的学生，提供更多的复习材料和练习。

3. 技术伦理与挑战

不过，在实际实施过程中也面临一些技术挑战。如保护学生的个人信息不被泄露，应对技术迭代的速度，还有老师运用新技术的熟练度问题。面对这些问题，需要教师和技术人员紧密配合，既要保证系统稳定安全，又要让技术真正服务于教学。学校应加大对教师技术培训的力度，定期组织教师参加工作坊，帮助他们掌握智能评估系统、情感分析工具等新技能。此外，学校还应建立健全技术保障机制，加强对技术设备的维护和管理，确保技术设备的正常运行，为“启思善悟”情感朗读课堂学习模型的实施提供有力的技术支持。

第二节　打造“启思善悟”的情感朗读课堂：课堂学习模型构建的原则

“启思善悟”的情感朗读课堂是提升语文教学质量的关键路径，而科学合理地构建学习模型至关重要。接下来，我们将深入探讨“启思善悟”情感朗读课堂的学习模型构建原则。

一、以生为本：把课堂还给学生

（一）尊重学生主体地位

在“启思善悟”情感朗读教学的课堂中，教师必须坚决摒弃传统的“满堂灌”教学方式，真心实意地将学习的主动权完整地交予学生。例如，在教授《落花生》这篇经典课文时，教师可以让学生自主挑选他们最想朗读的段落，随后鼓励学生毫无保留地和大家分享自己对于这段文字的独特理解与真切感受。有学生选择了父亲谈论花生品格的段落，并且条理清晰地分享道：“我觉得这段文字蕴含着深刻的做人道理，它告诉我们做人要像花生一样，虽然外表并不华丽出众，但却非常实用，而且从不炫耀自己。”教师给予了充分的肯定，并且进一步巧妙引导：“你理解得实在是太准确、太深刻了！那我们在朗读的时候，不妨尝试用一种沉稳、朴实的语气来读，这样是不是就能更加淋漓尽致地展现出花生的这种美好品质呢?”这位同学在得到教师的肯定与指导后，再次朗读时，无论是语气的把握还是情感的表达都更加精准到位，完全沉浸在课堂学习之中，真正成为学习的主人，积极主动地探索知识的奥秘。

（二）关注学生个体差异

小学高年级的学生在语文基础、学习能力以及兴趣爱好等方面往往存在着较为明显的个体差异。所以，在构建学习模式的过程中，必须充分且全面地考虑到这些差异因素。教师可以依据学生的实际情况，精心设计分层朗读任务。就拿学习《狼牙山五壮士》这篇充满英雄气概的课文来说，对于那些语文基础扎实、朗读能力较强的学生，教师可以布置具有一定挑战性的任务，要求他们富有感情地朗读五壮士英勇跳崖的段落，并且深入分析作者是如何巧妙地通过语言描写来展现五壮士那令人敬仰的英雄气概的；而对于基础相对薄弱的学生，教师则可以从最基础的环节入手，例如先耐心地帮助他们纠正发音，指导他们准确把握朗读节奏，让他们先把一些简短的段落读得准确、流利，通过逐步积累和练习，慢慢提升他们的朗读水平。此外，在评估学生朗读表现的过程中，教师应采用多元化的评价策略，充分关注学生的进步幅度及努力程度。曾经有一名基础较为薄弱的学生，在经过一段时间坚持不懈地训练后，朗读流畅度有了令人惊喜的大幅提升，教师及时发现并给予了热情洋溢的表扬：“老师一直都关注着你这段时间的努力，这次朗读比之前流畅了好多，老师相信你还能做得更好!”这位学生在得到教师的鼓励后，朗读的信心得到提升。

二、思维启发：点燃思考的火花

（一）设置问题引导思考

教师在朗读教学过程中，要具备高超的教学智慧，善于设置一系列具有启发性和层次性的问题，以此来迅速点燃学生的思维火花，激发他们强烈的思维兴趣。如在教授《只有一个地球》这篇蕴含着深刻环保意义的课文时，教师在学生朗读之前，巧妙地提问：“地球对于我们人类而言，究竟有着怎样不可替代的重要性呢?”当学生朗读完成后，教师又进一步深入追问：“为什么说地球是我们人类唯一的家园呢？我们在日常生活中究竟应该怎样切实有效地保护地球呢?”

学生们带着这些充满思考价值的问题去朗读课文，思维变得更加深入和活跃，对课文的理解也不再仅仅停留在表面，而是能够深入到文章的内涵之中。在课堂讨论环节，学生们纷纷积极踊跃地发言，有的学生认真地说："地球为我们人类提供了赖以生存的各种宝贵资源，是我们生存和发展的基础，没有地球，我们人类将无法生存。"还有的学生补充道："因为地球的资源是有限的，而且目前经过科学家们的探索，还没有发现其他适合人类大规模居住的星球，所以我们必须好好保护地球，珍惜这来之不易的家园。"通过这样环环相扣的问题引导，学生的思维得到了充分的锻炼，对课文的理解也更加透彻、深刻，真正实现了从文字表面到思想内涵的深入探索。

（二）鼓励学生质疑提问

除了教师精心设置问题引导学生思考之外，还应该积极鼓励学生自主质疑提问，培养他们的独立思考能力和创新思维。教师要努力营造一个宽松、和谐、民主的课堂氛围，让学生在这样的环境中能够毫无顾虑地大胆表达自己内心的疑惑。如在学生读完《草船借箭》这篇充满智慧较量的课文后，教师微笑着亲切问道："同学们在刚才的朗读过程中，有没有遇到什么不明白的地方呢？或者有没有自己独特的见解和想法想要和大家一起分享交流呢？"这时，有一位思维活跃的学生勇敢地站起来提出："诸葛亮怎么就那么胸有成竹地确定三天后一定会有大雾呢？这是不是有点太神奇了？"这个问题一经提出，立刻引发了其他学生的浓厚兴趣，大家纷纷展开了热烈的讨论。教师则顺势引导学生再次仔细朗读课文里诸葛亮借箭前精心准备的段落，并且结合当时的天气情况、地理环境以及诸葛亮的智慧谋略等多种因素进行全面深入的分析。通过这样的方式，学生的自主探究能力和思维能力得到了很好的锻炼和培养，他们不再是被动地接受知识，而是主动地去探索知识背后的奥秘，在思考和讨论中不断提升自己的语文素养和综合能力。

三、情感体验：让情感在朗读中流淌

（一）创设情境激发情感

为了帮助学生更好地深入体会课文中所蕴含的丰富情感，教师要善于巧妙运用各种教学手段来创设与课文内容高度相符的情境，让学生仿佛身临其境，能够更加真切地感受课文中的情感世界。如在教授《月光曲》这篇充满诗意和浪漫情怀的课文时，教师可以充分借助多媒体教学资源，播放一段优美动听、如泣如诉的《月光曲》钢琴曲，同时在屏幕上展示出海上明月缓缓升起、大海波光粼粼、如梦如幻的美丽图片。学生们在悠扬的音乐和迷人的画面的双重感染下，仿佛瞬间穿越时空，置身于课文所描绘的那个宁静而又充满诗意的情境之中。在朗读描写月光曲旋律变化的段落时，学生们能够深刻地感受到贝多芬在创作这首曲子时内心丰富的情感变化，朗读也变得更加富有感染力，他们仿佛自己就是那个在月光下静静聆听美妙音乐的人，能够将音乐所传达的情感通过朗读完美地展现出来，让听众也仿佛沉浸在那美妙的音乐世界之中。

（2）引导学生联系生活

将课文内容与学生的生活实际紧密联系起来，是帮助学生更好地理解和感受课文情感的重要途径。教师可以巧妙地引导学生回忆自己的生活经历，寻找与课文内容相契合的共鸣点，让学生在熟悉的生活情境中更好地体会课文所表达的情感。当学生自主学习《桂花雨》时，文中细腻的情感描写，如“摇呀摇，桂花纷纷落下来，我们满头满身都是桂花。我喊着：‘啊！真像下雨，好香的雨呀！’”往往能够触动他们内心深处最柔软的角落，勾起对故乡的美好回忆和深深眷恋。因此，教师应链接学生的真实生活，如有老师执教《桂花雨》一课：

《桂花雨》教学实录片段

师：同学们，之前让大家自主朗读了《桂花雨》这篇课文，相信大家都有自己的感悟和体会。现在，老师想请几位同学来分享一下，在自主朗读过程中，文中哪些描写最能触动你们呢？

生 A：老师，我觉得“摇呀摇，桂花纷纷落下来，我们满头满身都是桂花。我喊着：‘啊！真像下雨，好香的雨呀！’”这句描写特别美。我读的时候，就好像自己也在那棵桂花树下，和作者一起摇桂花。这让我想起了我在广州和小伙伴们在木棉树下玩耍的时光。

师：哦？那你能和大家详细说说当时的情景吗？

生 A：我们在木棉树下可开心了。我们会在那里捉迷藏，大家跑来跑去，偶尔会有几朵木棉花掉落下来。等玩累了，就直接躺在树下，看着天空，想着以后长大了要做什么。

师：听起来真的很美好。那你在朗读这部分的时候，内心是怎样的感受呢？

生 A：我觉得心里暖暖的，特别怀念那段时光，朗读的时候就不自觉地把那种温馨和怀念的感觉读出来了。

教师：非常好。还有哪位同学想分享？

生 B：老师，我对课文里描写桂花的部分有很深的感触。这让我想到了我故乡的奶奶做的鲜花饼。

师：鲜花饼？这是怎样的一种美食呢？

生 B：奶奶做鲜花饼可讲究了。一大早，她就会去挑选玫瑰花，要挑那种又香又完整的。然后仔细地清洗，再慢慢蒸煮、搅拌，最后放进蒸笼。每次出锅的时候，我都特别激动。那香味，我到现在都忘不了，咬一口，心里都是甜的。

师：原来如此。那你在朗读课文时，会不会联想到奶奶做鲜花饼的画面呢？

生 B：会的，老师。我朗读的时候，就好像看到奶奶在厨房里忙碌的身影，语气里就会有对家乡味道的思念，还有对奶奶的爱。

师：这就是文字的魅力啊，它能唤起我们内心深处的情感和回忆。通过大家的分享，我们能感受到《桂花雨》这篇课文不仅仅是在描写桂花，更是在传递一种浓浓的乡情。希望同学们在今后的阅读中，都能像这样深入体会文字背后的情感。

教师可以亲切地引导学生回忆自己小时候和家人一起做过的那些有趣、温馨的事情，然后再让学生饱含深情地朗读课文里作者回忆童年摇桂花的段落。通过这样的回忆和分享，学生们能够更加深刻地体会到作者对童年生活的深深怀念以及对家乡的眷恋热爱之情。在朗读的时候，他们的情感也更加真挚、深沉，仿佛将自己的生活情感与课文中的情感紧密融合在一起，让朗读充满了生活的温度和情感的力量，使听众也能真切地感受到那份浓浓的亲情和乡情。

四、朗读技巧与情感表达：相辅相成的艺术

（一）系统训练朗读技巧

朗读技巧是实现情感表达的基础和前提，教师要对学生进行全面、系统的朗读技巧训练，涵盖正确的发音、丰富多变的语调、恰当合理的语速以及准确自然的停顿等多个方面。例如，在教授《开国大典》这篇具有重大历史意义和庄严氛围的课文时，教师可以通过精彩的示范朗读，让学生直观地感受在朗读庄严、隆重场面时应该采用怎样独特的语调、语速和停顿。比如在读“毛泽东主席宣

布：‘中华人民共和国中央人民政府在今天成立了’”这句话时，教师特意放慢语速，加重语气，将“中华人民共和国”“成立”等关键词读得铿锵有力，让学生能够深切地感受到开国大典那震撼人心、庄严神圣的伟大时刻。随后，教师让学生进行模仿朗读，并通过对比不同学生的朗读效果，让学生清晰地了解到不同的朗读方式所产生的截然不同的效果。教师还会针对学生在朗读技巧方面存在的各种问题，如发音不准确、停顿不当、语调平淡等，进行有针对性的耐心指导，通过反复练习和纠正，使学生逐步掌握正确、规范的朗读技巧，为更好地表达情感奠定坚实的基础。

（二）以情感表达为导向

在训练学生朗读技巧的过程中，必须始终以情感表达为核心导向，明确朗读技巧的运用是为了更好地传达情感，不能让技巧凌驾于情感之上，而要做到两者相辅相成、相得益彰。例如，在朗读《我的伯父鲁迅先生》中描写鲁迅先生救助车夫的段落时，教师首先要引导学生深入体会鲁迅先生对劳动人民发自内心的同情和关爱之情。当学生理解了这种深厚的情感之后，在朗读时，他们就会自然而然地运用轻柔、舒缓的语调，适当合理地进行停顿，并且将描写鲁迅先生动作和神态的词语，如“跪”“半跪”“认真地”等读得格外突出，通过这样细腻的朗读处理，将鲁迅先生的善良、慈爱以及对他人的关怀体贴通过朗读完美地展现出来，让每一位听众都能深深感受到那份温暖人心的力量，仿佛亲眼目睹了鲁迅先生救助车夫的感人场景，使课文中的情感能够跨越文字的界限，直接触动读者的心灵。

五、合作学习：在交流中共同进步

（一）组建朗读小组

教师可以根据学生的实际情况，巧妙地将学生分成若干个朗读小组，每个小组以4~6人为宜。小组成员的朗读水平和学习能力应该具有一定的差异性，这样在合作学习过程中，他们能够相互学习、相互帮助、共同进步。例如，在教授《将相和》这篇经典课文时，教师经过深思熟虑，根据学生的语文素养、朗读能力等因素进行了合理分组。在其中一个小组中，朗读能力较强、理解能力也较为突出的小李被大家推选为组长，他肩负起组织小组朗读活动以及指导其他成员朗读的重要责任；而基础相对薄弱的小张和小王，以及朗读水平处于中等层次的小赵和小孙，在小李的带领下，积极投入到小组学习之中。在小组活动中，小李耐心地指导小张和小王如何准确把握语气和节奏，从每一个字词的发音到每一句话的语调变化，都进行细致入微的讲解和示范；其他成员也纷纷积极参与讨论，毫无保留地分享自己对课文的独特理解和感悟，大家各抒己见、相互启发，整个小组的学习氛围热烈而浓厚，充满了积极向上的活力。

（二）开展小组朗读活动

在小组内部，学生们可以开展丰富多彩、形式多样的朗读活动，如整齐划一的小组齐读、生动有趣的分角色朗读、紧张激烈的小组竞赛等。通过这些充满趣味和挑战的活动，学生们不仅能够有效提高自己的朗读能力，还能在合作过程中培养团队合作精神和竞争意识，促进综合素质的全面提升。比如，在进行分角色朗读《草船借箭》时，小组成员分别精心扮演诸葛亮、周瑜、鲁肃等个性鲜明的角色。扮演诸葛亮的学生凭借对角色的深入理解，用沉稳、自信且充满智慧的语气朗读，将诸葛亮的足智多谋、胸有成竹展现得淋漓尽致；扮演周瑜的学生则巧妙地运用嫉妒、阴险的语气，把周瑜心胸狭窄、嫉贤妒能的性格特点表现得惟妙惟肖；而扮演鲁肃的学生，用忠厚老实的语气朗读，恰到好处地诠释了鲁肃的人物形象。而且，小组成员之间配合默契，在朗读过程中能够根据情节的发展和人物的情感变化，自然流畅地进行对话和互动，使整个朗读过程生动有趣、引人入胜。在小组竞赛活动中，各个小组为了取得优异的成绩，都全力以赴、认真准备，他们相互学习、借鉴彼此的优点，不断改进自己的不足之处。在这个过程中，大家的朗读水平都得到了显著的提高，同时也培养了团队之间的协作精神和竞争意识，让学生在合作与竞争中共同成长、共同进步。

六、多元化评价：全面照亮学生成长路

（一）评价主体多元化

要彻底改变以往单一的教师评价学生的传统方式，积极实现评价主体的多元化，让评价更加全面、客观、公正。评价主体不仅包括教师评价，还应涵盖学生的自我评价以及学生之间的相互评价。例如，在学生读完《桥》这篇感人至深的课文后，教师首先引导学生进行自我评价。有一位学生认真地反思道："我觉得我这次朗读在声音方面表现得还不错，比较洪亮清晰，但在感情表达上还有很大的提升空间，没有完全把老汉那种无私奉献、舍己为人的伟大精神淋漓尽致地读出来。”接着，其他学生也纷纷发表自己的看法，有的学生评价说：“他朗读的时候节奏把握得还是比较准确的，只是在一些关键语句的语气处理上还可以再加强一些，这样就能更好地突出情感了。”最后，教师进行全面的总结评价，既充分肯定了学生的优点和进步，又明确指出了存在的不足之处，并给出了具体、可行的改进建议。通过这种多元化的评价方式，学生能够从多个角度全面了解自己的朗读情况，发现自己的优点和不足，从而有针对性地进行改进和提高，实现更快的进步和成长。

（二）评价内容多元化

评价内容不能仅仅局限于学生的朗读技巧和情感表达这两个方面，还应该广泛关注学生在朗读过程中的参与度、思维能力的发展以及学习态度等多个维度。例如，在评价学生朗读《穷人》这篇课文时，教师既要仔细考察学生能否准确无误地把握桑娜和渔夫善良、勤劳的人物特点，并且运用恰当、准确的朗读技巧将这些特点生动地表现出来，比如在朗读桑娜忐忑不安的心理活动时，能否用紧张、犹豫的语气恰到好处地展现出她内心的矛盾和挣扎；同时，教师也要高度关注学生在朗读过程中是否积极主动地思考问题。曾经有一位学生在朗读后提出了一个非常有价值的问题：“桑娜为什么在抱回孩子后会那么害怕，她不是本身就很善良，很有同情心吗?”这一问题充分表明该学生在朗读时进行了深入的思考，教师对这种思维能力的发展给予了及时的肯定和鼓励。通过多元化的评价内容，能够更加全面、客观、准确地评价学生的朗读学习情况，为学生提供更加全面、细致的反馈，帮助学生在朗读的道路上走得更加稳健、更加长远，不断提升自己的语文综合素养。

遵循以上这些构建原则，我们就能够精心打造出充满活力、高效优质的“启思善悟”情感朗读课堂，让学生在朗读的奇妙世界中开启智慧的大门，深刻感悟丰富多样的情感，不断提升自身的语文素养和综合能力。同时，教师也需要不断地探索和创新朗读教学方法，将这些原则切实有效地落实到日常的教学实践中。

第三节 AI 数据赋能下“启思善悟”情感朗读课堂学习模型

在 AI 技术迅猛发展的当下，小学高年级语文“启思善悟”情感朗读课堂的学习模式正经历着深刻变革与创新，以学生为中心的“启思善悟”课堂学习模型是创新课堂的有力支撑。该模型深度聚焦学生学习特点与规律，以培养学生核心素养为根本目标，通过促进师生间的情感交流与智慧沟通，让学生在课堂中不仅收获知识，更能产生情感共鸣，全面提升学习能力与综合素质。

一、“R—P—E—P”课堂学习模型的实践探索

（一）接受信息（Receive）

在“R—P—E—P”课堂学习模型中，“接受信息”环节作为学习的起始点，教师借助多样化手段，如播放影像资料、展示实物模型、讲述生动故事等，为学生搭建多元信息获取渠道。体验式理论对于“接受信息”这一环节，给予很好的阐释，认为学习者投入到真实的环境中去“做”，在“做”中去“学”，同时学习者的全部功能，如思维、感受、理解与行为进行整合，适应在特定模式中的学习全过程。基于信息加工理论，学生在此阶段开启对外界信息的接收进程，进行初步编码，并将这些直观感受留存于大脑，为后续深入学习筑牢根基。

在这一环节，教师通过创设丰富情境，为学生提供多元信息输入，助力学生初步感知课文内容，形成表象认知。以《狼牙山五壮士》教学实录为例，课堂伊始，教师借助多媒体播放精心剪辑的高清纪录片片段，让学生直观感受狼牙山的险峻地势与五壮士战斗的激烈场景，枪炮声、呼喊声全方位刺激学生感官，营造出强烈的代入感，让学生仿若置身战场，亲身体验五壮士的英勇无畏。

《狼牙山五壮士》教学实录片段一：

创设情境，体验战斗之“艰”。

1. 创设情境，营造氛围

师：“同学们，今天我们要学习一篇非常感人的课文——《狼牙山五壮士》。在上课之前，我们先随着纪录片，一起走进那个战火纷飞的年代。”

生观看纪录片片段。

师：“同学们，看完视频，相信大家都有了很深刻的感受。谁能说一说，你看到五壮士在战斗中有哪些令人印象深刻的举动呀？”

生1：“老师，我看到班长马宝玉在敌人冲上来的时候，快速地拉出手榴弹，用力地扔向敌人，敌人被炸得四处逃窜。”

师：“这个举动确实很英勇，那从这个举动中，你感受到马宝玉怎样的精神品质呢？”

生1：“我觉得他特别勇敢，一点儿都不害怕敌人。”

生2：“老师，我看到胡德林和胡福才兄弟，他们抱着机枪，不停地向敌人扫射，敌人被打得都不敢抬头。”

师：“那他们的行为体现了什么呢？”

生2：“他们很顽强，一直在坚守阵地，保护大家。”

2. 预习成果分享、了解背景

师：“除了视频提供的背景，同学们在课前都收集了很多资料，现在请一位同学来分享一下。”

生3：“老师、同学们，这是我收集的狼牙山地形图。大家看，狼牙山三面都是悬崖，只有一条路可以上山。五壮士把敌人引上这里，敌人就很难包围他们，而且他们还能利用地形优势，更好地阻击敌人，掩护群众和部队主力转移。”

师：“通过这位同学的分享，我们对狼牙山的地形有了更清晰的认识，这也能帮助我们更好地理解五壮士的战斗。”

——张老师执教《狼牙山五壮士》

此环节，在学生获得直观感受后，教师通过提问引导学生分享观察到的五壮士英勇举动，如学生描述班长马宝玉快速拉出手榴弹扔向敌人、胡德林和胡福才兄弟抱着机枪扫射敌人等场景，初步体会到五壮士的勇敢顽强精神。此外，教师布置课前预习作业，让学生收集狼牙山地形图等资料，并在课堂上进行分享。学生上台展示狼牙山地形图，讲解其在战斗中的战略意义，使同学们对课文背景有了更清晰的认识。

《桂花雨》教学实录片段一：

一、情境导入，激发兴趣

师：“同学们，今天老师给大家带来了一份特别的礼物。”（拿出装有桂花干的透明盒子，在教室里走一圈，让学生闻一闻）“大家闻到了什么香气呀？”

生：“好香啊，是桂花的香味！”

师：“没错，这就是桂花的香气。桂花不仅香气迷人，还藏着许多美好的回忆。今天，我们就一起走进琦君笔下的《桂花雨》。上课前，老师先给大家播放一段关于桂花盛开的视频，让我们一起去感受那满树繁花、香气扑鼻的美景。”（播放桂花盛开的视频，视频中展现了大片桂花林，金黄色的桂花挂满枝头，微风吹过，桂花飘落如雨的场景）

视频播放结束后，师：“同学们，看完视频，你们仿佛看到了什么？”

生1：“我看到了好多好多的桂花，像金色的小铃铛挂满枝头。”

生2：“我好像看到桂花在风中飘落，就像下了一场金色的雨。”

二、资料分享，了解背景

师：“除了视频里看到的，同学们在课前也收集了关于桂花和作者琦君的资料，现在请几位同学来分享一下。”

生3：“我了解到桂花在很多地方都有种植，而且它还有很多用途，可以做桂花糕、桂花酒。”

生4：“我查到琦君是一位非常著名的作家，她写了很多关于家乡和童年的文章，《桂花雨》就是她回忆童年生活的作品。”

师：“通过大家的分享，我们对桂花和作者有了更丰富的认识，这能帮助我们更好地理解课文。”

——覃老师执教《桂花雨》

在这一教学片段中，教师拿出桂花干让学生闻，播放桂花盛开视频，直接为学生创设了丰富的感官体验情境。这与体验式理论相呼应，学生在真实的气味感受和直观的视觉画面中，如同亲身置身于桂花盛开的场景，开启了“做中学”的信息接收进程。从多元智能理论角度，实物展示契合视觉—空间智能强的学生，让他们能更敏锐地捕捉桂花的形态信息；视频播放则以生动画面吸引各种智能类型学生，激发对课文的兴趣。而学生分享桂花用途和作者资料，锻炼了语言智能，也为后续理解课文内涵提供了背景知识。依据信息加工理论，学生此时的嗅觉、视觉等感官被充分调动，对桂花的香气、形态以及相关背景信息进行初步编码，存入大脑，成为后续学习的基础素材。

通过这些教学设计，学生从多维度接受信息，为后续深入学习奠定坚实基础。这种创新的接受信息方式，有效激发了学生的学习兴趣和主动性，改变了传统教学中单一信息输入的枯燥模式，让学生积极主动地参与到知识的获取过程中。

可见，在“接受信息”阶段，教师可以通过运用多样化的手段来创设丰富情境，如播放契合主题的视频资料，能让学生直观感受相关场景；展示精心准备的实物模型，帮助学生建立具象认知；讲述引人入胜的生动故事，激发学生的好奇心与探索欲，以此为学生搭建起多元信息接收的桥梁。从加德纳多元智能理论视角出发，这种多元化的信息输入方式，能够契合不同智能类型学生的特点。视觉空间智能占优势的学生，通过观看视频、观察模型，能更好地捕捉和理解信息；而语言智能突出的学生，在聆听故事时更易吸收知识。依据信息加工理论，此时学生的多种感官被调动起来，积极接收外界信息，并对其进行初步编码，将这些信息存入大脑，为后续的学习环节筑牢根基。

（二）加工信息（Process）

“加工信息”环节堪称学生深入理解知识的关键阶段。其间，教师引导学生对接收的信息展开分析、归纳、推理等一系列思维操作。从多元智能理论视角出发，该过程全方位锻炼学生的语言智能、逻辑数学智能等能力。学生通过语言表达观点，梳理各类信息间的因果联系，强化自身思维能力。在信息加工理论层面，学生同步开启外部知觉通道与内部心智通道，构建“言语加工模型”和“情感体验模型”，将碎片化的信息整合为逻辑严密的知识体系，达成知识的深度内化。

《狼牙山五壮士》教学实录片段二：

一、文本细读，初步体验

师：“同学们，我们一起朗读描写五壮士战斗过程的段落，然后思考老师提出的问题。”

生齐声朗读。

师：“同学们，我们一起来看看‘为了不让敌人发现群众和连队主力，班长马宝玉斩钉截铁地说了一声：“走!”带头向棋盘陀走去’这句话，作者用了‘斩钉截铁’这个词，体现了班长马宝玉怎样的心理呢?”

生：“老师，我觉得‘斩钉截铁’说明马宝玉当时心里特别坚定，没有一丝犹豫，一定要完成掩护任务。”

师：“分析得很准确，那大家想一想，作者为什么先强调要掩护群众和连队主力，再写马宝玉带领大家走向棋盘陀呢？这和整个战斗的发展有什么联系？”

生：“因为掩护群众和连队主力是最重要的任务，只有先明确这个目标，五壮士才知道要往哪里走，做什么。走向棋盘陀就是为了更好地完成掩护任务，不让敌人发现主力。”

师：“非常好，大家理解得很到位。”

二、导图构建，促进理解

师：“现在我们用思维导图来梳理五壮士的壮举。”教师在黑板上画出一个中心主题“狼牙山五壮士的壮举”。

师：“大家分组讨论五壮士从接受任务到英勇跳崖的整个过程，然后每个小组推选代表来黑板上呈现你们讨论的结果。”

生进行小组讨论。

生：“我们小组认为，五壮士先是接受了掩护群众和连队主力转移的任务，这是一切行动的开始。然后他们把敌人引上狼牙山，一路上和敌人战斗，不断地诱敌深入。在战斗过程中，他们英勇歼敌，给敌人造成了很大的损失。最后，为了不暴露部队行踪，他们毅然选择英勇跳崖。”

师：“这个思维导图非常清晰，完整地展现了五壮士的伟大事迹。”

三、联想想象，交流分享

师播放战斗音乐：“同学们，闭上眼睛，想象自己就是五壮士中的一员，身处激烈的战斗中。此刻，你心中会想些什么？在生活中，有没有遇到过需要坚定信念、勇敢面对困难的时刻，能和大家分享一下吗？”

生：“我想起上次参加学校的演讲比赛，我特别紧张，都想放弃了。但想到五壮士面对敌人都那么勇敢，我就告诉自己要坚持，最后我顺利完成了演讲。”

师：“这就是五壮士精神的激励作用。现在大家在小组内分享自己的联想与感受，互相交流。”

小组讨论，分享经历。

——张老师执教《狼牙山五壮士》

当学生开始朗读课文时，便进入信息加工阶段。在外部知觉通道方面，教师引导学生进行文本细读，分析文字背后的逻辑与情感。如在《狼牙山五壮士》教学中，教师带领学生分析“为了不让敌人发现群众和连队主力，班长马宝玉斩钉截铁地说了一声：‘走’带头向棋盘陀走去”这句话，通过对“斩钉截铁”一词的剖析，让学生体会到马宝玉坚定的决心和完成掩护任务的使命感。

为帮助学生构建“言语加工模型”，教师引入思维导图工具。组织学生分组讨论五壮士从接受任务到英勇跳崖的全过程，然后各小组代表上台在黑板上用思维导图呈现各阶段的因果关系与发展逻辑。这一过程锻炼了学生的逻辑思维能力，使他们对课文的整体结构和情节发展有了更清晰的把握。

在内部心智通道方面，教师鼓励学生结合自身生活经验进行联想与想象。播放激昂的战斗音乐后，教师引导学生闭上眼睛，想象自己是五壮士中的一员，身处战斗场景中的所思所想，并分享生活中类似坚定信念、勇敢面对困难的经历。有的学生分享自己参加演讲比赛时，在紧张想放弃的情况下，受五壮士精神激励而坚持完成比赛的故事，引发同学们的共鸣。之后的小组讨论环节，进一步促进学生之间的思维碰撞与情感交流，帮助学生构建“情感体验模型”，加深对课文情感的理解。

《桂花雨》教学实录片段二：

一、文本精读，体会喜爱之情

师：“现在，请同学们自由朗读课文，思考一下作者围绕桂花写了哪些事情。”

生自由朗读后回答。

生5：“作者写了小时候摇桂花的趣事，还有和母亲一起做桂花糕等事情。”

师：“非常好，那我们一起来看看描写摇桂花的段落。‘这下，我可乐了，帮大人抱着桂花树，使劲地摇。摇呀摇，桂花纷纷落下来，我们满头满身都是桂花。我喊着：“啊！真像下雨，好香的雨啊！”’大家从这些句子中体会到了作者怎样的心情？”

生6：“我觉得作者很开心，她玩得特别尽兴，摇桂花的时候充满了快乐。”

师：“那作者为什么对摇桂花这件事这么难忘呢？”

生7：“因为这是她童年的美好回忆，和家人一起摇桂花，充满了亲情和欢乐。”

二、思维导图，梳理主要内容

师：“接下来，我们用思维导图来梳理一下课文内容。”（教师在黑板上画出中心主题“桂花雨”）

师：“大家分组讨论，从作者对桂花的喜爱、摇桂花的乐趣、桂花的用途以及作者对童年的怀念等方面来构建思维导图。”

小组讨论后，小组代表上台在黑板上绘制思维导图。

代表小组发言：“我们小组认为，作者对桂花的喜爱是贯穿全文的，从闻到桂花香就想起童年，到详细描写摇桂花的快乐，再到写桂花可以做成各种美食，最后表达对童年和家乡的深深怀念，这些都是紧密相连的。”

师：“这个思维导图很全面，清晰地展现了课文的脉络。”

三、联想生活，分享真实感受

师：“同学们，在你们的童年生活中，有没有像作者摇桂花这样难忘的趣事呢？可以和大家分享一下。”

生8：“我小时候和小伙伴们一起在田野里放风筝，跑啊跑，风筝飞得好高，那时候特别开心。”

生9：“我和家人一起在海边捡贝壳，捡到了好多漂亮的贝壳，现在想起来都觉得很美好。”

师：“大家的童年回忆都很珍贵，就像作者对摇桂花的记忆一样，这些回忆会伴随我们一生。”

——覃老师执教《桂花雨》

文本精读时，教师引导学生朗读思考作者围绕桂花的事件，并分析摇桂花段落的情感，学生在分析句子、表达观点中，语言智能得到锻炼，通过思考情感与事件联系，逻辑数学智能得以提升，符合多元智能理论。引入思维导图，学生分组讨论构建，将零散的课文内容整合为逻辑框架，在梳理作者对桂花的情感、摇桂花乐趣等要素关系时，构建起“言语加工模型”，符合信息加工理论。让学生联想生活分享趣事，开启内部心智通道，学生将自身童年经历与作者摇桂花回忆相类比，构建“情感体验模型”，加深对课文情感的理解，实现知识从文本到生

活的迁移与内化 。

再比如课文《圆明园的毁灭》，为了让学生更加深入理解圆明园的毁灭是人类不可估量的损失，在信息加工环节，教师先让学生先体会圆明园昔日的辉煌，从词到句，看出作者对圆明园的美景赞不绝口，也让学生对圆明园原本的样子有了一定的了解。随后，抓住文本中立意句，形成强烈的反差，原来昔日的圆明园消失了，是不可估量的损失，从而激发起学生对八国联军侵略中国行径的痛恨以及对圆明园毁灭的惋惜。

《圆明园的毁灭》教学片段：

一、文本细读：辉煌描写中的视觉重构

师：（投影课文段落）“圆明园中，有金碧辉煌的殿堂，也有玲珑剔透的亭台楼阁……”请用“△”标出描写建筑风格的词语，用“○”圈出你认为最具画面感的短语，然后闭上眼睛，用语言描绘你“看到”的景象。

（学生批注课文，轻声交流）

生 1：我圈了“金碧辉煌”和“玲珑剔透”，前者让我想到阳光照在琉璃瓦上，后者像攒尖顶的亭子挂着风铃，风一吹就闪。

生 2：“买卖街”和“山乡村野”最有意思，一边是吆喝声，一边是稻田蛙鸣，好像能闻到米香和胭脂味混在一起。

师：（板书“建筑艺术博物馆”）作者没写一个“美”字，却让我们看到了立体的园林。现在请用“我最喜欢________，因为________”的句式，分享你心中的“圆明园之最”。

生 3：我最喜欢“根据古代诗人的诗情画意建造的蓬莱瑶台”，这说明古人把诗画变成了真的建筑，太神奇了！

二、数据对撞：毁灭描写中的逻辑冲击

师：（在黑板分两栏板书“辉煌”与“毁灭”）请从文中提取两组数据：①建造时间与文物数量；②毁灭用时与损失程度。用横线连接相关信息，看看能发现什么。

（学生快速浏览课文，上台粘贴数据卡片）

生 1：（粘贴卡片）150 年建造→150 万件文物，对比 3 天烧毁→“一片灰烬”，这横线像根断裂的尺子！

生 2：（补充）“上自先秦，下至明清”说明文物时间跨度 2000 多年，结果

“连一根完好的石柱都没留下”，这种反差太刺痛了！

师：（展示雨果书信投影）雨果说侵略者是“两个强盗”，结合数据，你们认为“强盗”抢走的仅仅是文物吗？

生3：（站起来）抢走的是时间！150年建的园子，3天就毁了，这是对人类文明时间的犯罪！

三、感悟圆明园的毁灭带来的沉痛与反思

然而，这昔日所有的辉煌，却在一场浩劫中被一场大火化为了灰烬。出示现在的圆明园废墟图，配乐引读。

（PPT：没有了——没有了金碧辉煌的殿堂，也没有了玲珑剔透的亭台楼阁；没有了象征着热闹街市的“买卖街”，也没有了象征着田园风光的山乡村野。没有了那些仿照各地名胜建造的平湖秋月、雷峰夕照；也没有了根据古代诗人的诗情画意建造的蓬莱瑶台，武陵春色……当然更没有了民族建筑，没有西洋景观。那些上自先秦时代的青铜礼器，下至唐、宋、元、明、清历代的名人书画和各种奇珍异宝也没有了……）

总之一句话，圆明园就是一片——师生：灰烬。我们的先驱面对圆明园的毁灭这样感慨：

李大钊的诗句——生：“圆明两次昆明劫，鹤化千年未忍归。一曲悲笳吹不尽，残灰犹共晚烟飞。”

一曲悲笳怎么吹也吹不尽我心中的——生：悲痛。难怪文章作者在开篇就这样感慨道：

齐读：圆明园的毁灭是祖国文化史上不可估量的损失，也是世界文化史上不可估量的损失！

同学们，那么现在圆明园留在你心里的印象是什么呢？（无奈，难过，痛恨。遗憾）来，带着这份感受读。

从你们的朗读中，我能体会到你的心情，作者也正是带着这样的心情写下了两个“不可估量”。板书：不可估量）

——吕老师执教《圆明园的毁灭》

在《圆明园的毁灭》教学中，教师首先引导学生仔细阅读课文中对圆明园昔日辉煌与当下废墟的文本描述。随后，教师将精心整理的圆明园昔日辉煌时期的精美图片与当前的废墟图片进行一一对比展示。这些图片涵盖了圆明园中的各类建筑，如金碧辉煌的宫殿、精致典雅的亭台楼阁、充满异域风情的西洋景观等，以及它们如今的残损模样。

在展示过程中，教师通过一系列精心设计的提问引导学生思考。例如，教师提问：“同学们，仔细观察这些图片，对比圆明园昔日的辉煌建筑和现在的废墟，你们能发现哪些明显的变化？”学生们积极回答，有的指出建筑的坍塌、破损，有的提到曾经的繁华不复存在。接着，教师进一步引导：“那你们想一想，是什么原因导致了如此巨大的变化呢？”学生们开始热烈讨论，从政治、军事、列强侵略等多个角度分析圆明园毁灭的原因。在讨论过程中，学生们各抒己见，通过语言表达自己的观点，这极大地锻炼了他们的语言智能。同时，在梳理圆明园毁灭原因与损失之间的因果关系时，学生们的逻辑数学智能也得到了有效锻炼。

从信息加工理论层面来看，在这个过程中，学生开启了外部知觉通道，通过对文本和图片的观察、分析，获取具体信息；同时，内部心智通道也被打开，他们结合已有知识和生活经验，对这些信息进行深入思考。通过这样的方式，学生构建起“言语加工模型”和“情感体验模型”，将零散的关于圆明园的信息整合为一个有逻辑、有条理的知识体系，实现了知识的内化，了解到圆明园的毁灭是祖国乃至全世界不可估量的损失。

可见，教师在信息加工环节，可以引导学生对接收的信息展开全面且深入的分析，通过对文本内容的精读，剖析字里行间蕴含的意义；进行归纳总结，提炼出关键要点；开展逻辑推理，梳理信息之间的因果联系等操作。从多元智能理论层面来看，这一过程全方位锻炼了学生的多项智能。学生在表达观点、阐述分析结果时，语言智能得到强化；在梳理复杂的因果关系、构建知识框架时，逻辑数学智能得以提升。从信息加工理论来讲，学生的外部知觉通道被充分打开，他们通过对各类信息源的细致观察，获取大量具体信息；同时，内部心智通道也随之开启，学生结合已有的知识储备和生活阅历，对获取的信息进行深度思考，不仅提升了对文本的理解能力，还锻炼了逻辑思维、联想想象等多种能力，打破了传统教学中对文本浅尝辄止的学习模式，实现了对知识的深度挖掘与内化。

（三）体验投入（Experience）

“体验投入”环节着重于学生的情感融入和沉浸式学习体验。教师精心营造特定情感氛围，引领学生将自身情感与所学内容紧密相连。从多元智能理论来说，此过程有效激发学生的内省智能，促使他们深度洞察自身情感。在信息加工理论范畴内，学生对语音实施情感调试，生成具有情感意义的表情呈现行为，以此深化对知识的理解与记忆，实现知识与情感的深度融合。

《狼牙山五壮士》教学实录片段三：

一、借助解读，升华情感

师："同学们，在朗读课文之前，我们再来看一段对五壮士英勇事迹的深度解读视频。"视频播放结束后，教师进行情感引导："同学们，现在我们即将朗读课文，大家想象一下，你就是五壮士中的一员，站在狼牙山上，面对敌人的疯狂进攻，心中怀着对祖国和人民的无限忠诚，你会以怎样的情感朗读这段文字?"

生："我会带着对敌人的愤怒和对祖国的热爱来朗读。"

师："非常好，那就让我们带着这样的情感开始朗读。"

二、朗读练习，示范指导

1. 生自主练习，指名读

师："'副班长葛振林打一枪就大吼一声，好像细小的枪口喷不完他的满腔怒火'大家注意，要读得激昂有力，充满愤怒之情。"

师示范朗读后，生练读

师："大家读得不错，再感受一下这种愤怒的情绪，再来一遍。"

2. 生再次朗读，情感更加饱满

师："狼牙山上响起了他们壮烈豪迈的口号声：'打倒日本帝国主义!''中国共产党万岁!'这句口号饱含着五壮士对祖国深深的热爱和对胜利的坚定信念。大家读的时候，语调要高亢，充满深情。再想想五壮士的坚定意志，要通过表情展现出来哦。"

3. 学生练读，教师相机指导

——张老师执教《狼牙山五壮士》

此环节聚焦于学生的情感体验与朗读表现的深度融合。在《狼牙山五壮士》教学中，教师在学生朗读前，播放对五壮士英勇事迹的深度解读视频，再次强化学生对五壮士伟大精神的认知。随后进行情感引导，让学生将自己代入五壮士角色，思考应以怎样的情感朗读课文，学生表示会带着对敌人的愤怒和对祖国的热爱来朗读。

在朗读过程中，教师进行细致的语音调试指导。对于"狼牙山上响起了他们壮烈豪迈的口号声：'打倒日本帝国主义''中国共产党万岁'"这句饱含深情与信念的口号，教师指导学生语调高亢，充满深情地朗读。

同时，教师鼓励学生运用表情与肢体语言增强情感表达。巡视过程中，教师及时纠正学生情感表达偏差，如提醒学生在朗读时展现出坚定的表情，使学生在朗读中全身心投入情感，加深对文本的理解与感悟。这种体验投入式的朗读教学，使学生不再是机械地朗读文字，而是真正走进文本，感受人物情感，实现了从“唯语音”“唯音美”向情感与朗读深度融合的转变。

《桂花雨》教学实录片段三：

一、氛围营造，情感引导

师：“同学们，现在老师给大家播放一段轻柔的音乐，大家闭上眼睛，想象自己就站在那棵桂花树下，和作者一起摇桂花。”（播放轻柔的古典音乐）

音乐播放一会儿后，师：“好，大家睁开眼睛，此刻，如果你是作者，你会带着怎样的情感朗读描写摇桂花的段落呢?”

生 ：“我会带着欢快、兴奋的情感朗读，因为摇桂花真的太有趣了。”

师：“非常好，那我们就带着这种情感来朗读。”

二、朗读指导，情感融入

1. 师过渡：“‘摇呀摇，桂花纷纷落下来，瞧，我们的头上、身上，我们四周，全部是桂花！我喊着：“啊！真像下雨，好香的雨啊!”’大家注意，读‘摇呀摇’的时候，语速可以稍慢，表现出那种享受的感觉；‘啊！真像下雨，好香的雨啊’要读得欢快、激动，声音可以高一些。”

2. 教师示范朗读后，学生练读。

师：“大家读得不错，再感受一下那种快乐、兴奋的心情，再来一遍。”

3. 学生再次朗读，情感更加饱满，脸上洋溢着快乐的笑容。

师：“从大家的朗读中，老师感受到了你们对摇桂花场景的喜爱，就像作者一样，沉浸在这美好的回忆里。”

——覃老师执教《桂花雨》

本环节教师播放音乐引导学生想象，营造出充满童趣与欢乐的氛围，让学生将自己代入作者角色，激发内省智能，从自身感受出发体会作者情感，契合多元智能理论。朗读指导时，教师对语音细节进行把控，让学生通过语速、语调变化，将快乐、兴奋的情感融入朗读，在朗读中，学生的表情、声音都成为情感的载体，形成具有情感意义的表情呈现行为，符合信息加工理论中情感对知识理解和记忆的强化作用。这种体验投入式朗读，使学生不再机械朗读，而是真正走进文本情境，实现情感与朗读的深度融合 。

而在《圆明园的毁灭》教学中，在体验投入阶段，教师在课堂上营造出一种庄严肃穆且充满悲痛的情感氛围。教师引导学生齐声朗读课文中饱含情感的语句，如“圆明园的毁灭是祖国文化史上不可估量的损失，也是世界文化史上不可估量的损失！”在朗读前，教师先进行深情的范读，用抑扬顿挫的语调、充满悲痛的情感，将这句话中蕴含的沉痛与惋惜展现得淋漓尽致。然后，教师指导学生逐句跟读，提醒学生注意语调的起伏和情感的表达。

为了让学生更好地将自身情感与所学内容深度融合，教师引导学生闭上眼睛，想象自己穿越时空，亲眼看见圆明园遭受侵略、被大火焚烧的场景。随后，教师提问：“同学们，此刻你们的内心有着怎样的感受？”学生们纷纷回答，有的说感到无比愤怒，有的说充满了惋惜和痛心。从多元智能理论来说，这一过程激发了学生的内省智能，让他们深入体会自身在面对这段历史时产生的复杂情感。在信息加工理论中，学生在朗读过程中对语音进行情感调试，通过声音的高低、语速的快慢、语调的变化等，形成具有情感意义的表情呈现行为。这种情感化的朗读不仅加深了学生对课文知识的理解，还强化了他们对这段历史的记忆。

可见，“体验投入”环节着重于促进学生全身心地投入到学习中，强调情感在学习过程中的深度参与。教师会通过精心营造与学习内容相适配的情感氛围，让学生仿佛置身于特定的情境之中。在学习具有历史厚重感的内容时，营造庄严肃穆的氛围；学习欢快主题的内容时，营造轻松愉悦的氛围。在朗读教学中，教师先进行饱含深情的范读，为学生树立情感表达的典范，随后指导学生逐句跟读，引导他们在朗读中融入情感，通过语调的抑扬顿挫、语速的快慢变化，将文字背后的情感充分展现出来。同时，教师还会引导学生进行想象，让学生在脑海中构建与学习内容相关的画面场景。而在学习自然景观相关内容时，引导学生想象壮丽的山川、奔腾的河流等景象。从多元智能理论来说，这一过程极大地激发了学生的内省智能，促使学生深入挖掘自身内心的情感世界，深刻体会面对学习内容时所产生的各种复杂情感。在信息加工理论范畴内，学生在朗读与想象的过程中，对语音进行个性化的情感调试，将情感融入到声音、表情之中，形成具有强烈情感色彩的表达行为。这种情感化的学习方式，不仅使学生对知识的理解更为透彻，还能强化知识在学生记忆中的留存，让知识与情感紧密交织，难以忘怀。

（四）表达呈现（Performance）

“表达呈现”环节是学生将内化后的知识与情感进行输出展示的重要阶段。教师通过精心设计演讲、角色扮演、撰写文章等多样化活动，为学生提供充分展示学习成果的平台。在多元智能理论框架下，这一过程综合锤炼学生的语言智能、人际智能等。学生在表达过程中，不断优化语言组织与沟通技巧。从信息加工理论角度而言，学生将工作记忆中经深度加工的信息，以语言、肢体动作等丰富形式输出，完成从知识接收到能力输出的完整闭环，有力推动语文核心素养的全面提升。

《狼牙山五壮士》教学实录片段四：

一、朗诵准备与指导

师："接下来我们进行小组课本剧表演比赛，大家先自主分组，选择课文中的精彩段落进行朗诵。在准备过程中，要精心挑选合适的背景音乐。"

生自主分组，并挑选背景音乐。

师："表演要想引人入胜，还要注意语言的感染力。台词该怎么读才更有感染力呢?"

生："在表演过程中，要注意停顿、重音的运用。比如，在朗诵'他们把敌人引上了三面都是悬崖的狼牙山顶峰'这句时，在'三面都是悬崖'这里要加重语气，突出五壮士所处环境的危险和艰难。"

生："在'他们回头望望还在向上爬的敌人，脸上露出胜利的喜悦'这里，'回头望望'后稍作停顿，给听众留出想象五壮士此时心境的时间。"

师相继点拨。

学生再次朗诵，把握好了停顿的节奏。

二、肢体语言指导与表演展示

师："同学们，当朗诵到'五位壮士屹立在狼牙山顶峰，眺望着群众和部队主力远去的方向'时，可以用坚定的眼神望向远方，同时举起右手，做出敬礼的姿势，展现出五壮士的英勇无畏与崇高精神。"

生自主练习。

各小组依次进行表演展示。

——张老师执教《狼牙山五壮士》

经过前三个阶段的积累，学生将内化的知识和情感通过语言表达出来。在《狼牙山五壮士》的朗诵展示环节，教师组织小组朗诵比赛，激发学生的积极性与团队合作精神。学生们自主分组，并精心挑选《英雄的黎明》作为背景音乐，以增强朗诵的感染力。

在朗诵过程中，教师指导学生注意停顿、重音的运用。例如，在朗诵"他们把敌人引上了三面都是悬崖的狼牙山顶峰"时，强调在"三面都是悬崖"处加重语气，突出五壮士所处环境的危险；在“他们回头望望还在向上爬的敌人，脸上露出胜利的喜悦”中，指导学生在“回头望望”后稍作停顿，营造出想象空间。

教师指导学生运用肢体语言辅助表达。如在朗诵“五位壮士屹立在狼牙山顶峰，眺望着群众和部队主力远去的方向”时，引导学生挺直胸膛举目眺望，用挺拔的身姿演绎五壮士的大义凛然。各小组依次进行朗诵展示，他们凭借富有感染力的声音、恰当的表情和肢体语言，生动展现出五壮士的英雄气概，赢得同学们的掌声。这一表达呈现环节，全面检验了学生对课文的理解、情感体验以及语言表达能力，实现了从知识接收到能力输出的完整转化，彻底改变了传统朗读教学“唯形式”的弊端。

《桂花雨》教学实录片段四：

一、小组朗诵，展示成果

师：“接下来，我们进行小组朗诵比赛，每个小组自行选择片段。在朗诵前，大家可以先讨论一下如何更好地表现出情感和节奏。”

小组讨论后，各小组依次进行朗诵。

其中一组选择了描写摇桂花的段落，他们在朗诵时，配合着轻快的节奏，用充满活力的声音，生动地展现了摇桂花的欢乐场景，还加入了一些简单的动作，如模仿摇树、伸手接桂花的动作，赢得了同学们的阵阵掌声。

二、写作分享，深化理解

师：“学完这篇课文，相信大家对自己的童年趣事也有了更深的感触。现在，请大家以‘我的童年趣事’为题，写一篇短文，和大家分享自己童年难忘的瞬间。”

学生写作完成后，进行分享。

生 1：“我写的是我和小伙伴在夏天一起捉萤火虫的事。晚上，我们拿着小瓶子，在草丛里跑来跑去，看到一闪一闪的萤火虫，就赶紧去捉。那时候，整个田野都回荡着我们的笑声。”

生 2：“我写的是过年时和家人一起包饺子，我包的饺子形状很奇怪，但是大家都夸我包得有创意，一家人其乐融融的场景我永远都忘不了。”

师总结：“大家的分享都很精彩，通过写作和分享，我们不仅加深了对课文的理解，也珍藏了自己童年的美好回忆。”

——覃老师执教《桂花雨》

本环节，在小组朗诵比赛中，学生通过讨论确定朗诵方式，锻炼人际智能；朗诵时运用语言、肢体动作展示对课文的个性化理解和作者对桂花的喜爱之情，符合多元智能理论。写作分享环节，学生将课堂所学的情感表达、细节描写等知识运用到自己的童年趣事写作中，把在前面环节中对课文情感的理解、生活联想的感悟，通过文字输出，完成从知识接收到能力输出的完整闭环，符合信息加工理论。这一环节全面检验学生对课文的理解、情感体验以及语言表达能力，促进语文核心素养的提升 。

而在《圆明园的毁灭》教学结束时，教师让学生以“我心中的圆明园”为主题，表达自己对圆明园毁灭这一历史事件的感悟。在演讲准备过程中，学生们认真梳理自己在课堂上学到的知识，结合内心的情感体验，精心撰写演讲稿。

在演讲过程中，学生们不仅运用丰富的语言表达自己对圆明园昔日辉煌的赞叹、对其毁灭的悲痛，还通过肢体动作、面部表情等进一步增强表达效果。有的学生在讲到圆明园的珍贵文物被掠夺时，握紧拳头，眼神中透露出愤怒；有的学生在描述圆明园曾经的美丽景色时，脸上洋溢着向往之情。这一过程在多元智能理论下，综合锻炼了学生的语言智能，让他们学会用更精准、更富有感染力的语言表达观点；同时，人际智能也得到了提升，学生们在演讲中学会与听众进行眼神交流、情感互动，增强了沟通能力。

综上所述，“表达呈现”环节是学生将前期学习过程中内化的知识和情感进行外显输出的重要阶段。教师会设计丰富多样的活动形式，为学生提供展示自我的广阔平台。如组织演讲活动，让学生能够系统地阐述自己的观点和想法；开展角色扮演活动，让学生通过亲身体验角色，以独特的方式诠释对知识的理解；布置撰写文章的任务，锻炼学生的文字表达能力，使学生能够更深入、细致地表达内心的情感与思考。在这些活动过程中，从多元智能理论角度来看，学生的语言智能在组织语言、清晰表达观点的过程中得到进一步提升，他们学会运用更精准、生动且富有感染力的语言来传达信息；人际智能也在与同学、老师的互动交流中得以锻炼，如在演讲时与听众进行眼神交流、在角色扮演中与同伴默契配合等。从信息加工理论角度出发，学生将在工作记忆中经过深度加工、整合的信息，以语言表达、肢体动作、书面文字等多种形式呈现出来。通过这样的输出过程，学生实现了从知识接收到能力输出的完整蜕变，全面提升了语文核心素养，包括语言表达的流畅性与准确性、思维的逻辑性与敏捷性、情感感知的敏锐性与表达的丰富性等多个维度。

"R—P—E—P"课堂学习模型以其科学的理论基础和创新的教学实践，有效解决了传统朗读教学中"唯语音""唯音美""唯形式"的问题。通过接受信息、加工信息、体验投入和表达呈现四个紧密相连的环节，为学生搭建了一个全面发展的学习平台，促进了学生语文核心素养的提升。在未来的小学高年级语文教学中，应广泛推广和深入应用这一模型，不断探索其更多的教学可能性，为培养具有综合素养和创新精神的学生贡献力量。同时，教育工作者需持续关注该模型在不同教学情境下的应用效果，不断优化和完善，以适应教育教学改革的发展需求。

二、"启思善悟"情感朗读课堂模型的深入实践

随着课程改革的变化，项目组在"R—P—E—P"课堂学习模型实践过程中发现了一些可拓展与深化的方向，从而开展了更具针对性和创新性的工作。

（一）建构以学为基点的课堂，关注学生情感

课堂是学习的主阵地。受传统教学理念"师道尊严"思想的影响，教师在架构课堂教学板块时总是习惯性地以"教"的方式进行，而忽略了学生，这就在很大程度上造成了学生认知动力的下降。在课程改革的浪潮之下，此学非仅浅层字面的学生，而是学生的学习，在真实课堂中思维的发生、碰撞与升华。

关注学生从关注学情开始，教师充分意识到学生是独一无二的鲜活个体，教师不再是知识的灌输者，而是学习的引导者、组织者和引导者。充分发挥"最近发展区"优势，关注角度置换，设计有意思且有针对性的课堂问题与环节，高效激发学生主动探索知识及解决问题的欲望。同时关注实践过程与学生习得，落实以人为本课堂，促进其多元发展。

我们通过AI技术对广东省广州市海珠区一所学校的一节精彩语文课堂《两小儿辩日》进行了全方位的监测，本课的执教教师——覃老师生动诠释了这一理念。本课总时长47分35秒，其中课堂观察报告的课堂互动ST这一部分指出教师行为在课堂中占21: 48，学生行为在课堂中占25: 46。教师占有率为0.46，学生占有率为0.54。教师行为是指教师言语的及非言语的信息传递行为，主要包括教师微课讲解、演示及诵读等。学生行为是指学生言语的及非言语的信息传递行为，主要包括学生的发言、小组讨论及展示、回答及提出问题等。

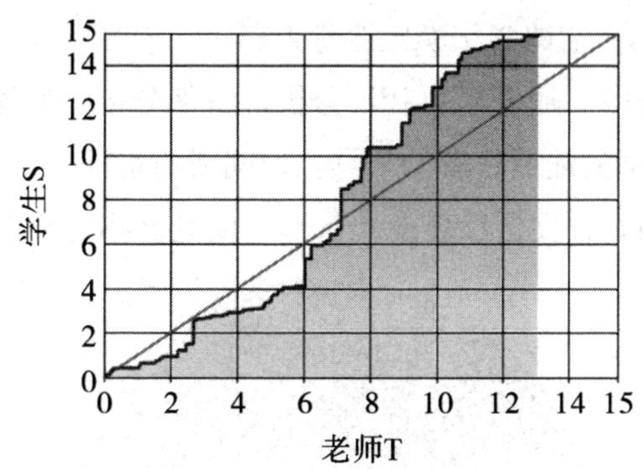

图 4.1　课堂互动 ST 图

注：师生互动曲线描述的是老师和学生的互动情况。

·沿横轴方向的线段代表老师行为，沿纵轴方向的线段代表学生行为。

·当曲线偏向横轴时，表示老师活动占多数；偏向纵轴时，学生活动占多数。

·当某段曲线整体平行于 45 度线时，表示在此段时间内老师学生互动充分。

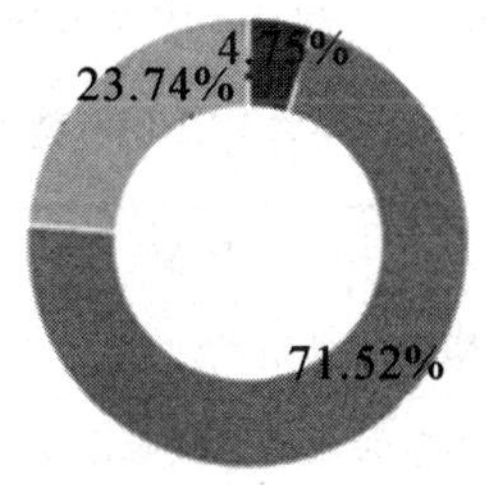

图 4.2　学生回答情况饼图

其中，在学生回答情况中，明确指出 R1 是指学生的简单回复；R2 是学生对知识与概念的回忆性回复，指向的是知道、理解、应用的学习目标；R3 是学生带有推理性解释性的回复，指向的是分析、综合、评价的学习目标。数据显示，R2 数据明显高于 R1 与 R3。由此可见，传统的以教师为中心主义教育范式已逐步向以学生为核心的建构主义学习生态课堂让步，贯彻落实“以学生发展为本”的教育理念。

此外，一堂有魅力、有成效的优质课，不应只有知识的智慧，应还有情感的温度。对语文教学而言，应把学生真实、饱满、有层次的情感体验与语文教学及活动有机地整合在一起，实现语言、内容与情感的三效合一。关注学生情感，打造“此中有真意”的真情课堂，焕发课堂光彩。

在课堂观察报告中，师生互动 IRE 分析这一部分指出教师对学生回答的反馈指向 E2 水平，即教师复述回答者的观点，追问或邀请回答者；而 E3 水平则指邀请本人或他人评价回答，促进反思或元认知，促进群体讨论。

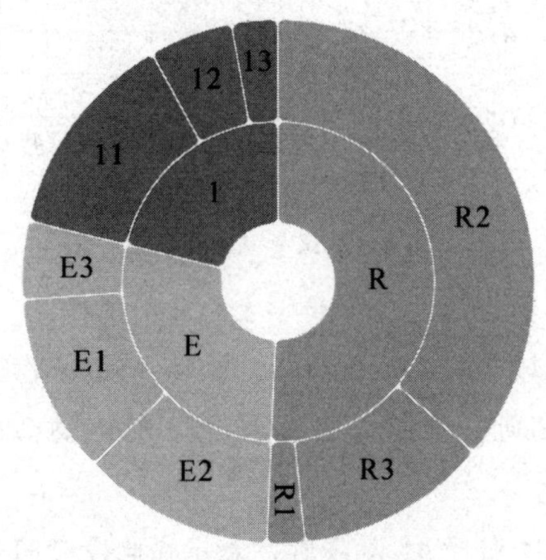

图 4.3　课堂 IRE 分布图

表 4.1　课堂 IRE 解释整理

IRE 类型	维度	定义	数量	百分比
I 表示教师的提问	I1	有标准答案的封闭式问题	27	61.36%
	I2	有标准答案的鼓励推理性或解释性问题	11	25.00%
	I3	无标准答案的开放式或半开放问题	6	13.64%
R 表示学生的回答	R1	简单回应，是或否	5	4.76%
	R2	事实性知识回答，以及解释性的回答	75	71.43%
	R3	开放性的推理性或解释性的回答	25	23.81%
E 表示教师对学生回答的反馈	E1	简单回复或进行直接的对与错评价	23	39.66%
	E2	复诉回答者的观点，追问或邀请回答者进一步做解释	25	43.10%
	E3	邀请本人或他人评价回答，促进反思或元认知，促进群体讨论	10	17.24%

高质量课堂分析标准（CEED）部分指出在《两小儿辩日》这课中学生的学习是建构的，课堂中学生之间展开了深入研讨或辩论，或针对某个问题或任务，

学生之间展开协作。在学习建构上诊断该节课是愉悦有趣的，偏向于互动型。学生对课堂的整体参与程度较高，在课堂参与中获得正向反馈和正确归因的积极评价，学生情绪感知较为积极。

其次，教师在对学生评价中使用了“给自己一个掌声”“非常有勇气进行第二次”“我知道你也很紧张，不用紧张”等话语，充分关注了学生的情感状态，使人人被看到，人人被肯定，做到以“情”带学，以“思”导学，以“行”利学。

结合师生互动 IRE 部分来看，说明本课学生“学的活动”得到落实。教学环节不在于多贵在精，教师活动限于引导而非满堂灌输，而是将更多的时间和空间留给学生去阅读、思考、交流和探讨，让他们充分接触文本，在辩论中以情动人，感受辩论智慧与乐趣，学会多角度看待事情，实现语文学习从课堂走向生活，从而让学习可见、让思维发生、让生命灵动。

（二）丰富课堂教学手段

当锚定“以学为基点”生态课堂后，学生学习的内在动机与情感需要在不断的正反馈中得到持续和强化，以此提供有效的支架可以帮助学生扫除学习的障碍，从而提高学习的自信和成就感。随着新课程、新理念、新教材的全面推广，在小学语文课堂上呈现出一派百花齐放、生机勃勃的清新气象。在长期的小学语文教学实践中，项目组通过丰富课堂手段来激发学生的求知欲望，收到了一定效果。

又如覃老师在五年级上册《慈母情深》一课中，围绕“舐犊之情”的主题，创设了“舐犊之情回忆录”的大情境，通过整合、重组本单元的学习内容设计学习任务群，让学生在积极的语文实践活动中积累、建构与运用。在教学过程中，鼓励学生在真实语言运用情境中，主动学习、积极探究，并结合评价方法，落实文化自信和语言运用、思维能力、审美创造的核心素养。同时，课堂观察报告中明确指出教师在本课中开展了以下主要的学习活动：爱的辩论会、爱的天平、爱的故事讲给你听与读书信诉真情等，通过这些学习活动，学生们提高了阅读理解能力、思维能力和表达能力。

简言之，本课以三个子任务——爱的启示、爱的滋味与爱的表达贯穿整节课，融情于“境”，鼓励学生创意表达，引导学生“做中学、用中学”，满足学生语文课程素养发展的需求。

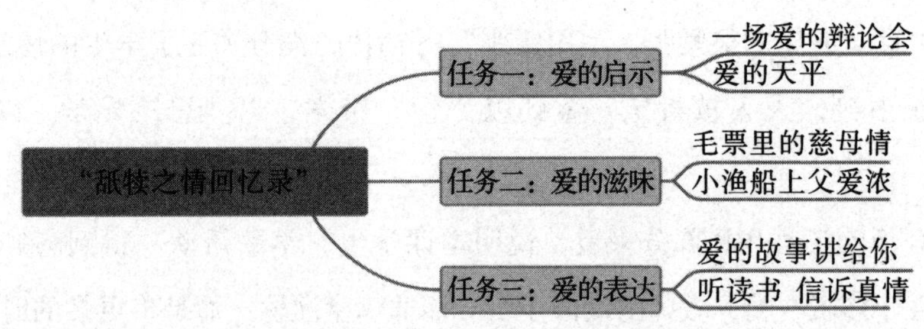

图 4.4 《慈母情深》设计理念

综上所述，也即“R—P—E—P”课堂学习模型的具体化，在情境刺激的作用下，学生对接收的信息经过二次编码后，开启外部知觉通道和内部心智通道，建构了“言语加工模型”和“情感体验模型”，即学生在工作记忆中将获取的信息进行加工，形成了具有逻辑意义的语音呈现行为。

（三）打破学科壁垒

《义务教育语文课程标准（2022 年版）》明确指出：“核心素养是学生通过课程学习逐步形成的正确价值观、必备品格和关键能力，是课程育人价值的集中体现。小学阶段语文学科的核心素养是在积极的语文实践活动中积累、建构并在真实的语言运用情境中表现出来的。”① 语文课程的最终目标在于提升学生的核心素养，而跨学科学习有助于学生在解决真实复杂问题的过程中提升能力，培养学生的核心素养。基于学科立场的跨学科学习要求，项目组勇于拓展学科边界，深入探索其他学科的知识和方法，同时不忘反思和巩固，在吸收和借鉴其他学科的基础上，实现更深层次的语文能力的发展。

例如，项目组李老师执教的六年级上册《月光曲》这一课，教师从学情出

①中华人民共和国教育部制定. 义务教育语文课程标准（2022 版）［S］. 北京：北京师范大学出版社，2022.

发，以人物对话为切入点，在课堂中适时引出贝多芬的钢琴曲《月光曲》作为配乐，引导学生想象课文中描绘的画面，欣赏《月光曲》的艺术之美，引导学生品读人物语言，走进人物内心。

表 4.2　《月光曲》教学设计学情分析环节

项目	学情起点	本课生长点
借助语言文字展开想象，体会艺术之美	1. 六年级的学生，已经具备了一定的文本解读能力，“通过品读人物语言，走进人物内心，感受人物心灵。”这一任务在前面第四单元的小说学习中已经有了相当多的训练，学生已经学会了抓关键词品读语言的阅读方法。 2. 对于六年级学生来说，经过了六年的音乐课学习（很多孩子还有专门的乐器演奏学习经历），音乐欣赏能力也已经有了一定程度的积淀，想象课文中描绘的画面，欣赏《月光曲》的艺术之美并不难。	1. 课文对于贝多芬并未直接描写，但他的情感变化和《月光曲》的创作息息相关，是本文的一条暗线。要抓住这条暗线，需要教师利用有层次的问题引导和资料引入，做适当点拨。 2. 将音乐欣赏体验转化为语言文字，写成一段话，难度较大，学生对将音乐和语言文字做出对应的转换存在较大困难。因此，本课重点引导学生品读第九自然段，通过想象画面、不同形式朗读，帮助学生解锁作家的写作密码：由眼前的事物想开，联想到其他景物；用景物的变化表现音乐节奏的变化。通过这一自然段的品读，帮助学生迁移方法，继续进行想象写话。

从这一角度出发，巧妙将大语文与音乐生活紧密联系起来，通过对富于意境的词汇和短语的品读，领会艺术之美，是这篇文章要落实的人文要素；能像文中这样运用语言文字，借助联想和想象描绘艺术欣赏的体验，描写音乐作品中的画面。使学生加深对知识的理解，同时使学生注意语文知识与其他学科及生活的联系，打破学科壁垒，在品文悟理中积累经验，提升核心素养能力。

此外，回顾了六上第七单元主题——“艺术之美”，落实核心素养下的“大单元教学理念”。旨在引导学生在语文实践活动中，通过整体感知联想想象，感受文学语言和形象的独特魅力，获得个性化的审美体验：欣赏和评价语言文字作品，提高审美品位；表达自己独特的体验与思考，尝试创作文学作品。

（四）延伸课堂体验

新课标指出，语文课程是一门学习语言文字运用的综合性、实践性课程。基于此，语文综合实践活动是契合语文课程特质的重要教学方式。学生学科核心素养的培养，不仅在于知识能力的提升，还在于知识的实践应用。在构建针对高年级学生的情感朗读教学课堂学习模型的过程中，项目组同时致力于围绕核心素养来展开语文学科的实践活动。这一努力旨在使语文学习更加凸显其学科特性，并充分体现出实践的本质，这既是语文学科实践的核心追求，也是确保《义务教育语文课程标准（2022 年版）》得以有效实施的关键所在。

以《两小儿辩日》课例展示课为例。在课堂主阵地上，学生通过自学与小组合作方式梳理分别用事实推理观点——“我以日始出时去人近，而日中时远也。”与“我以日初出远，而日中时近也。”在两种观点出现对立的过程中，教师梳理出这样的问题链：两小儿分别是怎样推理出自己的观点的？学习小古文后，教师借以教授辩论宝典技巧——用正反方面举事例来引导学生思考继续以问题、深化学习，问学生：为何孔子不能决也？进而推动学生从课本走向生活，明白要学会从不同角度找事例。勾连生活经验谈近大远小、远凉近热的常识，在生活中还能找到哪些例子。最后覃老师就依势介绍本课趣味实践活动并鼓励学生以习得的辩论技巧继续习“辩”之气势。

【作业设计】

必做：1. 背诵《两小儿辩日》；2. 把这个故事讲给家人听。

选做：假如你穿越到了古代，成为第三个小儿。请你利用“资料袋”知识和今天所学的辩论技巧，与古代两小儿进行一场“三小儿辩日”，期待你的表现！

图 4.5 《两小儿辩日》教学设计作业布置环节

综上所述，《两小儿辩日》一课体现了语文学科实践活动的积累运用之特点；用“习辩”的语言学用，体现了以“辩”为目的的学科实践。基于问题的语言实践从发现问题到解决问题，从学习知识到建构知识框架，都在尝试解决真实问题的过程中让学生的能力得到提升，素养得到发展，延伸课堂精彩，向培养学生核心素养目标靠拢。

项目组意在将语文实践活动与情感朗读教学紧密结合，以我校、区域内一所学校及区域外其他学校作为试点学校，收集高年级学生在征文比赛、班级练笔作业、课本剧表演、诗歌朗诵会等文本、音频、视频等资料，逐步完成小学高年级学生读写练笔集、班级朗诵会优秀作品视频、课本剧表演视频等工作。

三、“启思善悟”情感朗读课堂学习模式的意义

（一）激发学生阅读兴趣

情感朗读能够打破文字表述的平面与单调，为其赋予丰富的声音色彩和情感维度。在“启思善悟”情感朗读课堂学习模式中，教师通过情境创设、思维启发和情感朗读等环节，充分激发学生的阅读兴趣。例如，在朗读《红楼梦》时，教师通过讲述贾宝玉、林黛玉等人物的故事背景和情感纠葛，引导学生深入理解文本中的人物形象和情节发展，从而激发学生对《红楼梦》的阅读兴趣。据相关研究表明，采用情感朗读教学方式班级学生的阅读兴趣和阅读量均显著高于传统教学方式下的班级。一项针对某小学五年级学生的调查研究显示，在实施“启思善悟”情感朗读课堂学习模式后，学生对语文阅读的兴趣从原来的 65% 提高到了 85%，每周的阅读量也从平均 100 页增加到了 150 页。这充分说明了该学习模式在激发学生阅读兴趣方面的显著效果。

（二）深化文本理解

在“启思善悟”情感朗读课堂学习模式中，教师注重引导学生对文本进行深入分析和思考。通过提出具有启发性的问题、组织小组讨论等方式，激发学生的思维活力；同时，情感朗读和合作交流等环节也为学生提供了与文本深度对话的机会。这些环节共同作用于学生的文本理解过程，使他们能够更加深入地理解文本的内涵和作者的意图。例如，在朗读《背影》时，教师通过引导学生分析父亲买橘子的细节描写和作者的情感变化，使学生深刻体会到父子之间的深情厚谊。相关研究数据表明，采用该学习模式的学生在文本理解测试中的得分显著高于传统教学方式下的学生。在一项对某小学六年级学生的文本理解能力测试中，实施“启思善悟”情感朗读课堂学习模式的班级平均得分比传统教学班级高出 15 分，这充分证明了该学习模式在深化文本理解方面的积极作用。

（三）培养批判性思维

在人工智能驱动的信息洪流中，培养学生的批判性思维显得尤为重要。在

“启思善悟”情感朗读课堂学习模式中，教师通过鼓励学生对文本内容、观点和价值取向进行质疑和挑战，引导他们进行独立思考和深入分析。同时，合作交流和行为反馈等环节也为学生提供了思维碰撞和观点交锋的机会。这种学习模式不仅有助于学生在海量信息中准确筛选出有价值的内容，还能促使他们形成独到且深刻的见解。例如，在朗读《愚公移山》时，教师可以引导学生思考愚公移山的可行性和意义，鼓励学生提出自己的见解和质疑。相关研究显示，采用该学习模式的学生在批判性思维测试中的表现优于传统教学方式下的学生。在一项对某小学高年级学生的批判性思维测试中，实施“启思善悟”情感朗读课堂学习模式的学生在提出问题、分析问题、解决问题等方面的能力均显著高于传统教学学生，其批判性思维得分比传统教学学生高出20%以上，这充分说明了该学习模式在培养批判性思维方面的显著优势。

（四）提升审美素养

情感朗读是一种美的享受和创造过程。在“启思善悟”情感朗读课堂学习模式中，教师通过指导学生掌握正确的朗读技巧和方法，引导他们将个人情感融入朗读中，实现与文本的深度对话。这种朗读过程不仅能够提升学生的语言表达能力，还能培养他们的审美素养和审美情趣。同时，合作交流和行为反馈等环节也为学生提供了展示自己朗读成果和分享审美体验的机会。这些环节共同作用于学生的审美素养提升过程，使他们能够更加敏锐地感知和欣赏语言之美。例如，在朗读《春江花月夜》时，教师通过引导学生体会诗中的意境美和语言美，使学生在朗读中沉浸于诗中的美景之中，从而提升审美素养。审美素养测试里，运用该学习模式的学生所获分数，相较于处在传统教学模式下的学生有显著提升。在一项对某小学高年级学生的审美素养测试中，实施“启思善悟”情感朗读课堂学习模式的学生在对文学作品的鉴赏能力、审美表达能力等方面均显著优于传统教学学生，其审美素养得分比传统教学学生高出25%以上，这充分证明了该学习模式在提升审美素养方面的显著效果。

（五）促进全面发展

“启思善悟”情感朗读课堂学习模式不仅关注学生的朗读能力和语文素养的提升，还注重培养学生的团队协作能力、自主学习能力、信息筛选能力等综合能力。通过合作交流、行为反馈等环节的实施，学生可以学会与他人协作、分享和倾听；通过自主学习和反思日记的撰写等环节的实施，学生可以培养自己的自主学习能力和自我反思能力；通过智能推荐系统的使用和信息筛选等活动的开展，学生可以提升自己的信息筛选能力和批判性思维能力。这种学习模式为学生的全面发展提供了有力支持。综合素养测试结果显示运用该模式的学生成绩要高于传统教学方式下的学生。在一项对某小学高年级学生的综合素养测试中，实施“启思善悟”情感朗读课堂学习模式的学生在语文素养、数学能力、科学素养、艺术修养、团队协作能力等多个维度上的表现均显著优于传统教学学生，其综合素养得分比传统教学学生高出 30% 以上，这充分说明了该学习模式在促进学生全面发展方面的显著作用。

四、“启思善悟”情感朗读课堂学习模式的未来展望

“启思善悟”情感朗读课堂学习模式的构建和实施对于提升小学高年级学生的语文核心素养和综合能力具有重要意义。它不仅能够激发学生的阅读兴趣、深化文本理解、培养批判性思维、提升审美素养，还能促进学生的全面发展。然而，在实践中我们也发现了一些问题和挑战，例如如何更好地利用人工智能技术辅助教学、如何更加精准地评价学生的朗读表现等。

在未来的研究中，我们将进一步探索如何将人工智能技术与情感朗读教学进行更深度的融合以实现更加个性化、精准化的教学。例如，利用 AI 技术对学生的朗读表现进行实时分析和反馈，为学生提供更加个性化的朗读指导；利用大数据技术对学生的学习数据进行分析和挖掘，为教师提供更加精准的教学建议。同时，我们还将研究如何培养学生在智能环境下的自主学习能力和信息筛选能力，以适应时代的发展需求。此外，我们还将关注人工智能技术发展对语文阅读教学理念和方法带来的变革，及时调整教学策略以适应新的挑战和机遇。具体的研究方向包括以下几个方面：

第一，深度挖掘 AI 在情感朗读教学中的应用潜力。研究如何利用 AI 技术实现对学生朗读情感的精准识别和分析，开发更加智能的情感朗读评估工具，为教师提供实时、准确的教学反馈。同时，探索 AI 在朗读教学资源推送、个性化学习路径规划等方面的应用，为学生提供更加丰富、个性化的学习体验。

第二，构建基于大数据的语文阅读教学模型。通过对大量学生阅读数据的收集、整理和分析，构建科学合理的语文阅读教学模型，揭示学生阅读能力发展的

规律和特点。利用大数据分析技术，为教师提供精准的教学诊断和决策支持，帮助教师更好地了解学生的学习情况，制定个性化的教学方案。

第三，培养学生的自主学习能力和信息素养。研究如何在智能环境下激发学生的自主学习动机，培养学生的自主学习策略和方法，提高学生的自主学习能力。同时，探索如何加强学生的信息素养教育，培养学生的信息筛选、分析、评价和应用能力，使学生能够更好地适应信息时代的学习需求。

第四，探索人工智能技术与语文阅读教学的深度融合模式。关注人工智能技术的最新发展动态，如自然语言处理、机器学习、深度学习等技术在语文阅读教学中的应用，探索如何将这些技术与传统的语文阅读教学方法进行深度融合，创新语文阅读教学模式和方法，提高教学效果和质量。

我们相信，在广大教育工作者的共同努力下，“启思善悟”情感朗读课堂学习模式将会在小学高年级语文教学中发挥更加重要的作用。未来，我们将继续深化对该学习模式的研究与实践，不断探索和完善，为培养更多具有创新精神和实践能力的高素质人才而努力奋斗。

第五章

AI时代小学高年级语文“启思善悟”情感朗读教学评价模型的构建

第一节　当前小学语文朗读教学评价的发展现状

一、国外朗读评价发展现状

朗读，作为语言能力培养的关键环节，在语言学习领域占据着举足轻重的地位。它不仅是衡量学习者发音准确性和语言表达能力的重要标尺，还是推动语言技能全面发展方面的一种语言表达形式。随着全球化进程的加快，多语言交流的需求日益增长，朗读评价的重要性愈发凸显。然而，在实际应用中，朗读评价仍面临着诸多挑战，如评估标准的客观性问题、技术实现的局限性以及在不同文化背景下的适应性等。本章节旨在全面梳理国内外朗读评价的发展现状，深入探讨其理论基础、方法与技术进展、应用场景、国家间差异以及未来发展趋势，以期为相关领域的研究者和实践者提供参考。

（一）朗读评价的理论基础

朗读评价的发展离不开坚实的理论基础，其中语言学、心理学和教育学为其提供了重要支撑。

1. 语言学视角

朗读与语音学、音系学及心理语言学紧密相连。语音学研究指出，朗读过程中的语音感知、语音产生及听觉反馈机制共同作用于语言交流的实现。Liberman等学者提出的语音双重编码理论强调，语音与语义之间的交互在朗读活动中起着核心作用，为理解朗读内容的构成提供了重要框架。此外，神经语言学研究借助功能性磁共振成像（fMRI）技术，揭示了负责语音识别和生成的大脑区域，如左半球的布罗卡区和韦尼克区，为朗读评价工具的设计提供了神经生理学基础。

在语言学领域，国外研究者关注朗读的语音特征和语义表达。有研究通过声学分析技术考察学生的发音准确性、语调变化和节奏把握情况；还有研究利用自然语言处理技术评估学生对文本内容的理解程度。这些研究为朗读评价提供了客观、量化的评估指标，并促进了朗读评价方法的创新和发展。

2. 认知心理学视角

认知心理学强调信息处理过程在个体认知活动中的作用。朗读评价涉及信息的输入（视觉文字识别）、编码（语音转换）、存储（短期记忆）和输出（声音表达）等多个环节。根据信息处理理论，朗读评价可以考察学生在这些认知环节中的表现，如视觉识别速度、语音编码准确性、短期记忆容量以及声音表达流畅度等，从而全面了解学生的认知能力和信息处理策略。

国外研究者运用认知心理学理论，对朗读评价领域进行了深入而细致的探讨。他们借助先进的眼动追踪技术，实时监测学生在朗读过程中的视觉识别行为和注意力分配情况，揭示了学生在阅读文本时的眼球运动轨迹和认知加工策略。通过这些数据，研究者能够量化学生的视觉识别速度，以及他们在面对复杂语言结构或生词时的处理机制。同时，脑成像技术的应用为朗读评价提供了更为深入的视角。通过功能磁共振成像等技术，研究者能够观察朗读过程中大脑的语言处理区域激活情况，探究语音编码、语义理解等认知过程的神经基础。这些研究不仅为朗读评价提供了科学依据，还揭示了朗读过程中学生认知活动的复杂性和多样性，为朗读教学的个性化设计和优化提供了重要参考。

3. 教育学视角

建构主义认为，学生是学习的主体，在学习过程中他们通过主动建构知识来发展自身的认知能力。因此，朗读评价应关注学生的主动建构过程，如他们如何与文本互动，如何通过朗读表达自己的理解和情感。此外，朗读评价不仅要关注学生的语言能力，还要关注学生在朗读时情感、态度、价值观等多方面的表现，以促进学生的全面发展。

教育学领域的研究者高度重视朗读评价在促进学生全面发展中的关键作用。部分研究者通过问卷调查和深度访谈等多种方法，系统地收集了学生对朗读的态度、兴趣及课堂参与度等资料。这些研究不仅关注学生对朗读活动的直接反馈，还深入探究了其背后的动机和偏好。同时，研究者们还通过课堂观察，细致评估了学生在朗读过程中的情感表达、同伴互动以及师生交流情况，以此作为评价朗读教学效果的重要依据。这些实证数据不仅丰富了朗读评价的理论体系，还明确揭示了朗读评价在促进学生情感发展、态度形成和价值观塑造方面的巨大潜力，为进一步优化朗读教学实践、促进学生全面发展提供了有力支撑。

（二）朗读评价方法与技术发展

随着科学技术的不断进步，朗读评价的方法与技术实现了从传统的人工评价模式向 AI 评价模式的转变。这一转变过程体现了技术发展的必然趋势，也标志着朗读评价领域在方法论和技术应用上的重要革新。通过引入 AI 评价技术，朗读评价的效率和准确性得到了显著提升，为更加科学、客观地评估学生的朗读能力提供了有力支持。

1. 人工评价方法

传统朗读评价主要依赖评估者的主观判断。教师从发音准确性、语音流利度、语调自然性及整体语言表达等方面综合评价学生的朗读表现。尽管人工评价能够结合具体教学情境提供详细的反馈，但其评估效率低下、主观偏差大等问题不容忽视。不同评估者因文化背景、性别、教育经验等差异，可能对同一朗读表现给出不同评价，导致评估结果的一致性受到质疑。

2. AI 时代朗读评价的模式

在传统的教学与评估体系中，朗读评价往往依赖于人工评判，这不仅耗时耗力，而且受主观因素影响较大，难以保证评价的客观性和一致性。然而，随着人工智能和大数据技术的飞速发展，AI 评价技术应运而生，为朗读评价提供了全新的解决方案。

当前，AI 技术赋能的朗读评价的模式主要是通过先进的语音识别、自然语言处理和机器学习算法对朗读者的发音、语调、语速等多个维度进行识别和分析，从而对朗读者的朗读表现进行全面、客观的评价。这种评价方式不仅提高了评价效率，减少了人工评价的主观性和不确定性，还能够为学生的朗读提供即时、具体的反馈，帮助他们更好地了解自己的朗读水平，并针对性地进行改进。

(1) 语音识别 (ASR)

语音识别技术（ASR）是AI朗读评价的核心。ASR通过将语音信号转换为文本，分析朗读的准确性和流利度。Google Speech - to - Text、Microsoft Azure Cognitive Services等工具能够实现语音转录和错误检测，显著提高语音识别的精度。这些技术依赖于大规模语音数据集，通过深度学习模型（如LSTM、Transformer）进行训练，不断提升性能。

(2) 语音合成与对比

AI评价系统利用语音合成技术，通过动态对比学习者的朗读与标准语音模板之间的差异来评估朗读者发音上偏差。国外部分学者利用系统应用动态时间规整算法对齐学习者语音与参考语音，计算发音准确性、节奏和语调的评分。

综上所述，国外在AI朗读评价领域的研究已经取得了显著进展，不仅在技术层面不断创新和完善，还在应用层面探索了多种可能性。未来，随着技术的进一步发展，AI朗读评价有望在更多领域发挥重要作用，为人们的生活和工作带来更多便利。

(三) 朗读评价的应用场景

在教育领域，朗读评价作为一种重要的教学手段和评估工具，受到广泛的关注和重视。朗读评价不仅关乎学生口语表达能力的培养，更涉及到语言理解、情感表达以及思维能力等多个方面的发展。朗读评价在教育领域的应用，首先体现在语言教学上。通过朗读评价，教师可以直观地了解学生在发音、语调、语速以及语句连贯性等方面的表现，从而针对性地提供教学反馈和指导。这种评价方式有助于提高学生的口语表达能力，增强他们的语言表达自信心，为日后的语言交流打下坚实的基础。此外，朗读评价在促进学生情感表达和思维能力发展方面也发挥着重要作用。朗读过程中，学生需要深入理解文本内容，体会作者的情感和写作意图，并通过自己的声音和语调将其传达出来。这一过程不仅锻炼了学生的情感表达能力，还促进了他们思维能力的发展，使他们能够更好地理解和分析文本，形成自己的见解和观点。

除了教育领域，国外研究者们还积极探索朗读评价在其他领域的应用。在语言学习方面，朗读评价展现出了巨大的潜力。对于语言学习者而言，准确的发音和流利的口语表达是掌握一门语言的关键。朗读评价通过分析学习者的朗读语音，能够识别出发音错误和语调问题，并提供针对性的纠正建议。这不仅有助于学习者提高口语流利度，还能增强他们的自信心和语言表达能力。例如，一些在线语言学习平台已经集成了朗读评价，为学习者提供实时、个性化的发音反馈。

在语音合成领域，朗读评价同样发挥着重要作用。语音合成系统需要生成自然、流畅的语音样本，以满足不同应用场景的需求。朗读评价技术通过对大量朗读语音的分析，能够提取出语音中的关键特征，如音高、音强、语速等，为语音合成系统提供高质量的语音样本。这些样本不仅有助于提升语音合成系统的自然度和流畅度，还能增强用户的听觉体验。

在情感识别领域，朗读评价也展现出了其独特的优势。情感是人类交流中不可或缺的一部分，通过朗读评价对朗读语音中的情感特征进行分析，可以实现对说话者情感状态的准确判断。

综上所述，朗读评价在教育领域的应用具有广泛而深远的意义。它不仅能够提高学生的口语表达能力，还能够促进他们的情感表达和思维能力发展，为日后的语言交流打下坚实的基础。同时，朗读评价也是标准化语言测试中的重要组成部分，为评估学生的语言水平和能力提供了客观、公正的依据。“启思善悟”情感朗读教学中的评价模式强调在朗读评价中融入更多的情感元素和理性思考，鼓励学生在朗读过程中不仅关注语音的准确性，更加注重情感的投入和思维的拓展。通过引导学生深入理解文本，体会作者的情感意图，激发他们的想象力和创造力，使朗读成为一种富有情感、充满智慧的语言实践活动。因此，我们应该充分重视朗读评价在“启思善悟”情感朗读教学的应用，不断探索和完善评价方法和手段，为教育教学工作注入新的活力，为学生的全面发展奠定坚实的基础。

（四）不同国家的朗读评价异同

朗读评价作为语言教学与测试中的重要组成部分，其内容和方式均展现出丰富的多样性与差异性。一方面，朗读评价内容的设定深受各国语言特点、文化背景及教育理念的影响，呈现出各具特色的评价重点与标准；另一方面，朗读评价的方式与应用领域也因技术发展水平、教育需求及教学实践的不同而有所差异。

1. 朗读评价内容的差异

国外的朗读教学与研究更加聚焦于“大声读”这一实践方式。在朗读评价内容的选择上，国外展现出了极高的丰富性和多样性，不仅涵盖了信息性实用文本，还广泛涉及小说、诗歌、故事等文学文本，这些材料因其吸引力和可读性，在国外朗读教学中备受欢迎。

经过整理分析可知，美国州核心课程标准（2010）、英国国家课程标准（2007）、NAEP朗读评价标准（2002）以及WOS文献（2006—2014）中关于朗读评价内容的选择均体现出了广泛性和多样性。在朗读方式上，“大声读”（read aloud）在国外受到了特别的重视。在英国国家课程标准中，“大声”（aloud）这一关键词在朗读教学的要求中出现的频率最多，这一显著位置充分彰显了“大声读”在英国朗读教学中的核心与重要地位。国外学者认为在朗读教学的过程中，学生们通过“大声读”不仅能够提高语音的清晰度和表达的流畅性，还能在朗读过程中加深对文本内容的理解和感受，从而培养语言感知力和表达能力。因此，“大声读”在国外朗读评价中被广泛采用，并被视为培养学生语言素养和综合能力的重要途径，其核心地位在英国国家课程标准中的排名得到了充分的体现和印证。

在英国国家课程标准中，“流利性”（fluently）被明确强调为朗读教学的重要目标之一。它要求学生在朗读时能够自然、流畅地过渡词句，保持适当的语速和语调，使听众能够清晰地理解并感受到文本所传达的情感和意义。而流利性的培养需要学生反复练习，通过大量的朗读实践来逐渐提高语言的熟练度和表达的自如性。与此同时，NAEP（美国国家教育进步评估）朗读评价标准则特别强调朗读的“准确度”（accuracy）和“速度”（rate）这两个关键要素。准确度是朗读的基础，要求学生能够准确无误地读出每一个单词，确保朗读内容的正确传达。这要求学生具备良好的字词识别能力和语音发音准确性，能够避免出现误读、漏读或添读等错误。而速度则是在保证准确度的前提下，对朗读节奏和速度的把控能力。它要求学生在朗读时能够根据文本的内容和情感需求，以适当的节奏和速度进行表达，既不过快也不过慢，展现出良好的语言节奏感和掌控力。

除了流利性、准确度和速度这些基本的朗读技能外，WOS教育研究文献还对“诵读困难”（dyslexia）这一特殊朗读问题也进行了较为详细的分析。“诵读困难”是指学生在朗读过程中可能遇到的一种学习障碍，它表现为阅读不流畅、字词识别困难、语音发音不准确等问题。这些问题可能由多种因素引起，如视觉处理障碍、语言处理障碍或注意力不集中等。WOS文献中的相关研究深入探讨了诵读困难的成因、表现及干预策略，为教师和教育工作者提供了宝贵的参考和借鉴。通过这些研究，教师可以更好地了解诵读困难学生的需求，采取针对性的教学措施来帮助他们克服朗读困难，提高朗读能力。

综上所述，国外朗读评价体系对流利性、准确度、速度以及诵读困难等特殊问题的关注体现了其朗读评价内容的全面性和针对性。这些方面不仅是朗读教学中的重点，也是衡量学生朗读水平、评估朗读教学效果的重要依据。国外朗读评价体系通过着重培养学生的朗读流利性、准确度和速度，同时密切关注并解决诵读困难等特殊问题，为学生的朗读能力提升和语言发展提供了坚实有力的支撑与保障。由此可见，国外研究者对朗读评价内容的研究不仅注重朗读技能的基础训练，还充分考虑了学生的个体差异和特殊需求。此外，国外朗读评价体系的成功实践也为我国的朗读教学和研究带来了宝贵的启示与借鉴，为我国教育工作者提供了新的思路和方法，以进一步完善和优化我国的朗读教学评价体系，从而更好地服务于学生的语言学习和全面发展。

2. 朗读评价方式与应用领域的差异

朗读评价作为语言教学与测试的重要环节，其评价方式与应用领域在不同国家和地区之间存在着显著的差异。这些差异不仅反映了各国语言教学理念的独特性，也体现了技术发展水平、文化背景以及教育需求的多样性。

（1）朗读评价方式的差异

从朗读评价方式来看，各国和地区根据自身的教育目标和语言特点，采用了多样化的评价方法。在英语国家，如英国和美国，朗读评价往往与AI评价系统紧密结合。这些系统利用先进的语音识别和自然语言处理技术，能够对学生朗读的语音、语调、语速、流利度等多个维度进行精准评估。例如，ETS开发的朗读评价系统，通过模拟真实考试环境，对学生的朗读能力进行全面测试，为教学提供了科学、客观的数据支持。而在一些发展中国家或地区，虽然AI评价系统的应用相对有限，但教师们也积极探索适合本地实际情况的评价方法，如通过人工评分、同伴互评等方式，结合学生的朗读表现和学习态度，进行综合评定。

（2）朗读评价应用领域的差异

朗读评价的应用领域也呈现出多样化的特点。在英语国家，朗读评价不仅广泛应用于语言教学领域，成为提升学生口语表达能力和自信心的重要手段，还在语言测试、语言康复等多个领域发挥着重要作用。例如，在英国和澳大利亚的学校中，AI 朗读评价工具被广泛用于辅助教学，帮助教师及时了解学生的朗读水平，制定针对性的教学计划。而在非英语国家，朗读评价的应用领域则更加侧重于英语学习的辅助。这些国家的学生在学习英语的过程中，往往需要克服语言障碍和文化差异，朗读评价成为他们提高英语口语能力、增强语言感知力的重要途径。此外，在一些特定领域，如语言矫正、语音病理学研究等，朗读评价也发挥着不可或缺的作用。

值得注意的是，朗读评价方式的选择和应用领域的拓展往往受到多种因素的影响。其中，技术发展水平是决定朗读评价方式的重要因素之一。随着语音识别和自然语言处理技术的不断进步，AI 朗读评价系统的应用前景将更加广阔。

综上所述，朗读评价方式与应用领域的差异体现了各国语言教学理念的独特性和技术发展水平、文化背景以及教育需求的多样性。在未来的发展中，各国和地区应继续加强交流与合作，共同推动朗读评价技术的创新与发展，为语言教学提供更加科学、客观、全面的支持。

二、国内朗读评价发展的现状分析

朗读，作为一种将书面文字转化为有声语言的阅读方式，在小学语文教学中占据着举足轻重的地位。它不仅有助于学生深入理解文本内容，更是培养学生语言表达能力、情感感知能力和语文核心素养的有效途径。然而，就国内朗读评价的发展现状而言，在实际教学应用中仍面临着诸多挑战，亟待改进与优化。

（一）朗读评价的重要性

朗读是小学语文阅读教学中最常用的方法之一。它不仅能够帮助学生读通、读透课文，更是一种实用有效、针对性强的育人方式，能帮助教师在潜移默化中实现以文化人的目标。它既是小学生完成阅读教育任务的一项重要的基本功，又是阅读的起点和理解课文的重要手段。通过朗读，学生能够将自己的理解感悟用声音表达出来，同时加深对文本的理解和记忆。此外，朗读还能够培养学生的语感，提高学生的语言表达能力和鉴赏水平。

朗读评价则是小学语文阅读教学的重要环节，它对于提升朗读教学的实效性与质量具有至关重要的作用。有效的朗读评价能够帮助学生认识到自己的朗读水平和存在的问题，从而有针对性地改进和提高。同时，朗读评价也能够促进教师反思自己的教学方法和手段，不断提高教学质量。

（二）朗读评价的发展现状

尽管朗读评价的重要性在学术界和实践领域均得到了广泛认可，然而在国内，朗读评价的发展现状却呈现出诸多亟待解决的问题。

1. 评价标准的缺失

目前，对于朗读方面的评价，还没有现成的标准和评价体系。很多教师在进行评价时，往往凭借自己的主观感受和经验进行判断，缺乏客观性和准确性。这种缺乏统一标准的评价方式，不仅难以保证评价的公正性和有效性，也难以对学生的学习情况进行全面、客观的了解。有学者针对朗读评价的标准提出了相应的评价原则，如赵来喜（2003）提出了五大朗读评价原则：激励性原则、指导性原则、科学性原则、发展性原则和教育学原则。① 但朗读评价的标准除了要具备以上五点标准外，还需关注学生在朗读过程中所呈现的语音、语调以及情感的变换，以科学、全面的评价标准对学生的朗读进行评价。

2. 评价方式的单一

除了评价标准的缺失外，评价方式的单一也是当前朗读评价发展中存在的另一个重要问题。很多教师在进行评价时，往往采用单一的口头评价方式，缺乏多样性和创新性。这种单一的评价方式不仅难以激发学生的学习兴趣和积极性，也难以对学生的朗读水平进行全面、深入的评估。

此外，一些教师在进行评价时，往往只关注学生的朗读结果，而忽视了学生的朗读过程和情感体验。这种只重结果、不重过程的评价方式，不仅难以真实反映学生的朗读水平和进步情况，也难以帮助学生培养正确的朗读方法和良好的朗读习惯。

3. 评价内容片面性

在朗读评价中，评价内容的片面性也是一个不容忽视的问题。很多教师在进行评价时，往往只关注学生的朗读技巧和语音语调等方面，而忽视了学生的情感表达和文本理解等方面。这种片面的评价方式不仅难以全面反映学生的朗读水平和能力，也难以帮助学生深入理解文本内容和情感内涵。

---

①赵来喜，浅谈语文朗读教学中的评价原则［J］. 教育导刊，2003，（Z2）：89－90.

例如，在朗读一篇抒情散文时，如果教师只关注学生的语音语调和朗读技巧，而忽视了学生对文本情感的理解和表达，那么学生的朗读就可能变得机械和单调，缺乏情感色彩和感染力。这样的朗读评价不仅无法真正提高学生的朗读水平，也难以培养学生的情感感知能力和文本理解能力。

4. 评价主体的单一

在朗读评价中，评价主体的单一性也是一个需要关注的问题。目前，很多学校的朗读评价主要由教师来完成，缺乏学生、家长等多元评价主体的参与。这种单一的评价主体不仅难以保证评价的客观性和全面性，也难以激发学生的学习兴趣和积极性。

此外，一些教师在进行评价时，往往缺乏与学生之间的互动和交流。他们只是单向地对学生的朗读进行评价和反馈，而没有给学生提供表达自己观点和想法的机会。这种缺乏互动和交流的评价方式不仅难以真正了解学生的学习情况和需求，也难以帮助学生建立正确的自我评价和自我反思能力。

（三）朗读评价发展的问题分析

针对当前朗读评价发展中存在的问题，我们可以从以下几个方面进行深入分析。

1. 教师认识不足

很多教师对朗读评价的认识不足，缺乏对其重要性和必要性的深刻理解。他们往往将朗读评价简单地视为一种教学手段和工具，而忽视了其对于学生成长和发展的重要作用。这种认识不足导致教师在进行评价时缺乏积极性和主动性，难以真正投入精力和时间对学生的朗读进行全面、深入的评估和指导。

2. 缺乏专业培训

很多教师在朗读评价方面缺乏专业的培训和指导。他们往往凭借自己的经验和主观感受进行评价，缺乏科学的方法和手段。这种缺乏专业培训的情况导致教师的评价水平参差不齐，难以保证评价的准确性和有效性。同时，也限制了教师在朗读评价方面的创新和发展。

3. 评价理念滞后

当前朗读评价领域发展中存在的一个显著弊端是评价理念的相对滞后性。很多教师仍然沿用传统的评价理念和方法，注重对学生的知识掌握和技能训练的评估，而忽视了学生的情感体验和个性发展。这种滞后的评价理念不仅难以适应当前教育改革和发展的要求，也难以真正促进学生的全面发展和成长。

随着教育改革的不断深入和发展，朗读评价也将不断迎来新的挑战和机遇。我们应该紧跟时代步伐，不断创新和完善朗读评价体系和方法，以适应教育改革和发展的需要。

三、新课标背景下“启思善悟”情感朗读评价的定位

在新课程改革背景下，小学语文朗读评价的定位已经发生了显著变化，更加注重学生的全面发展和核心素养的培养。新课改强调了朗读在小学语文教学中的重要性，并提出了具体的目标和要求。《义务教育语文课程标准（2022 年版）》中明确指出，各个学段的阅读教学都要重视朗读和默读，学生有感情地朗读课文，能加深对文本的理解，受到情感的熏陶，从而达到美感、语感、情感的和谐统一，且朗读能力的训练在提高学生的语文素养上起到举足轻重的作用。下面将对《义务教育语文课程标准（2022 年版）》中对“朗读评价”的内容进行整理与分析。

（一）注重朗读教学评价，关注学生全面发展

《义务教育语文课程标准（2022 年版）》对朗读教学给予了前所未有的重视，明确提出了“能用普通话正确、流利、有感情地朗读课文”① 的具体要求。这一要求不仅彰显了朗读在语文教学中的核心地位，更强调了朗读作为学生语文能力发展的一个重要方面，其价值和意义不容小觑。

首先，“能用普通话正确地朗读课文”是基础中的基础。普通话作为我国的国家通用语言，是沟通交流的桥梁和纽带。在朗读教学中，要求学生使用普通话进行朗读，既是对学生语言规范意识的培养，也是对他们未来社会交往能力的奠基。正确地朗读，意味着学生需要准确掌握字词的发音，理解句子的结构，确保朗读过程中不出现错读、漏读或添读等现象，这是语文学习的基本要求，也是学生语文素养的体现。

---

①中华人民共和国教育部制定．义务教育语文课程标准（2022 版）［S］．北京：北京师范大学出版社，2022.

其次，“流利地朗读课文”是对学生朗读技巧的进一步提升。“流利地朗读课文”要求学生在准确的基础上，能够顺畅地过渡词句，保持适当的语速和语调，使朗读过程自然流畅，不生硬、不拖沓。这既是对学生语言组织能力的锻炼，也是对他们思维敏捷性的培养。流利地朗读能够帮助学生更好地理解和感受课文的情感和内容，增强他们的语言感知力和表达力。

最后，“有感情地朗读课文”则是朗读教学的最高境界。“有感情地朗读课文”要求学生能够深入理解课文的内涵，准确把握作者的情感倾向，通过声音的高低、快慢、轻重等变化，将课文的情感准确地传达出来。这既是对学生情感理解能力的考验，也是对他们朗读表现力的培养。有感情地朗读能够让学生更加深入地体验课文的情感魅力，激发他们的审美情趣和创造力。

综上所述，《义务教育语文课程标准（2022 年版）》对朗读教学的重视，不仅体现了朗读在语文教学中的重要地位，更彰显了朗读作为学生语文能力发展的重要方面。通过正确、流利、有感情的朗读教学，可以全面提升学生的语言素养、思维能力和审美情趣，为他们的全面发展奠定坚实的基础。

（二）朗读评价多样化

在《义务教育语文课程标准（2022 年版）》的评价建议中，明确指出了朗读评价应秉持一种全面、综合的考查视角。具体而言，对学生的朗读评价不再仅仅局限于语音的准确性和流畅度这些表面层次，而是深入到了语音、语调、感情等多个维度，进行细致入微的综合考量。

在语音方面，评价不仅关注学生的发音是否标准、清晰，还注重考查其语音的韵律感和节奏感，即是否能够根据文本内容和情感需要，灵活地调整语音的高低、快慢、轻重，使朗读富有音乐美和表现力。

1. 语调

在语调方面，评价强调学生应能够准确把握文本的语调特点，如陈述句的平稳、疑问句的上扬、感叹句的强烈等，通过语调的变换来传达文本的情感和态度，使朗读更加生动、传神。

2. 情感

在情感方面，评价特别注重学生是否能够深入理解文本的内涵，准确把握作者的情感倾向，并通过朗读将这份情感真实地传达出来。这要求学生不仅要有良好的语言表达能力，还要具备敏锐的情感感知力和丰富的想象力，才能将文本中的情感转化为自己的朗读情感，感染听众。

3. 内容

同时，新课标还强调了在朗读评价中应注意考查学生对内容的理解和文体的把握。这意味着朗读评价不仅要关注学生的朗读技巧，更要关注其对文本内容的深入理解和文体特征的准确把握。学生需要能够准确理解文本的主旨大意、细节信息以及作者的观点态度，同时根据文体的不同特点，如叙事文的情节发展、说明文的条理清晰、议论文的逻辑严密等内容对自己的朗读方式和策略进行调整，使朗读更加符合文体的要求和特点。

综上所述，《义务教育语文课程标准（2022 年版）》对朗读评价的建议体现了对学生语文能力全面发展的重视。通过从语音、语调、感情以及内容理解和文体把握等多个方面进行综合考察，可以更加全面、准确地评价学生的朗读水平，促进他们语文学习能力的全面提升。

（三）强调过程性评价

《义务教育语文课程标准（2022 年版）》中明确提出教师应“收集和整理学生的过程性表现”①，包括汇报展示、朗读背诵等语言能力。同时，还需着重考察学生在真实情境中表现出来的情感态度和语言能力这一评价建议深刻体现了朗读评价的常态化和实践性特征，朗读评价应注重过程性评价。

具体而言，新课标强调朗读评价不应仅仅局限于课堂或考试等特定场合，而应渗透到学生的日常生活中，成为他们学习生活的一部分。通过加强对平日诵读的评价，可以促使学生养成良好的诵读习惯，使诵读成为他们自觉、主动的行为。这种常态化的朗读评价，有助于学生在日常的学习中不断积累语言材料，丰富自己的语言库存，为日后的语言表达打下坚实的基础。

同时，新课标鼓励学生通过诵读实践来增加积累、发展语感。诵读是语言学习的一种有效方式，它不仅可以帮助学生熟悉语言的音韵、节奏和语调，还可以

①中华人民共和国教育部制定. 义务教育语文课程标准（2022 版）［S］. 北京：北京师范大学出版社，2022.

让他们在诵读的过程中感受到语言的魅力和韵味，从而培养出对语言的敏锐感知力。这种语感是语文学习的重要基础，它有助于学生更准确地理解语言、更恰当地运用语言。

此外，诵读实践还能够加深学生对文本内容的体验和领悟。在诵读的过程中，学生需要投入自己的情感，与文本进行深入的对话和交流。这种情感的投入和体验，可以使学生更加深刻地理解文本的主旨和内涵，领悟到作者的思想情感和写作意图。这种体验和领悟是语文学习的重要收获，它有助于提升学生的思想境界和审美情趣。

综上所述，《义务教育语文课程标准（2022 年版）》要求教师应关注学生在真实情境中所表现出来的朗读能力，强调教师有意识地利用过程性评价发现学生朗读的特点与问题。再者，教师应树立“教学评一体化”的意识，合理地运用科学的朗读评价方式和评价工具，并利用激励性的评价语言，激发学生朗读的积极性，促进学生的朗读能力不断提升，进而不断提升语文核心素养。①

（四）尊重多元解读

《义务教育语文课程标准（2022 年版）》深刻认识到学生朗读表达的多元性特质，明确指出教师应高度重视学生在朗读过程中所展现出的独特感受、体验以及理解。这一观点强调了每个学生作为独立个体，在解读文本时必然会带有个人色彩和主观性，这是学生个体差异和思维多样性的直接体现。

具体而言，新课标强调，学生的朗读表达不仅仅是对文字的机械复述，而是融合了他们对文本内容的深刻理解、个人情感的投入以及独特视角的解读。这种多元性的朗读表达，是学生思维活力、情感丰富性和创造力在语言学习中的生动展现。因此，教师应当以开放、包容的心态，去倾听、理解、欣赏每一个学生的朗读表达，尊重他们对文本的多元解读。

在朗读教学中，教师应鼓励学生大胆表达自己的观点和感受，不要拘泥于所谓的“标准答案”或“唯一解读”。相反，教师应积极引导学生从多个角度、多个层面去解读文本，鼓励他们提出新颖、有见地的观点，从而培养他们的批判性

---

①中华人民共和国教育部制定. 义务教育语文课程标准（2022 版）[S]. 北京：北京师范大学出版社，2022.

思维和创新能力。同时，教师还应关注学生的个体差异，针对不同学生的朗读特点和需求，给予个性化的指导和支持。对于朗读表达较为出色的学生，教师应给予充分的肯定和鼓励，激发他们的朗读热情和潜力；对于朗读表达存在困难的学生，教师则应耐心引导，帮助他们克服障碍，提高朗读水平。

综上所述，《义务教育语文课程标准（2022 年版）》强调学生朗读表达的多元性，要求教师应珍视学生的独特感受、体验和理解，尊重学生对文本的多元解读。这一观点不仅体现了对学生个体差异的尊重，也彰显了朗读教学在培养学生思维能力、情感态度和创造力方面的重要作用。

（五）朗读与理解、体验相结合

《义务教育语文课程标准（2022 年版）》对朗读在语文教学中的地位和作用进行了深刻阐述，明确指出朗读并非孤立存在的活动形式，而是与理解、把握、体验、领悟等语文学习活动紧密相连、相辅相成。新课标强调，朗读不应被视为一种外在的、机械的语言训练手段，而应内在地包孕于感悟、积累和运用语言的语文实践活动之中，成为这些活动不可或缺的重要组成部分。

具体而言，朗读作为一种语言表达方式，其本质在于通过声音的形式将文字符号转化为有声语言，从而实现对文本内容的深入理解和感受。这一过程并非简单的声音传递，而是伴随着思维活动、情感体验和语言运用的复杂过程。在朗读过程中，学生需要对文本进行细致的分析和把握，理解其主旨大意、情感倾向和语言表达特点；同时，他们还需要将自己的理解和感受融入朗读之中，通过声音的高低、快慢、轻重等变化来传达文本的情感和意境。

因此，朗读在性质上应从属于“感悟、积累和运用语言的语文实践活动”①。感悟是朗读的基础，学生只有在对文本进行深入感悟的基础上，才能准确地把握其情感基调，读出文本的韵味和内涵；积累是朗读的延伸，通过反复的朗读实践，学生可以积累丰富的语言材料和表达技巧，为日后的语言表达打下坚实的基础；运用则是朗读的最终目的，学生需要将朗读中学到的语言知识和表达技巧运用到实际的语言交流中，提高自己的语言运用能力。

---

①中华人民共和国教育部制定．义务教育语文课程标准（2022 版）［S］．北京：北京师范大学出版社，2022．

综上所述，《义务教育语文课程标准（2022 年版）》强调朗读在语文教学中的重要地位，认为朗读应包孕于感悟、积累和运用语言的语文实践活动之中，是培养学生语文素养，提高语言运用能力的关键。

（六）实现“教—学—评”一体化

《义务教育语文课程标准（2022 年版）》对朗读评价领域提出了革新性的要求，强调了评价的多元化与过程性特征，标志着朗读评价体系的深刻转型。新课标倡导实施“教—学—评”一体化的评价模式，这一模式不仅体现了评价理念的与时俱进，更凸显了评价过程在教学活动中的动态融合与相互促进。具体而言，新课程标准下的朗读评价不再局限于对朗读结果的单一评判，而是将评价视为教学过程中的一个有机组成部分，与教学活动、学习过程紧密相连，共同构成了一个完整的教学循环。这种评价方式注重考查学生在朗读过程中的表现与进步，关注学生个体的差异性和发展性，通过动态的评价过程来追踪学生的成长轨迹，反映他们的努力与成就。

在评价内容上，新课标强调了多元化原则，要求评价不仅要关注学生的朗读技巧、语音语调等显性能力，更要深入挖掘学生在朗读过程中所展现出的情感理解、文本感悟、语言运用等深层次的语言体验。这种多元化的评价视角有助于全面、客观地反映学生的朗读水平，同时也有助于激发学生的朗读兴趣，培养他们的语文素养和综合语言运用能力。此外，新课程标准还特别强调了朗读评价的过程性特征，即评价应贯穿于整个教学过程之中，成为推动学生不断进步和发展的重要动力。通过适时的评价反馈，学生可以清晰地了解自己的朗读状况，明确自己的优势与不足，从而学会自我反思和自我管理，不断调整学习策略，提升学习效果。

综上所述，《义务教育语文课程标准（2022 版）》对朗读评价的定位实现了从结果导向向过程导向的转变，更加注重学生的个性化发展和深层次的语言体验。这一转变旨在通过朗读活动这一载体，全面提升学生的语文素养和综合语言运用能力，促进他们的全面发展与核心素养的培养。在新的评价理念指导下，朗读评价将成为推动语文教学改革、促进学生全面发展的重要力量。

第二节　小学高年级语文“启思善悟”情感朗读教学评价模型的构建及其意义

一、小学高年级语文“启思善悟”情感朗读教学评价模型的构建

（一）小学语文朗读评价的概念

1. 广义概念

朗读评价，是指对朗读活动及其效果进行系统分析和价值判断的过程。一般而言，广义上的朗读评价是对学生的语音、语调、节奏、情感表达和语言流畅性等方面的综合评估。它不仅是语文教学中的关键环节，也是提高学生语言表达能力和文学素养的重要手段。广义的朗读评价一般包含以下内容。

（1）语音准确性

首先，朗读评价应关注的是学生的发音是否清晰、准确。正确的发音是朗读的基础，能够确保听众理解文本内容，同时也反映了学生的语音知识水平。除了清晰准确，声音的质感也是评价的一部分。洪亮而圆润的声音能够更好地吸引听众，使朗读更具感染力。

（2）语调节奏

①语调自然：语调的自然度能够影响朗读听起来是否舒服，自然的语调能够根据文本内容的变化而变化，使朗读更加生动。

②节奏适度：节奏的把握是朗读的关键，适当的停顿和速度变化能够增强语言的表现力，使文本的情感得到更好的传达。

（3）情感表达

①情感恰当：在朗读过程中，朗读情感表达的合理性与吻合性是评价的重要内容之一。

②投入程度：朗读者在朗读时的情感投入程度也是评价的一部分。高度的情感投入能够使朗读更有感染力，更能打动听众。

（4）语言流畅性

①流畅自然：语言的流畅性是朗读的基本要求，流畅自然的语言能够使听众

更容易理解和接受文本内容。

②表达准确：在保证流畅性的同时，还需要注意语言的表达是否准确，是否能够准确传达文本的意义和情感。

广义的朗读评价概念，其内涵丰富而全面，不仅局限于对朗读者单一方面的考量，而是强调对语音、语调、节奏、情感表达以及语言流畅性等多个维度进行综合评估。这一评价体系的构建，旨在深入剖析朗读者的朗读表现，全面反映其朗读技巧的水平与特点。综上所述，广义的朗读评价概念强调对朗读者多个方面的综合评估，旨在通过全面的评价反馈，帮助学生提高朗读技巧，激发其学习兴趣和积极性。同时，这一评价体系也注重促进学生的全面发展，不仅提升其语言表达能力，还培养其情感感知、审美鉴赏等多方面的素养，为学生的终身学习和发展奠定坚实的基础。

2. 狭义概念

《义务教育课程方案和课程标准（2022 年版）》的颁布与实施，进一步强调了学科核心素养是学科育人价值的集中体现。“培养什么人，怎样培养人”的问题，是教育的根本问题。党的十八大报告明确提出，要把立德树人作为教育的根本任务。语文学科核心素养是立德树人在语文课程中的体现，朗读教学在培育学生语文学科核心素养方面发挥重要作用，是促进学生语文学科核心素养中的文化自信、语言运用、思维能力及审美创造等方面的重要手段。随着课程改革的变化，项目组历经 10 年提出了“情知行合一”教育理念，专注于对朗读行为的具体表现和效果进行细致的分析和评价，构建了“启思善悟”课堂评价模型。这种评价不仅关注朗读的表面特征，如语音、语调、语速等，还深入探讨朗读者的情感表达、理解深度和创新能力。以下是对本项目朗读评价概念的详细阐述。

①情感感染力

情感感染力是指朗读者通过声音的变化和表达，使听众产生共鸣的能力。评价时，我们关注朗读者是否能够准确把握文本的情感色彩，并有效地传达给听众。

②情感调节力

情感调节力涉及朗读者对自身情感的控制和调节能力，以适应不同文本的情感需求。评价时，考察朗读者是否能够根据文本内容适时调整情感表达，以实现最佳朗读效果。

③品格体现

品格体现关注朗读者在朗读过程中展现的个人品质和价值观。评价时，我们观察朗读者是否能够通过朗读展现出对文本的尊重和对听众的关怀。

④创新与个性化演绎

创新与个性化演绎强调朗读者在理解和表达文本时的独特性和创造性。评价时，我们重视朗读者是否能够为文本带来新的视角和个性化的解读。

⑤语音语调

语音语调是朗读评价的基础，涉及发音的准确性和语调的变化。评价时，我们关注朗读者是否能够清晰、准确地发音，并根据文本情感调整语调。

⑥语速节奏

语速节奏关注朗读的速度和节奏感。评价时，我们考察朗读者是否能够根据文本内容和情感需要调整语速，以及是否能够把握节奏，使朗读富有韵律感。

⑦体态表达

体态表达涉及朗读者在朗读时的身体语言和非语言行为。评价时，我们关注朗读者是否能够有效利用肢体语言增强朗读的表现力。

⑧文本解读深度

文本解读深度评价朗读者对文本内容的理解程度。评价时，我们重视朗读者是否能够深入理解文本的主旨和深层含义，并在朗读中体现出来。

⑨逻辑分析能力

逻辑分析能力涉及朗读者对文本结构和逻辑关系的把握。评价时，我们考察朗读者是否能够清晰地表达文本的逻辑结构，使听众容易理解。

⑩问题发现与解决

问题发现与解决能力关注朗读者在朗读过程中遇到问题时的应对策略。评价时，我们重视朗读者是否能够及时发现问题并采取有效措施进行调整。

综上所述，我们项目组中的朗读评价概念是一个多维度的评价体系，它不仅关注朗读的技术和技巧，还深入探讨朗读者的情感、理解和创新能力。通过这种评价，强调了朗读在本质上从属于“品读、体会、理解、表达”等学习活动，并且在不断的朗读进程中主体的情感体验日趋丰富，感悟日渐深刻，理性思考逐渐明显，最终使得学生语言表达能力和文学鉴赏能力都有所提升。

朗读作为小学语文教学的核心环节，不仅关乎学生语言能力的培养，更是情感熏陶、审美教育的重要途径。本研究旨在深入探讨小学语文朗读评价的原则，结合教学实践，提出一套全面、科学、具有可操作性的评价体系。通过准确性、流利性、情感性、创造性、发展性五大原则，指导教师在朗读教学中如何有效评价，促进学生朗读能力的全面提升，为培养具有深厚文化底蕴和良好人文素养的新时代小学生提供有力支撑。

（二）小学语文朗读评价的原则

朗读评价作为语文教学中的重要环节，其原则体系的构建对于提升学生的朗读能力、激发学习兴趣以及促进全面发展具有至关重要的作用。具体而言，朗读评价应遵循准确性原则，确保学生字词发音的准确无误；流利性原则，强调朗读的连贯顺畅与节奏感；情感性原则，要求学生在朗读中深入理解并准确表达文本情感；创造性原则，鼓励学生个性化与创新性的朗读表达；以及发展性原则，注重评价的促进作用，着眼学生的未来发展。这些原则相互关联、相辅相成，共同构成了一个全面、科学的朗读评价体系，旨在通过精准、有效的评价反馈，引导学生不断提升朗读技巧，深化语言体验，培养综合素养，为终身学习和发展奠定坚实基础。

1. 准确性原则

准确性是朗读评价的首要原则。它要求学生在朗读过程中，能够正确无误地读出每一个字词，包括声调、音变、儿化等语音现象，确保朗读内容的准确无误。准确性原则的实施，需要教师具备扎实的语言学知识，能够准确识别并纠正学生的发音错误。同时，教师还应注重培养学生的自我纠错能力，鼓励学生在朗读过程中主动发现并改正错误，形成良好的语言学习习惯。

2. 流利性原则

流利性是指学生在朗读时能够连贯、顺畅地表达文本内容，不出现明显的停顿、重复或断句现象。流利性原则的评价，不仅关注学生的朗读速度，更重视其朗读的连贯性和节奏感。教师在教学中应指导学生通过反复练习，提高朗读的熟练度，使朗读成为一种自然的语言表达行为。同时，教师还应注重培养学生的朗读技巧，如停顿、重音、语速等，使朗读更加生动、有趣。

3. 情感性原则

朗读不仅是文字的诵读，更是情感的传递。情感性原则要求学生在朗读过程中能够深入理解文本内容，准确把握文本的情感基调，并通过语音、语调、节奏等语言手段，将文本中的情感准确、生动地表达出来。教师在教学中应引导学生深入文本，感受作者的情感世界，激发学生的情感共鸣，使学生在朗读中能够真情流露，达到情感与文本的深度融合。

4. 创造性原则

创造性原则强调学生在朗读过程中的个性化和创新性表达。它鼓励学生根据自己的理解和感受，对文本进行适度的改编或再创造，使朗读成为展现个人风格和创意的舞台。教师在教学中应尊重学生的个体差异，鼓励学生大胆尝试不同的朗读方式，如角色扮演、配乐朗读等，激发学生的朗读兴趣和创造力。同时，教师还应注重培养学生的批判性思维，引导学生在朗读中发现问题、提出问题，并尝试用自己的方式解决问题。

5. 发展性原则

发展性原则是朗读评价的核心理念。它要求教师在评价过程中，不仅要关注学生的当前水平，更要着眼于学生的未来发展，以促进学生朗读能力的持续提升。教师在教学中应制定科学合理的朗读教学计划，根据学生的年龄特点和认知水平，循序渐进地提高学生的朗读要求。同时，教师还应注重评价的反馈作用，及时给予学生正面、具体的评价反馈，帮助学生认识自己的优点和不足，明确努力方向，激发学生的学习动力和自信心。

（三）小学语文朗读评价内容的确定

语文朗读评价作为语文教学的重要组成部分，对于提升学生的语文素养具有不可替代的作用。在高年级阶段，朗读评价应更加注重流畅性、思维深度和情感表达三个方面。本文将围绕这三个方面，对高年级语文朗读评价的学习内容进行深入探讨。

1. 流畅性：朗读的基础与核心

朗读的流畅性是朗读评价的基础，也是衡量学生朗读水平的重要指标。在高年级阶段，学生已经具备了一定的朗读基础，因此，流畅性评价应更加注重细节和深度。

（1）发音准确，吐字清晰

在高年级语文朗读中，发音准确、吐字清晰是流畅性的基本要求。学生应能够正确发出每一个音节，避免漏读、错读或添字减字的现象。同时，吐字要清晰有力，使听众能够清晰地听到每一个字词的发音。

在评价过程中，教师可以针对学生的发音问题进行具体指导。例如，对于发音不准的字词，教师可以进行示范朗读，帮助学生纠正发音；对于吐字不清的情况，教师可以引导学生加强口腔训练，提高吐字的清晰度。

（2）语速适中，节奏合理

语速和节奏是影响朗读流畅性的重要因素。在高年级阶段，学生应能够根据文本的内容和情感变化，合理调整语速和节奏。语速过快或过慢都会影响朗读的流畅性，使听众难以跟上朗读者的节奏。

在评价过程中，教师可以要求学生注意语速和节奏的把握。对于语速过快的情况，教师可以提醒学生适当放慢语速，给听众留出思考的时间；对于语速过慢的情况，教师可以鼓励学生加快语速，提高朗读的连贯性。同时，教师还可以引导学生通过划分语群、重读关键词等方式，使朗读更加富有节奏感。

（3）停顿恰当，换气自然

停顿和换气是朗读中不可或缺的技巧。在高年级阶段，学生应能够根据文本的结构和情感需要，恰当安排停顿和换气。停顿过长或过短都会影响朗读的流畅性，使听众感到不适。

在评价过程中，教师可以针对学生的停顿和换气问题进行具体指导。例如，对于停顿不当的情况，教师可以引导学生根据文本的结构和情感变化，合理安排停顿位置；对于换气不自然的情况，教师可以教授学生正确的换气方法，如利用句子间的自然停顿进行换气等。

2. 思维：朗读的深度与广度

思维是朗读评价的重要维度之一。在高年级阶段，学生已经具备了一定的思维能力，因此朗读评价应更加注重学生的思维深度和广度。

（1）理解文本，把握主旨

理解文本是朗读的前提和基础。在高年级阶段，学生应能够深入理解文本的内容、结构和主旨，把握作者的思想情感和写作意图。只有这样，才能在朗读中准确传达文本的信息和情感。

在评价过程中，教师可以要求学生先对文本进行仔细阅读和理解，然后再进行朗读。在朗读过程中，教师可以针对学生的理解情况进行提问或引导，帮助学生深入把握文本的主旨和内涵。同时，教师还可以通过组织讨论、分享心得等方式，促进学生之间的交流与合作，提高他们对文本的理解能力。

（2）联想想象，拓展思维

联想和想象是拓展思维的重要手段。在高年级阶段，学生应能够通过朗读激发自己的联想和想象能力，将文本中的文字转化为生动的画面和场景，从而更深入地理解文本的内涵和情感。

在评价过程中，教师可以鼓励学生发挥自己的联想和想象能力，将文本中的文字与自己的生活经验相结合，创造出独特的朗读效果。同时，教师还可以通过引导学生进行角色扮演、情境模拟等方式，帮助他们更好地融入文本情境，拓展思维空间。

（3）批判思考，独立见解

批判思考和独立见解是思维深度的体现。在高年级阶段，学生应能够在朗读过程中展现出自己的批判性思维和独立见解，对文本中的观点、情感和表达方式进行深入分析和评价。

在评价过程中，教师可以鼓励学生针对文本内容提出自己的问题和见解，引导他们从不同角度、不同层面进行思考和分析。同时，教师还可以组织学生进行辩论、讨论等活动，培养他们的批判性思维和独立思考能力。

3. 情感：朗读的灵魂与魅力

情感是朗读评价的关键要素之一。在高年级阶段，学生应能够在朗读中充分表达自己的情感，使听众感受到文本的情感魅力和朗读者的独特风格。

（1）情感投入，真实自然

情感投入是朗读的灵魂。在高年级阶段，学生应能够在朗读中充分投入自己的情感，将文本中的情感转化为自己的情感体验，并通过声音、语调、表情等方式自然地表达出来。

在评价过程中，教师可以要求学生注重情感投入的真实性和自然性。他们应避免刻意模仿或夸张表演，而是要根据文本的情感需要和自己的情感体验，自然地流露出相应的情感。同时，教师还可以通过引导学生进行情感体验分享、情感共鸣交流等方式，帮助他们更好地投入情感，提高朗读的感染力。

（2）情感变化，层次分明

情感变化是朗读的魅力所在。在第三学段，学生应能够根据文本的情感变化，调整自己的朗读语气、语调和节奏，使朗读呈现出层次分明的情感效果。

在评价时，教师可以要求学生注意情感变化的层次性和连贯性。他们应能够准确把握文本情感的变化趋势和转折点，通过调整朗读语气、语调和节奏等方式，使情感变化自然流畅、层次分明。同时，教师还可以通过组织学生进行情感对比朗读、情感递进朗读等活动，帮助他们更好地掌握情感变化的技巧和方法。

（3）情感共鸣，引发思考

情感共鸣是朗读的最高境界。在高年级阶段，学生应能够通过朗读引发听众的情感共鸣，使听众在感受文本情感的同时，产生自己的思考和感悟。

因此，教师可以鼓励学生注重与听众的情感交流和互动。他们应能够通过朗读传递自己的情感体验，激发听众的情感共鸣，并引导听众对文本内容进行深入思考和评价。同时，教师还可以通过组织学生进行听众反馈、情感交流分享等活动，帮助他们更好地了解听众的需求和反馈，提高朗读的针对性和实效性。

高年级语文朗读评价是提升学生语文素养的重要手段之一。通过注重流畅性、思维深度和情感表达等方面的评价，教师可以全面了解学生的朗读情况和问题所在，并采取相应的措施和方法进行改进和提高。相信在教师和学生的共同努力下，高年级语文朗读评价工作一定能够取得更加显著的成效。

（四）小学语文朗读评价方法的选择

朗读评价在语文教学中扮演着至关重要的角色，其方法的多样性与有效性直接影响着学生朗读能力的提升及语文素养的培养。本项目组在深入教学实践的基础上，结合具体的教学情境与需求，主要采用了生生评价、师生评价以及自我评价这三种朗读评价方法，以下是对这三种评价方法的详细阐述与分析。

1. 师生评价

师生评价，即教师与学生之间的评价互动，是朗读评价中不可或缺的一环。

教师作为专业的教育者，具备丰富的语言学知识和教学经验，能够对学生的朗读表现进行全面、深入的剖析和指导。通过师生评价，教师可以及时发现学生在朗读中存在的问题，如发音不准确、语调不自然、节奏把握不当等，并给予针对性的纠正和建议。同时，教师还可以根据学生的个体差异和认知水平，提出不同层次的朗读要求，引导学生逐步提升自己的朗读能力。师生评价不仅有助于建立和谐的师生关系，还能激发学生的学习兴趣和积极性，促进学生的全面发展。

2. 生生评价

生生评价，作为一种学生之间的相互评价方式，在朗读教学中发挥着举足轻重的作用。它不仅能够充分激发学生的主体性，使学生畅所欲言，发挥主观能动性，还能够促进学生之间的相互学习、相互借鉴，共同提升朗读水平。为了有效实施生生评价，教师可以采取以下策略。

（1）教师示范，传授评价方法

在日常教学中，教师应注重对学生朗读评价能力的培养，通过潜移默化的方式，让学生逐渐掌握朗读评价的基本体系和方法。教师可以通过自己的示范，展示如何对一篇朗读作品进行全面、客观的评价，包括语音的准确性、语调的自然流畅、情感基调的把握等方面。同时，教师还可以结合具体的朗读实例，引导学生分析、讨论，使他们对朗读评价体系有一定的储备和认知。这样，当学生在听同学朗读的过程中，就能够视具体情况融会贯通，进行有效的点评。

（2）明确评价要求，指引评价方向

在生生评价过程中，教师应明确评价的具体要求，让学生知道评价的方向和重点。这些要求可以包括语音的清晰度、语调的抑扬顿挫、情感表达的准确性等方面。通过明确评价要求，学生可以更加有针对性地听评同学的朗读，提出有建设性的意见和建议。同时，这也有助于培养学生的批判性思维和表达能力，使他们能够客观、准确地评价他人的朗读表现。

（3）形象评价，增加趣味性

为了让学生更加乐于参与生生评价，教师可以采用形象的评价方式，增加评价的趣味性。例如，可以用生动的比喻、形象的描述来评价同学的朗读表现，使评价更加贴近学生的生活实际和认知水平。此外，教师还可以引导学生用肢体语言、面部表情等方式来辅助评价，使评价过程更加生动有趣。

（4）语真词切，注重言辞婉转

在生生评价过程中，学生应真诚地表达自己的观点，同时注意言辞的婉转和得体。评价时，应尊重同学的感受和自尊心，避免使用过于直接或伤人的言辞。教师可以通过示范和引导，教会学生如何用恰当的语言来表达自己的评价意见，使评价既能够指出问题，又能够鼓励同学积极改进。

（5）你点我应，促进生生互动

生生评价的核心在于促进学生之间的互动和学习。因此，教师应鼓励学生之间互相点评，通过互相交流、讨论，共同提高朗读水平。在评价过程中，教师可以引导学生围绕评价要点展开讨论，鼓励他们提出自己的见解和建议。同时，教师还可以组织小组评价、伙伴评价等形式多样的评价活动，让学生有更多的机会参与评价、交流心得。

综上所述，生生评价在朗读教学中具有重要的意义和价值。通过教师的示范和引导、明确评价要求、形象评价增加趣味性、注重言辞婉转以及促进生生互动等策略的实施，可以有效地提升学生的朗读评价能力，促进他们的全面发展。

3. 自我评价

自我评价，即学生对自己朗读表现的自我反思和评估，是朗读评价中尤为重要的一种方式。通过自我评价，学生可以更加深入地了解自己的朗读状况，明确自己的优势与不足，从而制定针对性的改进计划。自我评价要求学生具备一定的自我认知能力和自我反思精神，能够客观、真实地评价自己的朗读表现，不夸大也不缩小自己的优点和缺点。同时，自我评价还鼓励学生积极寻求进步和突破，不断挑战自己的朗读极限，提升自己的语文素养和综合语言运用能力。

综上所述，生生评价、师生评价以及自我评价这三种朗读评价方法在语文教学中各具特色、相辅相成。通过灵活运用这些评价方法，可以全面了解学生的朗读状况，激发学生的朗读兴趣，提升学生的朗读能力，为学生的全面发展奠定坚实基础。

（五）小学语文“启思善悟”情感朗读评价模型

“启思善悟”情感朗读评价模型的建立是基于对学生全面发展的需求，以及对教育教学目标的深入理解。在现代教育中，我们不仅关注学生的知识掌握程度，更重视他们的情感态度、实践能力和深度思维能力的培养。这三个模块分别对应了学生的非智力因素（情感独创力）、实际操作能力（实践行动力）和高级认知能力（深度思维），全面覆盖了学生发展的各个方面。

1. 小学语文“启思善悟”情感朗读评价模型的维度划分

（1）“启思善悟”朗读评价情感维度

“情感独创力”模块的建立是基于情感教育理论，该理论强调情感在教育过程中的重要性。朱小蔓教授的情感教育思想认为，情感性素质是个人道德性的深刻基础，也是道德教育现实化的重要保证。情感独创力模块旨在培养学生的情感智力，使他们能够更好地理解自己和他人的情感，从而在面对问题时能够从情感角度进行思考，产生新的想法。此外，情感独创力还与品格体现和创新与个性化演绎相关，这些能力共同促进学生的全面发展，包括情感、个性和创造力的发展。

这一模块包括感染力、情感调节能力、品格体现、创新与个性化演绎这几个能力。其中感染力培养学生的同理心和社交能力，使他们能够理解和影响他人的情感，成为更有影响力的领导者和团队成员。情感调节能力帮助学生学会管理自己的情绪，提高他们的心理健康和应对压力的能力。品格体现培养学生的道德判断和责任感，使他们成为有道德的社会成员。创新与个性化演绎激发学生的创造力和个性表达，鼓励他们成为创新者和艺术家。这一模块的能力培养的是具有积极情感态度、良好个人品质和创新能力的学生。这样的学生能够积极面对学习和生活中的挑战，具有良好的人际交往能力，能够在团队中发挥积极的作用，同时也能够展现出自己的个性和创新精神。

（2）“启思善悟”朗读评价行动维度

“实践行动力”模块的建立是基于陶行知的生活教育理论，该理论强调教育与实践的紧密结合。陶行知认为，教育的价值在于改造现实生活，贴近生活的教育能实现对生活的解读、表达与创新。实践行动力模块旨在培养学生的实践技能和沟通能力，这些能力对于学生未来的职业发展和社会交往至关重要。通过实践活动，学生能够获得知识和技能的提升，同时培养一系列重要的素养和能力，如团队合作、沟通交流、创新思维等。

这一模块包括语音语调、语速与节奏、体态与表达这几个能力。语音语调是为了培养学生的语言表达能力，使他们能够更有效地沟通和表达自己的想法。语速与节奏能提高学生的语言节奏感和表达的流畅性，这对于公共演讲和日常交流非常重要。体态与表达可以增强学生的非语言沟通能力，包括肢体语言和面部表情，这对于建立良好的人际关系至关重要。这一模块的能力培养的是具有强大实践操作能力和优秀表达能力的学生。这样的学生能够将理论知识有效地应用到实际中，解决实际问题，同时也能够清晰地表达自己的观点和想法，与他人进行有效的沟通和交流。

(3)“启思善悟”朗读评价思维维度

深度思维模块的建立是基于深度学习理论，该理论强调学生自主“分析、评价、创造”的思维，是发生在较高认知水平层次上的心智活动或较高层次的认知能力。深度思维模块旨在培养学生的批判性思维和问题解决能力，这些都是创造力的重要组成部分。深度教学的根本基础是知识观和学习观的深刻转变，强调知识处理的充分广度、深度和关联度，突显学习的丰富性、沉浸性和层进性。

这模块包括文本理解深度、逻辑分析能力、问题发现与解决这几个能力。文本理解深度可以培养学生的阅读理解和批判性分析能力，使他们能够深入理解复杂的概念和论点。逻辑分析能力能提高学生的逻辑推理能力，使他们能够构建有说服力的论证和解决问题。问题发现与解决主要是培养学生的问题解决能力，使他们能够识别问题、分析问题并提出创新的解决方案。

这一模块的能力培养的是具有深度思考和强大问题解决能力的学生。这样的学生能够深入理解知识，进行批判性和创新性的思考，发现和解决问题，具有较强的自主学习能力和终身学习的能力。

2. 小学语文“启思善悟”情感朗读评价的模型建构

“启思善悟”情感朗读评价模型以学生学习为本位，以培养学生核心素养为目标，以注重师生情感和智慧沟通为核心，尊重学生学习特点及学习规律。通过这三个模块的评价模型，教育者可以更全面地理解和评估学生的学习成果，从而更有效地指导和支持学生的全面发展。

表 3.1　小学语文“启思善悟”情感朗读评价模型的内容整理

模块名称	能力名称	内容描述	评价标准
情感独创力	感染力	E1 在朗读时能否深入理解文本内涵，将自己的情感融入朗读之中，引发听众的情感共鸣。包括情感的真实度、深度以及与文本情境的契合度。	L1 朗读表现平实，听众能听懂内容，但缺乏足够的吸引力，难以引起听众的强烈反应。
			L2 开始展现一定的吸引力，听众能感受到朗读的热情，偶尔有情感上的触动，但整体感染力仍有提升空间。
			L3 极具魅力的朗读，能够迅速吸引并维持听众的注意力，通过真挚的情感表达和生动的演绎，深深打动听众，引发强烈的情感共鸣，甚至激发听众的思考与讨论。
	情感调节能力	E2 根据文本内容的变化，能否灵活调整自己的情绪状态，准确把握并表现不同情境下的喜怒哀乐等复杂情感。同时，保持情绪的连贯性和整体性，避免情感表达的突兀或断裂。	L1 学生在朗读时能基本区分不同情感的文本，但表达较为单一，情感变化不明显，听众感受较为平淡。
			L2 能较为准确地识别文本情感，并尝试通过语调变化来体现，如提高声调表达兴奋，放低声音表现悲伤，但仍显生硬，需进一步细腻化。
			L3 能深入理解文本情感，运用丰富的语音语调、适当的停顿和语速变化，自然流畅地传达多种细腻情感，使听众能深刻体会到文本情绪的起伏变化。

续表

模块名称	能力名称	内容描述	评价标准
情感独创力	品格体现	E3 能准确把握并有效传达其中蕴含的人文精神、社会责任、价值传递等核心价值观使听者在欣赏朗读的同时受到学生积极的思想启迪和品格熏陶。	L1 选择的朗读材料内容健康，但未能通过朗读方式特别强调或体现任何特定的正面品格特质。
			L2 在朗读时，能初步展示对某些正面品格的理解，如通过语气加强正义感的表达，但整体体现不够深刻或全面。
			L3 不仅选材积极向上，而且通过情感充沛的朗读，生动展现了诸如勇敢、善良、责任感等品格，使听众受到正面启发，感受到朗读者的人格魅力。
	创新与个性化演绎	E4 学生能否在忠实于原文情感基调的基础上，结合自身理解和感悟，进行适度的个性化解读和演绎，赋予朗读独特的个人风格。	L1 朗读遵循原文，但缺乏个人风格，对文本的理解和表达相对常规，没有明显的创新尝试。
			L2 开始尝试在朗读中加入少量个人见解，如通过微妙的语气变化或简单的动作增强表达，但个性化的元素较为有限。
			L3 展现出鲜明的个人风格和创造性解读，可能通过改编部分语句、使用独特的语调变化、融合体态语言等方式，使朗读充满新意，给人留下深刻印象。
实践行动力	语音与语调	A1 能正确发出每个字词的音，避免地方口音对普通话的明显影响，确保听众能清晰辨识。朗读时声音应足够响亮，同时保持吐字清晰。	L1 发音基本准确，但偶尔有轻微的地方口音影响，导致部分字词辨识度不高。声音响亮度和清晰度尚可，但在长句或复杂词汇中略显吃力。
			L2 能较好地控制发音，地方口音对普通话的影响较小，大多数字词清晰可辨。声音响亮，吐字较为清晰，即使在句子结构复杂时也能保持较好的可理解度。
			L3 发音准确无误，完全避免了地方口音对普通话的干扰，每个字词都清晰响亮。无论句子结构如何，均能保持高水平的清晰度，使听众轻松跟随。

续表

模块名称	能力名称	内容描述	评价标准
实践行动力	语速与节奏	A2 在教师指导下，能针对自身朗读问题进行调整，提升语言表达能力。	L1 语速相对单一，有时过快或过慢，可能影响信息的理解。停顿不够自然，主要在明显的句号处停顿，节奏感较弱。
			L2 能根据文本内容调整语速，基本保持适中，偶尔出现稍快或稍慢的情况，但不影响整体理解。在句号、逗号处有意识地停顿，开始展现节奏变化。
			L3 语速控制自如，既能快速推进情节，又能缓慢渲染气氛，节奏感强烈，有效增强表达效果。停顿恰到好处，不仅限于标点符号，还能根据文本情感灵活运用，显著提升听众体验。
	体态与表达	A3 建立定时定量阅读的习惯，善于做笔记、摘录，主动分享阅读心得。	L1 体态较为拘谨，手势使用较少，可能显得有些生硬。尝试与听众进行眼神交流，但不够频繁或自信，体态对朗读的辅助作用有限。
			L2 体态较为自然，能适度使用手势来强调文本要点，虽有时动作略显刻意。眼神交流有进步，能偶尔与听众建立联系，增强表达的直接性和生动性。
			L3 体态表现自然流畅，手势运用得当且富有表现力，有效增强了语言的情感传达。持续而自信的眼神交流，成功吸引并保持听众的注意力，使听众能够全情投入到朗读的情境之中，体验更加丰富和深刻。

续表

模块名称	能力名称	内容描述	评价标准
深度思维	文本理解深度	T1 准确理解文本的细节、主旨、人物性格等，能提炼关键信息。	L1 基本理解文本的表面意思，能识别出故事的主要人物和大致情节，但对于文本深层含义、作者意图和情感色彩理解有限。
			L2 能够较为全面地理解文本内容，能准确把握文章主旨，识别并解释文中关键细节和人物关系，对文本情感有所感知，但分析不够深入。
			L3 深入理解文本的多层含义，不仅掌握故事主线，还能分析出象征意义、隐喻等深层次内容，准确捕捉作者情感态度，并能结合个人经验进行一定反思。
	逻辑分析能力	T2 能够条理清晰地解析文本结构，阐述各部分内容之间的逻辑关系。	L1 能简单识别文本的基本结构，如开头、发展、结尾，但对于段落间逻辑关系、论据支撑等方面的分析较为薄弱。
			L2 能够较清晰地梳理文本结构，指出各段落间的逻辑联系，理解文本中的因果、对比等逻辑关系，但对复杂论证的分析尚显初级。
			L3 深入分析文本的逻辑框架，能精准指出并解释文本中的论点、论据及其相互支持关系，对转折、递进等复杂逻辑结构有深刻理解，能批判性思考文本的逻辑严密性。

续表

模块名称	能力名称	内容描述	评价标准
深度思维	问题发现与解决	T3 能主动发现文本中的问题或矛盾，提出解决方案或见解	L1 能意识到一些基本的朗读问题，如发音错误，但对文本理解偏差、情感表达不当等问题识别不足，解决方法较单一，依赖教师指导。
			L2 能够自我识别并尝试解决朗读中的一些问题，如调整语速以适应文本氛围，改进体态语言增强表达，但仍需成人引导以发现更深层次的问题。
			L3 具备较强的自主发现问题的能力，能敏锐察觉到语音、语调、体态等多方面的不足，并能独立或合作寻找有效策略解决，如通过角色扮演深化对文本情感的理解，调整语速节奏增强表达效果，展现出良好的问题解决能力和学习自主性。

3. 小学语文“启思善悟”情感朗读评价模型的实施

在教学过程中，实现教学评一致性是提升教学质量、促进学生全面发展的关键。为了将“情感独创力”“实践行动力”“深度思维”这三个核心模块有效地融入教学设计、实施和评价环节中，确保教学活动、学习目标和评价标准之间的高度一致性，本文提出以下策略：

（1）教学设计阶段：明确标准，活动导向

首先，在教学设计阶段，教师需对每个模块中的能力进行清晰界定，并将其具体化为可观察和可衡量的行为指标。这一步骤至关重要，因为它为教师和学生提供了明确的评价标准，使得教学活动有了明确的方向和目标。

对于“情感独创力”，教师应设计能够激发学生情感参与和创造力的活动。例如，通过角色扮演活动，学生可以在模拟的情境中锻炼感染力、情感调节能力，并在角色塑造中展现品格体现与创新个性化演绎。这样的活动设计旨在培养学生的情感敏感度和表达力，使他们在情感交流中更加自如。

在“实践行动力”方面，教学活动应侧重于提高学生的沟通和表达能力。

教师可以设计模拟演讲、辩论等活动，让学生在实践中掌握语音语调的运用、语速与节奏的把握，以及体态与表达的有效结合。这些活动不仅能够增强学生的自信心，还能提升他们的公共演讲和社交技能。

对于“深度思维”，教师应设计具有挑战性的问题讨论和案例分析活动，以促进学生的批判性思维。通过引导学生深入分析文本、进行逻辑推理，以及发现问题并提出解决方案，教师可以帮助学生提高文本理解深度、逻辑分析能力和问题解决能力。

（2）教学实施阶段：活动实践，形成评价

在教学实施阶段，教师应根据设计的教学活动，引导学生积极参与并实践这些能力。例如，在讨论中，教师应鼓励学生运用逻辑分析来支持自己的观点，培养他们的论证能力；在角色扮演中，教师应引导学生展现个性化的演绎，激发他们的创造力。同时，教师应实施形成性评价，通过观察、提问、反馈等方式对学生的表现进行持续跟踪和记录。这种评价方式有助于教师及时了解学生在各个模块上的发展情况，发现潜在问题，并及时调整教学策略以满足学生的个性化需求。形成性评价不仅关注学生的学习成果，更重视他们的学习过程和学习态度，为教学提供了宝贵的反馈信息。

（3）评价阶段：综合评估，反馈指导

在评价阶段，除了日常的形成性评价外，教师还应定期开展综合性的评估活动，如演讲比赛、项目展示、模拟面试等。这些活动能够全面考查学生在“情感独创力”“实践行动力”“深度思维”三个模块上的能力水平，为他们的全面发展提供有力的支持。评估结束后，教师应及时给予学生反馈，指出他们在各个模块上的优点和需要改进的地方，并提供具体的指导和支持。反馈应具体、有针对性，既要肯定学生的进步和努力，也要指出他们的不足和改进方向。同时，教师应鼓励学生进行自我反思，设定个人发展目标，培养他们的自主学习能力和自我提升意识。

综上所述，通过在教学设计、实施和评价阶段中融入“情感独创力”“实践行动力”“深度思维”这三个模块，并实现教学评一致性，可以有效地提升教学质量和学生的全面发展。这种教学模式不仅关注学生的学习成果，更重视他们的学习过程和学习态度，为培养具有创新精神、实践能力和批判性思维的高素质人才提供了有力的支撑。

二、小学高年级语文“启思善悟”情感朗读教学评价模型的意义

随着人工智能技术的飞速发展，教育领域正经历着前所未有的变革。在 AI 技术的赋能下，传统教学模式得以创新，教学质量和效率得到显著提升。对于小学高年级语文教学而言，朗读教学作为培养学生语言表达能力、情感感知能力和文学素养的重要途径，其评价模式的创新尤为重要。项目组提出的小学语文“启思善悟”情感朗读教学评价模式，正是基于 AI 时代背景下的教学需求，旨在通过科学合理的评价体系，促进学生的全面发展。

在新课程改革背景下，小学语文朗读教学被赋予了新的使命和要求。《义务教育语文课程标准（2022 年版）》明确提出了“能用普通话正确、流利、有感情地朗读课文”的具体要求，强调了朗读在学生语文能力发展中的重要作用。然而，传统的朗读评价模型往往侧重于语音、语调等表面层次的评估，忽视了对学生情感表达、文本理解和思维深度的考察。因此，构建一种全面、科学、具有可操作性的朗读评价模型显得尤为重要。下面将从多个维度探讨该评价模型的意义。

（一）促进学生全面发展

1. 情感智力的发展

在“启思善悟”情感朗读教学评价模型中，情感独创力模块被置于核心地位。通过评价学生的感染力、情感调节能力等指标，可以激发学生的情感参与和创造力，培养他们的同理心和社交能力。在朗读过程中，学生需要深入理解文本内涵，将自己的情感融入朗读之中，从而引发听众的情感共鸣。这一过程不仅锻炼了学生的情感表达能力，还促进了他们情感智力的发展。在 AI 时代，虽然技术可以为教学提供丰富的资源和工具，但无法替代人类情感在教育中的独特作用。通过情感朗读教学评价，教师可以更好地关注学生的情感需求，引导他们正确处理情感问题，形成积极健康的人生态度。

2. 实践技能的提升

实践行动力模块关注学生的实际操作能力和沟通能力。通过模拟演讲、辩论等活动，学生可以在实践中掌握语音语调的运用、语速与节奏的把握以及体态与表达的有效结合。这些技能不仅对于学生的日常交流至关重要，还为他们未来的

职业发展奠定了坚实的基础。在AI时代，虽然语音识别、自然语言处理等技术可以辅助学生进行朗读练习，但无法完全替代真实的实践体验。通过朗读教学评价，教师可以引导学生积极参与实践活动，提升他们的实践技能和沟通能力。

3. 思维深度的拓展

深度思维模块旨在培养学生的批判性思维和问题解决能力。通过案例分析、问题讨论等活动，学生可以深入分析文本内容，理解文本的主旨和深层含义，从而拓展他们的思维深度。在AI时代，虽然技术可以为学生提供海量的信息和数据，但无法替代他们自主思考和分析的过程。通过朗读教学评价，教师可以引导学生积极思考问题，培养他们的批判性思维和问题解决能力，为他们的终身学习和发展奠定坚实的基础。

（二）提升朗读教学质量

1. 明确评价标准

“启思善悟”情感朗读教学评价模型为朗读教学提供了明确的评价标准。通过对每个模块中的能力进行清晰界定，并将其具体化为可观察和可衡量的行为指标，教师和学生可以清晰地知道评价的标准是什么。这种明确的评价标准有助于教师制定科学的教学计划，有针对性地指导学生的朗读练习；同时也有助于学生了解自己的朗读水平，明确改进的方向。

2. 优化教学活动

在教学设计阶段，教师可以根据评价模型的要求，设计多样化的教学活动。例如，通过角色扮演活动来提高学生的感染力和情感调节能力；通过模拟演讲和辩论来锻炼学生的语音语调和体态表达；通过案例分析和问题解决活动来提高学生的深度思维能力。这些活动不仅能够激发学生的学习兴趣和积极性，还能够提高他们的朗读能力和综合素质。

3. 提高评价效率

在AI技术的支持下，朗读教学评价变得更加高效和便捷。通过语音识别、自然语言处理等技术，教师可以快速准确地获取学生的朗读数据，并进行深入的分析和评价。这种自动化的评价方式不仅大大提高了评价效率，还减少了人工评判的主观性和不确定性。同时，教师还可以利用AI技术生成个性化的评价报告，为每个学生提供针对性的指导和建议。

（三）推动教育教学改革

1. 创新评价理念

“启思善悟”情感朗读教学评价模型打破了传统朗读评价模型的局限，提出了全面、科学、具有可操作性的评价体系。这种创新性的评价理念不仅符合新课程改革的要求，也顺应了时代发展的潮流。通过实施这种评价模型，可以推动教育教学改革向纵深发展，为培养具有创新精神和实践能力的高素质人才提供有力支撑。

2. 促进信息技术与教育教学的深度融合

在 AI 时代，信息技术与教育教学的深度融合已成为不可逆转的趋势。通过朗读教学评价模型的创新，可以进一步推动信息技术与教育教学的深度融合。例如，教师可以利用 AI 技术来辅助学生进行朗读练习和自我评价；同时也可以通过 AI 技术来收集和分析学生的朗读数据，为教学改进提供有力支持。这种深度融合的方式不仅提高了教学效率和质量，还为学生提供了更加丰富和多样化的学习体验。

3. 提升教师的专业素养

实施“启思善悟”情感朗读教学评价模型对教师提出了更高的要求。教师需要具备扎实的语言学知识、丰富的教学经验以及先进的教育理念和技术手段。为了满足这些要求，教师需要不断学习和提升自己的专业素养。例如，教师可以通过参加培训、阅读专业书籍等方式来更新自己的知识结构和教育理念；同时也可以通过实践探索来积累丰富的教学经验和技术手段。这种不断提升的过程不仅有助于教师的个人成长和发展，也有助于推动整个教育行业的进步和发展。

（四）培养学生的核心素养

1. 文化自信的培养

在朗读教学过程中，学生需要接触和朗读大量的优秀文学作品。这些作品不仅蕴含了丰富的文化知识和历史底蕴，还体现了中华民族的传统美德和价值观念。通过朗读这些作品，学生可以更加深入地了解中华文化的博大精深和独特魅力，从而培养他们的文化自信和民族自豪感。这种文化自信的培养对于学生形成正确的人生观、价值观和世界观具有重要意义。

2. 语言运用的提升

朗读教学是培养学生语言表达能力的重要途径之一。通过朗读练习，学生可以更好地掌握语音、语调、语速等语言表达技巧，提高自己的口语表达能力。同时，通过朗读不同文体和风格的作品，学生还可以拓展自己的语言视野和表达能力，形成自己的语言风格。这种语言运用的提升对于学生未来的学习和工作都具有重要意义。

3.思维能力的拓展

深度思维模块是“启思善悟”情感朗读教学评价模式的重要组成部分之一。通过案例分析、问题讨论等活动，学生可以深入分析文本内容，理解文本的主旨和深层含义，从而拓展他们的思维深度。这种思维能力的拓展不仅有助于学生更好地理解和运用知识，还有助于他们形成独立思考和解决问题的能力。这种能力的培养对于学生未来的学习和工作都具有重要意义。

4.审美创造的激发

在朗读过程中，学生需要深入理解文本内容，体会作者的情感意图，并通过自己的声音和语调将其传达出来。这一过程不仅锻炼了学生的情感表达能力，还激发了他们的审美创造能力。通过朗读不同风格和体裁的作品，学生可以感受不同的语言魅力和表达技巧，从而拓展自己的审美视野和创造能力。这种审美创造的激发对于学生形成独特的艺术风格和创造力具有重要意义。

AI时代小学高年级语文“启思善悟”情感朗读教学评价模型具有深远的意义。它不仅可以促进学生的全面发展，提升朗读教学质量，推动教育教学改革，还可以培养学生的核心素养。在实施过程中，教师需要充分发挥主导作用，引导学生积极参与评价活动；同时还需要充分利用AI技术提供的资源和工具，提高评价效率和准确性。通过不断的实践探索和完善改进，相信这种评价模型一定会在未来的教育教学中发挥更加重要的作用。

第三节　小学高年级语文“启思善悟”情感朗读教学课例分析

情感朗读作为语文教学中的一种重要手段，其独特的教学价值在实践中得到了广泛认可。本文通过对古诗《出塞》、课文《慈母情深》、课文《威尼斯的小艇》和课文《桥》四个教学片段的深入分析，旨在探讨情感朗读在语文教学中的多重作用。情感朗读不仅能够帮助学生更好地理解文本内容，还能激发他们的情感共鸣，提升语言表达能力和思维能力。在情感、行动和思维三个维度上，情感朗读均展现出其独特的教学魅力和深远的教育意义。

一、小学高年级语文“启思善悟”情感朗读教学课例分析

（一）古诗《出塞》的课堂教学实录片段

在《出塞》的教学片段中，教师巧妙地运用了情感朗读的教学策略，引导学生进入诗境，感悟诗情。首先，教师通过展示六幅与诗歌内容相关的图片，激发学生的联想和想象，让他们在选择背景图片的过程中，对诗歌的情感有了初步的感知。这一环节不仅培养了学生的审美能力和思维能力，还使他们在视觉与听觉的结合下，更加深入地理解了诗歌的意境。学生小组讨论后，选择出与诗歌情感相契合的图片，如“明月关口图”和“征人未归图”，这些图片不仅展现了边疆的荒凉和战士的思乡之情，还触发了学生的情感共鸣。

接着，教师通过引导学生朗读诗句并解释其中的情感，进一步加深了他们对诗歌情感的理解。学生不仅能够准确地读出诗句的韵律和节奏，还能结合自己的生活经验，表达出对诗句中离愁别绪、思念亲人等情感的深刻体会。特别是在教师引导下，学生对“月亮”这一意象进行了深入的探讨，理解了它在诗歌中的象征意义，如盼和平的夙愿等，这体现了学生批判性思维的培养。

板块三 进入诗境，感悟诗情

教师：同学们，这里有六幅图，如果要选择一幅作为诵读活动的背景页，你们会选择哪一幅，小组交流想法。

学生：（小组讨论）

教师：（PPT 呈现 6 张图，老师巡视，相继点拨，选定汇报小组，定好顺序）

预设 1：选明月关口图（自动播放音乐）

预设 2：选征人未归图（自动播放音乐）

预设 3：选龙城飞将图

学生 1：我选择图 1，因为诗中写到“秦时明月汉时关”，这幅图中有明月、边关的景象，让我体会到征途遥远的感觉。

教师：你读出了边疆的荒凉之感。

学生 2：我选择图 3，诗中“万里长征人未还”，配上这幅图中的千军万马，黄沙厚土，让我觉得很符合诗意。

教师：你的朗读豪情万丈。

教师：你看看，聚焦典型事物，就能感受到边塞诗的辽阔与悲凉。

教师：望“月”抒情，古往今来，有无数包含“月”的诗句，谁能接龙说上几句?

学生3：举头望明月，低头思故乡。

学生4：月有阴晴圆缺，人有悲欢离合。

教师：仅仅指的是“月亮”吗?

学生5：还带着思念故乡、思念亲人、想念父母这些情感。

教师：让学生说具体点，师用诗句回应：如“露从今夜白，月是故乡明“月上柳梢头，人约黄昏后”“故园无此声”“万里长征人未还”)

教师：月亮往往寄托着离愁别绪、思念亲人、盼望团聚的情感。而边关的月还有盼和平的夙愿。

学生6：(小组上台读《出塞》)

教师：一轮明月穿越千年，遥寄相思，关山难越征途万里，战士未归。

学生7：(小组邀请全班读《出塞》)

教师：看，不愧是王昌龄啊！仅仅14个字，说出了多少人的心声与盼望。

在这一教学案例中，教师以边塞诗《出塞》为载体，通过精心设计的活动和创新的教学理念，全面培养了学生的情感独创力、实践行动力和深度思维。

1. 情感独创力

在这一教学案例中，教师巧妙地通过选择背景图、接龙说含“月”的诗句、诵读《出塞》等活动，引导学生深入体会边塞诗的情感与意境，同时在情感朗读教学评价中充分展现了“启思善悟”的教学理念。以下从情感独创力模块的感染力、情感调节能力、品格体现以及创新与个性化演绎四个方面对该教学案例进行分析。

(1) 感染力

在这个教学案例中，教师的引导和学生们的积极参与共同营造了一种浓厚的情感氛围。当学生们选择背景图并解释选择原因时，他们的语言充满了对边疆荒凉、征途遥远的感慨，这种情感自然而然地传递给了其他同学和老师。特别是在接龙说含“月”的诗句环节，学生们纷纷吟诵出那些脍炙人口的诗句，如“举头望明月，低头思故乡”，这些诗句本身就具有极强的感染力，加上学生们真挚的诵读，使得整个教室都沉浸在一种思乡念亲的情感之中。

在诵读《出塞》时，无论是小组上台诵读还是全班齐读，学生们都投入了大量的情感，他们的声音或激昂或低沉，都准确地传达了诗歌中的豪情壮志和悲凉之情。这种情感的传递和共鸣，正是感染力在情感朗读教学中的体现。

（2）情感调节能力

在教学过程中，教师和学生都展现出了出色的情感调节能力。教师根据学生的反应和课堂氛围，适时地调整自己的教学节奏和情感投入。例如，在学生选择背景图并解释时，教师用平和而富有引导性的语言与学生交流，当学生诵读出充满豪情的诗句时，教师则用更加激昂的语言给予肯定和鼓励。

学生们也根据自己的理解和感受，灵活地调节自己的情感表达。在诵读《出塞》时，他们能够根据诗歌的意境和情感变化，适时地调整自己的语速、语调和声音力度，使得诵读更加生动有力。

（3）品格体现

在这个教学案例中，学生们的品格得到了充分的体现。他们通过对边塞诗的学习和诵读，感受到了诗人对边疆战士的敬仰和对和平的渴望，这种对英雄主义的崇尚和对和平的热爱，正是学生们品格的体现。同时，他们在小组讨论和接龙说诗句的过程中，展现出了团结合作、互相尊重的良好品质。

（4）创新与个性化演绎

在诵读《出塞》时，每个小组都有自己的独特演绎方式。有的小组注重表现诗歌的豪情壮志，诵读时声音洪亮、气势磅礴；有的小组则更注重表现诗歌的悲凉之情，诵读时语速缓慢、声音低沉。这种个性化的演绎方式，不仅使得诵读更加生动有趣，也充分展现了学生们的创新能力和个性特点。

综上所述，“进入诗境，感悟诗情”这一教学环节在情感朗读教学评价中的情感独创力模块表现出色。教师和学生共同营造了一种浓厚的情感氛围，展现出了强大的感染力、情感调节能力、品格体现以及创新与个性化演绎。这种教学方式不仅有助于学生们深入理解诗歌的情感和意境，也有助于培养他们的情感力和语文素养。

2. 深度思维

在“进入诗境，感悟诗情”这一教学环节中，教师通过引导学生选择诵读背景图、接龙说含“月”的诗句以及诵读《出塞》等活动，不仅激发了学生的情感共鸣，还在潜移默化中培养了学生的深度思维，特别是在文本理解深度、逻辑分析能力以及问题发现与解决这三个方面表现得尤为突出。

（1）文本理解深度

在这个教学案例中，教师对《出塞》这首诗的文本解读引导得十分到位，使得学生对诗歌的理解达到了较深的层次。首先，教师通过展示六幅图并让学生选择作为诵读背景页，这一活动本身就要求学生深入理解诗歌的意境和情感，从而选出最符合诗歌氛围的图片。学生1选择“明月关日图”，并准确地指出这与诗中“秦时明月汉时关”的描绘相契合，体现出了学生对诗歌中时空交织、历史沧桑感的深刻理解。学生2选择“龙城飞将图”，并联系到诗中“万里长征人未还”的悲壮情感，这显示出学生对诗歌中英雄主义精神和战争残酷性的深刻洞察。

在“望‘月’抒情”环节，教师通过引导学生接龙说含“月”的诗句，并进一步探讨月亮在诗歌中的象征意义，使学生意识到月亮不仅是自然景物，更是诗人情感寄托的载体。学生5提到月亮代表思念故乡、思念亲人，教师则用多句诗句回应，如“露从今夜白，月是故乡明”，进一步拓宽了学生对月亮意象的理解，使他们对诗歌中的情感寄托有了更深的认识。

（2）逻辑分析能力

在教学过程中，教师注重培养学生的逻辑分析能力。在选择背景图时，教师要求学生说明选择的原因，这迫使学生运用逻辑思维去分析诗歌与图片之间的关联，从而做出合理的选择。在接龙说诗句环节，学生需要按照逻辑顺序接龙，这既锻炼了他们的记忆力，也培养了他们的逻辑思维能力。

特别是在探讨月亮象征意义时，教师引导学生从具体诗句出发，分析月亮在不同诗歌中的不同寓意，这要求学生具备较高的逻辑分析能力，能够抽象出月亮这一意象在诗歌中的普遍性和特殊性。

（3）问题发现与解决

在教学过程中，教师鼓励学生发现问题并尝试解决。在选择背景图时，有些学生可能对诗歌的意境理解不够深入，选择的图片与诗歌氛围不符，教师及时给予点拨和引导，帮助学生发现问题并纠正错误。在接龙说诗句环节，当学生遇到记忆卡壳或诗句重复时，教师鼓励学生相互帮助，共同解决问题。

在诵读《出塞》时，教师引导学生思考如何通过诵读传达出诗歌中的情感。学生可能会发现自己在诵读时情感表达不够到位，教师便指导学生分析诗歌中的情感层次，如边疆的荒凉、战士的豪情、思乡的悲凉等，并教授相应的诵读技巧，如语速的快慢、语调的高低、声音的强弱等，从而帮助学生解决问题，提高诵读效果。

综上，“进入诗境，感悟诗情”这一教学环节在深度思维模块的培养上取得了显著成效。教师通过巧妙的活动设计和适时的引导点拨，使学生在文本理解深度、逻辑分析能力以及问题发现与解决这三个方面都得到了有效的锻炼和提升。这种教学方式不仅有助于学生深入理解诗歌的情感和意境，还有助于培养他们的思维力和语文素养。

3. 实践行动力

在“进入诗境，感悟诗情”这一教学案例中，教师不仅引导学生深入理解了边塞诗《出塞》的意境与情感，还通过丰富的活动设计，有效锻炼了学生的行动力，特别是在语音与语调、语速与节奏、体态与表达这三个方面，展现了“启思善悟”情感朗读教学的独特魅力。

（1）语音与语调

在这个教学案例中，语音与语调的运用成为了情感传达的重要手段。教师首先通过让学生选择诵读背景图的活动，激发了学生的兴趣，也为后续的诵读奠定了情感基调。当学生 1 选择“明月关口图”并解释原因时，他的语音平和而略带沉重，语调中透露出对边疆荒凉的感慨，这与诗歌中“秦时明月汉时关”所营造的历史沧桑感相得益彰。

在“望‘月’抒情”环节，学生们接龙说出含“月”的诗句，如“举头望明月，低头思故乡”，他们的语音清晰，语调随着诗句的情感起伏而变化，有的低沉婉转，有的激昂高亢，充分展现了月亮这一意象在诗歌中的多重情感寄托。

特别是在小组上台诵读《出塞》时，学生们根据诗歌的意境，巧妙地调整了语音与语调。如“秦时明月汉时关”一句，他们用沉稳而悠长的语音读出，仿佛将听众带回到了那遥远的边关；“万里长征人未还”一句，则用了略带悲壮的语调，表达了战士们征途遥远、归期无定的哀愁。

(2) 语速与节奏

语速与节奏的控制是情感朗读中不可或缺的一部分。在这个教学案例中，教师引导学生根据诗歌的情感内容，合理地调整语速与节奏。在选择背景图讨论时，学生们的语速适中，节奏平稳，为后续的诵读做了良好的铺垫。

在诵读《出塞》时，学生们根据诗歌的意境和情感变化，灵活地调整了语速与节奏。如“秦时明月汉时关”一句，他们放慢了语速，拉长了节奏，营造出一种历史沧桑的氛围；而“万里长征人未还”一句，则加快了语速，缩短了节奏，表达了战士们征途的艰辛和归期的迫切。这种语速与节奏的变化，使得诵读更加生动有力，情感表达更加准确到位。

(3) 体态与表达

体态与表达是情感朗读中不可或缺的身体语言。在这个教学案例中，学生们在诵读时充分运用了体态与表达来增强情感传达的效果。他们或站或坐，或昂首挺胸或低头沉思，用身体语言来诠释诗歌中的情感内容。

在小组上台诵读《出塞》时，学生们更是将体态与表达发挥到了极致。他们有的模仿战士们昂首挺胸的姿态，表达出对边疆的坚守和对和平的渴望；有的则低头沉思，仿佛在为远征未归的战士们祈祷和祝福。这种体态与表达的运用，使得诵读更加生动形象，情感传达更加深入人心。

综上所述，“进入诗境，感悟诗情”这一教学环节在行动力模块的培养上取得了显著成效。教师通过巧妙的活动设计和适时的引导点拨，使学生在语音与语调、语速与节奏、体态与表达这三个方面都得到了有效的锻炼和提升。这种教学方式不仅有助于学生深入理解诗歌的情感和意境，还有助于培养他们的行动力和语文素养，为他们的全面发展奠定了坚实的基础。

(二) 课文《慈母情深》的课堂教学实录片段

而在《慈母情深》的教学片段中，教师则通过聚焦场景描写，导情采集细节，引导学生体会母爱的伟大和无私。教师让学生选择最受触动的场景，边读边想象，并写出相关的细节和感受。这一环节不仅锻炼了学生的观察力和感受力，还使他们在细节描写中，更加深刻地理解了母亲的辛劳和伟大。

在小组讨论和分享环节，学生纷纷表达了自己对母亲工作环境恶劣和辛劳的同情和心疼。教师通过引导学生朗读相关的句子，并解释自己的感受，进一步激发了他们的情感共鸣。特别是在教师引导下，学生对“反复”这一修辞手法的运用进行了深入的探讨，理解了它在强调母亲工作忙碌和艰辛中的作用，这体现了学生分析和评价能力的培养。

镜头三：聚焦场景描写，导情采集细节

任务二：聚焦细节，体会情感。

教师：同学们，今天我们要聚焦场景描写，导情采集细节。请大家选择最受触动的场景，边读边想象；写一写：场景中哪些细节令作者“鼻子一酸”，画出相关的句子，做简单的批注；说一说：小组交流，分享读书体会。

学生：（小组讨论）

教师：请大家分享你们的选择和感受。

学生1：我选择“工厂找母亲”场景。空间非常低矮，低矮得使人感到压抑。不足二百平米的厂房，四壁潮湿颓败。七八十个缝纫机一行行排列着，七八十个都不算年轻的女人忙碌在自己的缝纫机旁。

教师：你抓住了关键词“低矮、压抑、潮湿颓败、光线阴暗”体会母亲环境恶劣。

学生2：我注意到“七八十台破缝纫机”和“七八十只灯泡”。环境恶劣，还因为这七八十台缝纫机发出的噪声。

教师：这处场景不仅让我们体会到母亲工作环境的恶劣，更让我们感受到母亲的辛劳。

学生3：我选择“背”的细节。背直起来了，我的母亲。转过身来了，我的母亲。褐色的口罩上方，一对眼神疲惫的眼睛吃惊地望着我，我的母亲的眼睛……

教师：你抓住了母亲的背这个细节，感受到母亲工作的辛苦。

学生4：我还注意到“母亲说完，立刻又坐了下去，立刻又弯曲了背，立刻又将头俯在缝纫机板上了，立刻又陷入手脚并用的机械忙碌状态……”

教师：作者为什么要反复写这些词语，修改成下面的句子不是更简洁吗？从中你感受到什么？

学生5：用上反复出现的词语，就更能强调母亲工作忙碌，工作艰辛，通过细节描写，更加强调了母亲的疲惫与劳累，更能表达出“我”内心的难过。

教师：运用反复修辞手法，把母亲的姿态、动作写得很具体，强调了母亲如此艰苦的工作环境使作者的内心产生了巨大的触动与震撼。

学生6：我选择“母亲是临时工，在一个街道小厂上班。她每天不吃早餐，带上半饭盒生高粱米或大饼子，悄无声息地离开家，回到家里的时间总在七点半左右。母亲加班，我们就一连几天，甚至十天半月见不到母亲的面孔，就为了那每月27元的工资。”

教师：看到这样劳累的母亲，你是什么感受？

学生7：心疼。

教师：带着对母亲的心疼，你来读一读。

教师：这组快慢镜头让我们看到了一位不辞辛劳的母亲！看着母亲那极其瘦弱的脊背，作者的内心震撼了，不禁鼻子一酸！

学生8：（齐读）

在这一教学案例中，教师以课文《慈母情深》为载体，通过精心设计的活动和创新的教学理念，全面培养了学生的情感独创力、深度思维和实践行动力，下面将详细分析。

1. 情感独创力

在这一教学案例中，教师巧妙地引导学生通过聚焦场景描写，采集细节，深入体会文本中的情感。整个教学过程不仅锻炼了学生的阅读理解能力，更在情感力模块——感染力、情感调节能力、品格体现以及创新与个性化演绎方面，对学生的情感素养进行了全面的培养和提升。以下将从这四个方面重点分析这些评价如何促进学生的情感力发展。

（1）感染力：教师评价增强文本情感的传递

学生1和学生2选择了“工厂找母亲”的场景，通过描述厂房的低矮、压抑、潮湿颓败以及缝纫机的噪声等细节，生动地再现了母亲工作环境的恶劣。教师的评价不仅肯定了他们对关键词的把握，还进一步引导全班学生想象这一场景，从而增强了文本情感的传递。这种评价方式使得文本中的情感更加鲜明、具体，让学生仿佛身临其境，感受到了母亲工作的艰辛。

学生3和学生4则通过描述母亲“背”的细节，以及母亲忙碌的动作，进一步加深了大家对母亲辛劳的印象。教师对学生4提到的反复修辞手法的分析，更是让学生明白了这种手法在增强情感感染力方面的作用。教师的评价不仅让学生理解了文本的表达方式，还让他们更加深刻地体会到了母亲工作的疲惫与劳累，从而激发了他们对母亲的敬爱和心疼之情。

（2）情感调节能力：教师评价引导学生合理表达情感

在学生6分享母亲作为临时工，每天辛苦工作的细节时，教师适时提问："看到这样劳累的母亲，你是什么感受?”这一问题引导学生将内心的情感外化，合理表达出来。学生7用“心疼”一词概括了自己的感受，并在教师的鼓励下朗读了相关段落，这一过程中，学生的情感调节能力得到了锻炼。他们学会了在理解文本的基础上，合理调节自己的情感，并通过朗读等方式表达出来。

（3）品格体现：教师评价彰显学生的道德情感

整个教学过程中，教师不仅关注学生的阅读理解能力和情感表达能力，还注重培养他们的道德情感。通过对母亲辛劳场景的描述和分析，学生深刻体会到了母亲的伟大和无私。教师的评价中充满了对母亲的敬爱和对学生道德情感的肯定，这种评价方式使得学生的品格得到了彰显和提升。他们学会了感恩、敬爱等美好品质，这些品质将伴随他们成长，成为他们人生道路上的宝贵财富。

（4）创新与个性化演绎：教师评价鼓励学生的独特见解和创意表达

在教学过程中，教师始终鼓励学生发表自己的独特见解和创意表达。例如，在学生描述母亲工作场景时，教师并没有限定他们的表达方式，而是让他们自由选择最受触动的场景进行描述。这种评价方式使得学生的思维和想象力得到了充分的发挥，他们的创新和个性化演绎得到了鼓励和肯定。这种教学方式不仅激发了学生的学习兴趣，还培养了他们的创新思维和个性化表达能力。

综上所述，教师在“聚焦场景描写，导情采集细节”这一教学环节中的评价方式，充分体现了对学生情感独创力发展的重视。通过增强文本情感的传递、引导学生合理表达情感、彰显学生的道德情感以及鼓励学生的独特见解和创意表达，教师有效地锻炼了学生的感染力、情感调节能力、品格体现以及创新与个性化演绎能力。这种评价方式不仅有助于学生的全面发展，还为他们的情感教育奠定了坚实的基础。

2. 深度思维

在这一教学案例中，教师通过引导学生深入文本，聚焦场景描写，采集细节，体会情感，不仅锻炼了学生的情感感知能力，还从深度思维多个维度，特别是文本理解深度、逻辑分析能力和问题发现与解决方面，对学生的思维进行了全面的培养和锻炼。

（1）文本理解深度：教师评价引导学生深入挖掘文本情感

在学生的分享中，学生 1 选择了“工厂找母亲”的场景，并描述了环境的恶劣。教师对学生的回答给予了肯定，并指出了关键词“低矮、压抑、潮湿颓败、光线阴暗”，进一步引导学生深入理解母亲工作环境的恶劣程度。教师对学生 2 的补充也给予了认可，强调了缝纫机的噪声对环境的影响，这使得学生对文本的理解更加全面。

对于学生 3 和学生 4 对“背”的细节描述，教师不仅肯定了他们的观察，还进一步引导学生思考作者为什么要反复描写这些动作。教师的提问“作者为什么要反复写这些词语，修改成下面的句子不是更简洁吗?”激发了学生的深入思考，使他们意识到反复修辞手法在表达情感中的作用。

对于学生 6 的选择，教师直接问学生“看到这样劳累的母亲，你是什么感受?”这一问题引导学生将文本内容与自己的情感相联系，使学生更加深入地体会到母亲的辛劳和不易，从而增强了文本理解的深度。

（2）逻辑分析能力：教师评价促进学生逻辑思维的发展

在教师的引导下，学生不仅描述了所选场景和细节，还对这些细节进行了逻辑上的分析和推理。教师对学生 5 的回答给予了高度评价，指出反复修辞手法在强调母亲工作忙碌、艰辛以及表达作者内心难过方面的作用。这一评价不仅肯定了学生的逻辑分析能力，还进一步引导学生理解文本中的修辞手法和情感表达。

教师的提问和评价始终围绕着文本的逻辑结构展开，引导学生思考作者为什么这样写，这样写的效果是什么。这种引导方式有助于培养学生的逻辑思维能力，使他们能够更加深入地理解文本的内在逻辑和情感表达。

（3）问题发现与解决：教师评价鼓励学生主动思考和解决问题

在教学过程中，教师不断提出问题，引导学生思考并尝试解决。例如，教师问学生 5 关于反复修辞手法的问题，引导学生思考作者这样写的原因和效果。这一问题不仅激发了学生的思考，还促使他们主动寻找答案，从而锻炼了问题发现与解决的能力。

对于学生 6 的描述，教师直接提出感受性的问题，引导学生表达自己的情感，并进一步通过朗读来加深这种情感体验。这种教学方式不仅使学生更加深入地理解了文本情感，还锻炼了他们的问题表达和解决能力。

教师的评价总是充满鼓励和引导，使学生敢于提出问题、敢于发表自己的见解。这种开放式的课堂氛围有助于培养学生的创新思维和批判性思维，使他们能够更加主动地思考和解决问题。

综上所述，教师在这一教学案例中的评价方式，充分体现了对学生深度思维发展的重视。通过引导学生深入挖掘文本情感、促进逻辑思维的发展以及鼓励主动思考和解决问题，教师有效地锻炼了学生的文本理解深度、逻辑分析能力和问题发现与解决能力。这种评价方式不仅有助于学生的全面发展，还为他们的语文学习奠定了坚实的基础。

3. 实践行动力

在这一教学案例中，教师不仅引导学生深入文本，体会情感，还通过学生的朗读和表达，锻炼了他们的实践行动力。行动力模块包括语音与语调、语速与节奏、体态与表达三个方面，这些元素在朗读和课堂互动中起着至关重要的作用。

（1）语音与语调：教师评价引导学生情感投入

在学生分享自己受触动的场景时，他们的语音和语调自然而然地随着情感的波动而变化。例如，学生 1 在描述“工厂找母亲”的场景时，声音略显低沉，语调中透露出一种压抑和沉重，这恰好与文本中母亲工作环境的恶劣相呼应。教师对学生的这一表现给予了肯定，通过指出关键词“低矮、压抑、潮湿颓败、光线阴暗”，进一步引导学生深入体会母亲的工作环境，使得学生的情感更加投入，语音与语调也更加贴切。

当学生 6 分享母亲作为临时工，每天辛苦工作的细节时，他的声音中充满了对母亲的心疼和敬意。教师在此时适时提问：“看到这样劳累的母亲，你是什么感受？”并鼓励学生带着这种情感去朗读。学生 7 在朗读时，语音颤抖，语调中充满了深情，这种情感的真实流露，使得整个课堂都为之动容。教师的评价不仅肯定了学生的情感投入，还进一步激发了学生的朗读热情，使得他们的语音与语调更加富有感染力。

（2）语速与节奏：教师评价指导学生合理控制

在朗读过程中，语速与节奏的把握至关重要。学生3在选择“背”的细节进行描述时，通过缓慢的语速和停顿，生动地再现了母亲转身、直背、抬眼的动作，使得听众能够清晰地感受到母亲的疲惫和辛劳。教师的评价指出了学生这一细节处理的巧妙之处，进一步引导学生理解语速与节奏在朗读中的重要性。

学生4在注意到“母亲说完，立刻又坐了下去，立刻又弯曲了背……”这一反复修辞时，通过加快语速，突出了母亲工作的忙碌和机械性。教师的评价肯定了这种处理方式，使得学生更加明白语速与节奏的变化可以更加生动地表现文本的情感和意境。

（3）体态与表达：教师评价鼓励学生自然流露

体态与表达是实践行动力模块中不可或缺的一部分。在学生朗读和分享过程中，他们的体态和表情自然而然地随着情感的波动而变化。例如，学生7在朗读时，眉头紧锁，眼神中透露出对母亲的心疼和敬意，这种体态的自然流露，使得他的表达更加真实、感人。

教师的评价不仅关注了学生的语音、语速和体态，还注重引导他们通过这些元素来更好地表达情感。在学生8齐读时，教师再次强调了母亲的不辞辛劳和作者的内心震撼，使得学生的体态和表达更加贴切文本情感，整个课堂都沉浸在一种深沉而感人的氛围中。

综上所述，教师在这一教学案例中的评价方式，充分体现了对学生实践行动力发展的重视。通过引导学生情感投入、合理控制语速与节奏、自然流露体态与表达，教师有效地锻炼了学生的朗读能力和情感表达能力。这种评价方式不仅有助于学生的全面发展，还为他们的情感教育提供了有力的支持。同时，它也启示我们，在小学语文教学中，应该更加注重学生的行动力培养，通过朗读、表达等方式，让学生在实践中感受语言的魅力，提升情感素养。

（三）课文《威尼斯的小艇》的课堂教学实录片段

在《威尼斯的小艇》这堂课的实录中，教师以精湛的教学技艺和创新的教学理念，引领学生们深入探索了课文的魅力，全面培养了学生的情感力、思维力和行动力。通过生动的课堂互动和精心设计的朗读活动，学生们不仅展现了对威尼斯风光和小艇特点的深刻理解，还在感染力、情感调节能力、品格体现以及创新与个性化演绎等方面得到了显著提升。同时，他们在文本理解深度、逻辑分析能力以及问题发现与解决等思维力方面也表现出了明显的成长。在行动力方面，学生们通过灵活的语音与语调、恰当的语速与节奏以及生动的体态与表达，将课文的情感和意境淋漓尽致地展现出来。

《威尼斯的小艇》课堂实录

（一）导入新课，激发兴趣

师：同学们，我们的环球文化讲解之旅今天来到了威尼斯这一站。通过上节课的学习和课后搜集资料，想必大家积累了不少的素材。下面，让我们一起欣赏同学们的学习成果，回顾课文内容吧。

（教师播放学生制作的思维导图，屏幕上展示出威尼斯的风景、小艇的样子、人们的生活等画面，学生们兴致勃勃地观看。）

师：一张张精美的思维导图带我们走进了美丽的威尼斯。谁想和老师美美地读读课文，一起感受水上名城的风光韵味？（学生们纷纷举手，教师点名一位学生。）

师生（合读）

师：威尼斯是世界闻名的水上城市，河道纵横交错，小艇成了主要的交通工具。

生（被点名学生）：船头和船艄向上翘起，像挂在天边的新月；行动轻快灵活，仿佛田沟里的水蛇。

师：我们继续。

师：我们打开窗帘，望望耸立在两岸的古建筑，跟来往的船只打招呼，有说不完的情趣。

（教师示意全班学生一起读下一句。）

全班生：不管怎么拥挤，他总能左拐右拐地挤过去。遇到极窄的地方，他总能平稳地穿过，而且速度非常快，还能急转弯。两边的建筑飞一般地往后倒退，我们的眼睛忙极了，不知看哪一处好。

师：威尼斯的人们生活也离不开小艇，看——

师：商人夹了大包的货物，匆匆地走下小艇，沿河做生意。青年妇女在小艇里高声谈笑。

（教师点名一位男生接读。）

男生：许多孩子由保姆伴着，坐着小艇到郊外去呼吸新鲜空气。庄严的老人带了全家，夹了圣经，坐着小艇上教堂去做祷告。

师：夜幕降临，威尼斯又是另一番景象——

师：高大的石头建筑耸立在河边，古老的桥梁横在水上，大大小小的船都停泊在码头上。

（教师点名一位女生接读。）

女生：静寂笼罩着这座水上城市，古老的威尼斯又沉沉地入睡了。

师：这样一静一动，仿佛就让我们看到了静如新月，动如水蛇的小艇。同学们，你们看，威尼斯的小艇静静地停在水中，如深色夜空中的新月遥相呼应，给我们呈现一种多么静静的美，多么灵动的美啊。我们带着这样的感受，男女生合作着读。女生读前面新月的句子，男生读后面水蛇的句子。

（女生齐读："船头和船艄向上翘起，像挂在天边的新月。"男生齐读："行动轻快灵活，仿佛田沟里的水蛇。"）

师：这样一读，就让我们看到了一艘静静地挂在夜空中的月的静美，还让我们感受到了动态美。这就是本单元篇章页中告诉我们的——

生（全班齐答）：体会静态描写和动态描写的表达效果。

师：很好，同学们已经掌握了这一单元的学习重点。接下来，我们就将继续深入课文，去探寻威尼斯小艇的更多魅力。

（学生们坐姿端正，准备进入下一环节的学习。）

在这一教学案例中，教师以课文《威尼斯的小艇》为载体，通过精心设计的活动和创新的教学理念，全面培养了学生的情感独创力、深度思维和实践行动力，下面将详细分析。

1.情感独创力

在《威尼斯的小艇》这堂课的实录中，我们不仅见证了师生间默契的配合和生动的课堂互动，更从情感朗读教学评价的角度，深刻感受到了学生在感染力、情感调节能力、品格体现以及创新与个性化演绎这四个方面的成长与进步。

教师的评价不仅是对学生朗读表现的认可，更是对他们情感力培养的引导和激励。

（1）感染力

在这堂课中，学生们的朗读充满了感染力。当教师引导学生们合读课文，描述威尼斯的风光和小艇的灵动时，学生们的声音里充满了对这座水上城市的向往和赞美。特别是当被点名的学生朗读“船头和船艄向上翘起，像挂在天边的新月；行动轻快灵活，仿佛田沟里的水蛇”时，他的语调轻快，节奏明朗，仿佛真的将我们带入了威尼斯的河道中，感受到了小艇的轻盈和灵活。教师的评价“很好，同学们已经掌握了这一单元的学习重点”不仅是对学生朗读技巧的肯定，更是对他们能够准确传达文本情感、感染听众的能力的认可。

（2）情感调节能力

在朗读过程中，学生们展现出了出色的情感调节能力。从描述威尼斯白天的繁华到夜晚的静谧，学生们的语气、语速和语调都随之发生了变化。当读到“商人夹了大包的货物，匆匆地走下小艇，沿河做生意”时，他们的语气中透露出了一种忙碌和急促；而当读到“静寂笼罩着这座水上城市，古老的威尼斯又沉沉地入睡了”时，他们的语气则变得轻柔而宁静。教师通过点名不同学生接读的方式，让学生们在对比中感受情感的转换，并在评价中给予了积极的肯定，这有助于学生们进一步提升自己的情感调节能力。

（3）品格体现

在朗读过程中，学生们的品格也得到了体现。他们对待朗读的认真态度、对文本的深入理解和尊重，以及在与同学合作时的默契和配合，都展现出了他们良好的品格素养。特别是当教师引导学生们男女生合作朗读时，学生们能够迅速调整自己的状态，与同伴形成默契，共同呈现出最佳的朗读效果。教师的评价不仅关注了学生的朗读技巧，更看重了他们在这个过程中所展现出的团队精神和合作意识。

（4）创新与个性化演绎

在朗读过程中，学生们也展现出了一定的创新和个性化演绎能力。虽然课文的内容是固定的，但学生们在朗读时可以根据自己的理解和感受，对语调、语速和语气进行微调，使朗读更加贴近自己的情感表达。例如，有的学生在朗读时加入了轻微的肢体动作，以增强表达效果；有的学生则在读到特定句子时，故意拉长了音调或加重了语气，以突出文本的重点。教师对学生的这些创新尝试给予了积极的鼓励和支持，这有助于激发学生的创造力和个性化表达能力。

综上所述，教师在《威尼斯的小艇》这堂课中的评价不仅关注了学生的朗读技巧，更看重了他们在情感独创力方面的培养。通过积极的评价和引导，教师成功地激发了学生的学习兴趣和情感表达欲望，为他们的全面发展奠定了坚实的基础。

2. 深度思维

在《威尼斯的小艇》这堂课的实录中，我们不仅见证了师生间生动的互动和学生们热情的参与，更从小学语文“启思善悟”情感朗读教学评价的深度思维维度，深刻感受到了学生在文本理解深度、逻辑分析能力以及问题发现与解决这三个方面的成长与进步。

(1) 文本理解深度

在这堂课中，学生们展现出了对课文《威尼斯的小艇》深刻的文本理解。从课堂实录中可以看出，学生们能够准确地把握课文的主要内容，对威尼斯的风光、小艇的特点以及人们的生活场景都有清晰的认识。当教师引导学生们朗读课文时，学生们能够迅速进入角色，用恰当的语气和语调表现出课文中的情感。

特别是在描述小艇的特点时，被点名的学生生动地朗读出“船头和船艄向上翘起，像挂在天边的新月；行动轻快灵活，仿佛田沟里的水蛇”，这充分说明了学生对课文中小艇形象的深刻理解。而全班学生在朗读“不管怎么拥挤，他总能左拐右拐地挤过去……我们的眼睛忙极了，不知看哪一处好”时，也表现出了对小艇在威尼斯生活中重要作用的深刻认识。教师的评价“很好，同学们已经掌握了这一单元的学习重点”不仅是对学生朗读技巧的肯定，更是对他们能够深入理解课文、把握文本主旨的能力的认可。这种认可鼓励学生继续深入挖掘文本，提高他们的文本理解深度。

(2) 逻辑分析能力

在课堂实录中，学生们的逻辑分析能力也得到了充分展现。课文《威尼斯的小艇》按照“总—分—总”的结构，先总体介绍威尼斯和小艇，再分别描述小艇的特点、船夫的驾驶技术以及小艇与人们生活的密切关系，最后总结威尼斯的夜景和小艇的静谧。学生们在朗读过程中，能够清晰地跟随这一逻辑结构，理解课文的各个部分是如何相互关联、层层递进的。

特别是在教师引导学生们理解威尼斯人们生活与小艇的密切关系时，通过点名不同学生接读的方式，让学生们分别扮演商人、青年妇女、孩子和老人等角色，从而更直观地感受到小艇在威尼斯人们生活中的重要作用。这种教学方式不仅增强了学生的参与感，也锻炼了他们的逻辑分析能力，使他们能够更好地理解课文中的逻辑关系。教师的评价在这个过程中起到了积极的引导作用，通过肯定学生的表现，鼓励他们继续运用逻辑分析能力去深入理解和探索课文。

(3) 问题发现与解决

虽然课堂实录中没有直接展示学生发现问题和解决问题的过程，但从学生们的朗读表现和教师的引导中可以看出，他们具备了一定发现问题、解决问题的能力。在朗读过程中，学生们可能会遇到不理解或难以表达的词句，但他们能够通过教师的引导和同学的帮助，迅速找到问题的所在，并尝试用合适的方式去解决。教师的评价在这个过程中起到了关键的作用。当学生们遇到困难时，教师并没有直接给出答案，而是引导他们去思考、去探索。这种评价方式不仅培养了学生的问题发现与解决能力，也激发了他们的学习兴趣和探索欲望。

综上所述，教师在《威尼斯的小艇》这堂课中的评价不仅关注了学生的朗读技巧和情感表达，更看重了他们在深度思维方面的培养。通过积极的评价和引导，教师成功地激发了学生的学习兴趣和思维活力，为他们的全面发展奠定了坚实的基础。在未来的教学中，教师应该继续注重培养学生的深度思维，引导他们深入思考、积极探索，为他们的成长和发展创造更多的可能性。

3. 实践行动力

在小学语文“启思善悟”情感朗读教学评价的实践行动力模块中，语音与语调、语速与节奏、体态与表达是三个关键的评价维度。它们共同构成了学生朗读表现的基础，也是教师评价学生朗读能力和情感表达水平的重要依据。

(1) 语音与语调

在朗读过程中，语音的清晰度和语调的恰当运用是表达文本情感和意境的重要手段。在《威尼斯的小艇》的朗读中，学生们展现出了良好的语音基础。被点名的学生在朗读“船头和船艄向上翘起，像挂在天边的新月；行动轻快灵活，仿佛田沟里的水蛇”时，语音清晰、准确，能够准确地传达出文本中的形象和情感。同时，全班学生在朗读“不管怎么拥挤，他总能左拐右拐地挤过去……”这一段时，语调抑扬顿挫，既有对船夫高超驾驶技术的赞叹，也有对威尼斯水上风光的陶醉，充分展现了他们对文本的理解和情感投入。教师对学生的评价在这一方面表现得尤为突出。教师没有仅仅停留在对学生语音准确性的评价上，而是更关注学生的语调运用是否得当，是否能够准确地传达出文本中的情感和意境。例如，在男女生合作朗读时，教师引导学生们通过不同的语调来展现小艇的静态美和动态美，这种评价方式不仅提高了学生的朗读技巧，也加深了他们对文本的理解和感悟。

（2）语速与节奏

语速与节奏是朗读过程中不可或缺的元素，它们能够直接影响到听众对文本的理解和感受。在《威尼斯的小艇》朗读中，学生们展现出了良好的语速与节奏控制能力。他们能够根据文本的内容和情感变化，灵活地调整自己的语速和节奏，使朗读更加生动、自然。

例如，在朗读描述船夫高超驾驶技术的段落时，学生们加快了语速，以表现出船夫驾驶小艇时的迅速和灵活；而在朗读描述威尼斯夜景的段落时，学生们则放慢了语速，以表现出威尼斯夜晚的宁静和祥和。这种语速与节奏的变化不仅使朗读更加富有层次感，也使听众更加深入地感受到了文本中的情感和意境。教师对学生的评价在这一方面同样表现得非常到位。教师能够准确地指出学生在语速与节奏控制方面的优点和不足，并给出具体的改进建议。例如，在男女生合作朗读时，教师引导学生们通过不同的语速和节奏来展现小艇的静态美和动态美，这种评价方式不仅提高了学生的朗读技巧，也使他们更加深入地理解了文本中的情感和意境。

（3）体态与表达

体态与表达是朗读过程中不可或缺的一部分，它们能够直接影响到听众对朗读者的印象和感受。在《威尼斯的小艇》朗读中，学生们展现出了良好的体态与表达能力。他们能够根据文本的内容和情感变化，灵活地调整自己的体态和表情，使朗读更加生动、自然。

例如，在朗读描述船夫高超驾驶技术的段落时，学生们通过手势和眼神的配合，生动地展现出了船夫驾驶小艇时的迅速和灵活；而在朗读描述威尼斯夜景的段落时，学生们则通过轻柔的体态和安详的表情，生动地展现出了威尼斯夜晚的宁静和祥和。这种体态与表达的变化不仅使朗读更加富有感染力，也使听众更加深入地感受到了文本中的情感和意境。教师对学生的评价在这一方面同样表现得非常到位。教师能够准确地指出学生在体态与表达方面的优点和不足，并给出具体的改进建议。例如，在男女生合作朗读时，教师引导学生们通过不同的体态和表情来展现小艇的静态美和动态美，这种评价方式不仅提高了学生的朗读技巧，也使他们更加深入地理解了文本中的情感和意境。

综上所述，在《威尼斯的小艇》的课堂实录中，学生们展现出了良好的朗读能力和情感表达能力。他们能够根据文本的内容和情感变化，灵活地调整自己的语音与语调、语速与节奏、体态与表达，使朗读更加生动、自然。而教师则通过准确的评价和有效的引导，进一步提高了学生的朗读技巧和情感表达能力。这种评价方式不仅有助于提高学生的朗读水平，也有助于培养他们的审美情趣和人文素养。

（四）课文《桥》的课堂教学实录片段

在《桥》这一教学案例中，教师以精心设计的活动和创新的教学理念，全面培养了学生的情感独创力、深度思维和实践行动力。通过细致入微的文本分析和深入的思考，学生们展现出了对文本深刻的理解和敏锐的洞察力，同时在情感朗读和课堂互动中，他们的语音与语调、语速与节奏、体态与表达等实践能力得到了充分的锻炼和提升。教师的评价充满了鼓励和肯定，不仅关注了学生的知识掌握和技能运用，更注重他们的情感投入、思维过程和行动表现，为学生的全面发展奠定了坚实的基础。

《桥》课堂实录

教师：同学们，我们刚才感受到了山洪暴发的惊心动魄，村民们正面临着生死存亡的关头。在这座窄窄的桥上，老汉和村民们各自有怎样的表现呢？现在，请大家快速默读课文，划出相关句子，并简要批注你的感受。

（学生们低头默读，偶尔抬头思考，笔尖在纸上沙沙作响。）

教师：好了，时间到。谁来分享一下你找到的句子，并谈谈你的感受？

学生 A：我找到了这句：“老汉清瘦的脸上淌着雨水。他不说话，盯着乱哄哄的人们。他像一座山。”我觉得这里的老汉特别镇定，就像一座山一样稳固，给人们带来了安全感。

教师：很好，你抓住了老汉的外貌和神态来描述。还有谁也找到了表现老汉镇定的句子？

学生 B：我找到了老汉喊的话：“桥窄！排成一队，不要挤！党员排在后边！”这句话很短，但很有力量，让我感受到了老汉的果断和领导力。

教师：对，这句话确实很有力量。我们来一起读一读，感受一下老汉的镇定和果断。

（全班学生齐声朗读，声音坚定有力。）

教师：同学们，在如此危急的关头，老汉还能如此镇定沉着，难怪课文说他像一座山。那么，课文中除了直接描写老汉，还通过什么方式来塑造老汉的形象呢？

学生 C：还通过描写村民的反应来衬托老汉的形象。比如，课文里说村民们“乱哄哄”的，而老汉却那么镇定，这种对比就让老汉的形象更加突出了。

教师：非常棒！你注意到了侧面描写的作用。现在，我们来看看小说的另一个层面。同学们，你们是什么时候知道老太太、老汉、小伙子三者之间的关系的？

学生 D：是在结尾知道的。这个结局我之前没想到，挺意外的。

教师：没错，这个结局确实很出人意料。那么，小说中有没有一些蛛丝马迹暗示了他们之间的父子关系呢？请大家再仔细找找看。

（学生们再次低头阅读，这次更加仔细，不时有人抬头露出恍然大悟的表情。）

学生 E：我找到了！老汉吼小伙子“少废话，快走”，还用力把他推上木桥，这里就有点像父亲对儿子的态度。

学生 F：还有老汉从队伍里揪出小伙子，吼他“你还算是个党员吗？排到后面去！”这里也暗示了他们之间的关系不一般。

教师：很好，你们都很细心。那么，老汉的一“推”一“揪”矛盾吗？为什么？

学生 G：我觉得不矛盾。推小伙子是为了让他快点逃生，揪他出来是为了维护秩序，让党员排在后面。这都体现了老汉的公私分明和父爱如山。

教师：说得太好了！现在，我们来合作朗读这些片段，再次感受老汉的如山形象。

（学生们分角色朗读，情感投入，气氛热烈。）

教师：课前，大家眼中的老汉是沉着冷静的。通过这节课的学习，我们借助人物细节的描写和故事情节的梳理，感受到了老汉如山一般更立体丰满的形象。现在，请大家在课前预习的思维导图上完善老汉的形象。

（学生们纷纷拿出思维导图，开始补充和完善。）

教师：这节课学完之后，大家有什么收获吗？可以结合课前思维导图来谈一谈。

学生 H：我觉得老汉真的很伟大，他不仅在危急关头保持了镇定，还用自己的行动诠释了什么是真正的党员和父亲。

学生 I：我学会了如何通过人物细节描写来感受人物形象，还学会了如何通过侧面描写来衬托主要人物。

教师：很好，你们的收获都很丰富。最后，我们留个悬念给下节课。文章写了老汉一座山般的形象，而题目却是《桥》，这是为什么呢？我们下节课再一起来探究环境描写在小说中的重要作用。

教师：课下作业是思考《桥》为题的深刻含义，感受环境描写对人物的重要性，并完善在自己的思维导图里。好了，今天的课就上到这里，下课！

在这一教学案例中，教师以课文《桥》为载体，通过精心设计的活动和创新的教学理念，全面培养了学生的情感独创力、深度思维和实践行动力，下面将详细分析。

1. 情感独创力

在小学语文“启思善悟”情感朗读教学评价中，情感独创力是衡量学生朗读及课堂表现中情感投入、情感调节、品格展现以及创新与个性化演绎的重要维度。在《桥》这一教学案例中，学生的回答和教师的评价充分展现了这一模块的核心要素。

（1）感染力

在《桥》的课堂实录中，学生们的回答充满了感染力，他们通过细致入微的文本分析，将老汉在危急关头的镇定、果断以及如山般的形象生动地呈现出来。学生 A 通过描述老汉清瘦的脸上淌着雨水，却像一座山一样稳固，让人们感受到了老汉在灾难面前的坚不可摧，这种描述极具画面感，让人仿佛身临其境。学生 B 通过朗读老汉的简短有力的话语，将老汉的领导力和果断展现得淋漓尽致，全班学生的齐声朗读更是将这种感染力推向了高潮。教师对学生的评价也充满了感染力。她不仅肯定了学生的回答，还通过引导学生们一起朗读、分角色朗读等方式，让学生们更加深入地感受到文本中的情感。教师的语言富有激情，能够激发学生的情感共鸣，使课堂充满了浓厚的情感氛围。

（2）情感调节能力

在课堂上，学生们展现出了良好的情感调节能力。他们能够根据文本的内容和情感变化，灵活地调整自己的情感表达。例如，在描述老汉镇定自若的形象时，学生们的声音沉稳有力；而在描述村民们乱哄哄的场面时，他们的声音则带有一些慌乱和不安。这种情感调节能力使得学生们的朗读更加生动、自然。

教师对学生的情感调节能力给予了充分的肯定和鼓励。她通过提问、引导等方式，帮助学生们更好地理解文本中的情感，并鼓励他们用自己的方式表达出来。教师的评价不仅关注了学生的情感表达是否准确，还注重了他们的情感调节过程，这有助于培养学生的情感智能。

（3）品格体现

在《桥》的课堂实录中，学生们的回答和教师的评价都充分体现了品格的重要性。学生们通过分析老汉的行为举止，感受到了他作为党员和父亲的伟大品格。老汉在危急关头保持镇定，用自己的行动诠释了什么是真正的党员和父亲，这种品格让学生们深受感动。教师对学生的评价也注重了品格的体现。她不仅肯定了学生们的文本分析能力，还赞扬了他们从文本中汲取正能量、感悟人生道理的能力。教师的评价让学生们更加明白品格的重要性，也激励他们在日常生活中践行这些品格。

（4）创新与个性化演绎

在课堂上，学生们展现出了丰富的想象力和创造力。他们通过自己的理解和感悟，对文本进行了个性化的演绎。例如，学生 G 在分析老汉的一“推”一“揪”时，提出了自己独特的见解，认为这不矛盾，而是体现了老汉的公私分明和父爱如山。这种个性化的演绎让课堂更加生动有趣。教师对学生的创新和个性化演绎给予了充分的鼓励和支持。她不仅肯定了学生们的独特见解，还鼓励他们继续发挥自己的想象力和创造力，对文本进行更深入的探索和演绎。教师的评价激发了学生们的创新思维，也培养了他们的个性化表达能力。

综上所述，《桥》的课堂实录充分展现了情感独创力模块的核心要素。学生们的回答充满了感染力、展现了良好的情感调节能力、体现了高尚的品格、并展现出了丰富的创新和个性化演绎。教师的评价则充满了激情和鼓励，不仅肯定了学生的表现，还引导他们更深入地理解文本、感悟人生道理。这样的课堂不仅培养了学生的语文素养，还促进了他们的全面发展。

2. 深度思维

在小学语文“启思善悟”情感朗读教学评价模型中，深度思维是一个至关重要的评价维度，它涵盖了文本理解深度、逻辑分析能力以及问题发现与解决等多个方面。在《桥》这一教学案例中，学生的回答和教师的评价充分展现了学生在深度思维方面的成长与进步，同时也体现了教师对学生思维能力的悉心培养和有效引导。

（1）文本理解深度

在《桥》的课堂实录中，学生们通过细致入微的阅读和深入的思考，展现出了对文本深刻的理解。学生 A 通过描述老汉在危急关头的外貌和神态，准确地捕捉到了老汉镇定如山的形象，这种描述不仅体现了学生对文本细节的敏锐洞察力，也反映了他们对人物性格和情感的深刻理解。学生 B 则通过老汉简短有力的话语，感受到了老汉的果断和领导力，这种对文本语言的敏锐感知和准确理解，是文本理解深度的重要体现。教师对学生的评价也充分体现了对文本理解深度的重视。她不仅肯定了学生们的准确描述，还通过引导学生们一起朗读、分角色朗读等方式，帮助学生们更加深入地感受文本中的情感和氛围。教师的提问也极具启发性，如“课文中除了直接描写老汉，还通过什么方式来塑造老汉的形象呢?”这样的问题引导学生们从多个角度去理解文本，加深了他们对文本的理解和感悟。

（2）逻辑分析能力

在课堂上，学生们展现出了较强的逻辑分析能力。他们能够根据文本的内容和情节发展，合理地推断出人物之间的关系和事件的发展趋势。例如，学生 D 在结尾处才知道了老太太、老汉、小伙子三者之间的关系，但他能够回溯前文，找出暗示他们父子关系的蛛丝马迹，这种逻辑分析能力令人印象深刻。学生 G 在分析老汉的一“推”一“揪”行为时，也能够准确地理解老汉的公私分明和父爱如山，这种对人物行为背后逻辑的深入剖析，体现了学生较强的逻辑思维能力。教师对学生的逻辑分析能力给予了充分的肯定和鼓励。她通过提问引导学生们思考文本中的逻辑关系，如“老汉的一‘推’一‘揪’矛盾吗？为什么？”这样的问题激发了学生们的思考热情，也锻炼了他们的逻辑思维能力。教师的评价不仅关注了学生的答案是否正确，更注重他们的思考过程和逻辑链条是否清晰。

（3）问题发现与解决

在课堂上，学生们还展现出了较强的问题发现与解决能力。他们能够主动提出问题，并尝试通过阅读和思考来寻找答案。例如，学生 C 在理解老汉形象时，主动提出了“课文中除了直接描写老汉，还通过什么方式来塑造老汉的形象呢？”这样的问题，并尝试通过侧面描写来分析老汉的形象。学生 E 和 F 在发现老汉和小伙子之间的父子关系时，也是通过仔细阅读文本、寻找线索来解决问题的。教师对学生的问题发现与解决能力给予了高度的评价。她不仅鼓励学生们提出问题，还引导他们通过阅读和思考来寻找答案。教师的评价不仅关注了学生是否能够提出问题，更注重他们是否能够有效地解决问题，以及他们在解决问题过程中所展现出的思维能力和方法策略。

综上所述，《桥》的课堂实录充分展现了学生在深度思维方面的成长与进步。学生们通过细致入微的阅读和深入的思考，展现出了对文本深刻的理解；他们根据文本的内容和情节发展，合理地推断出人物之间的关系和事件的发展趋势，体现出了较强的逻辑分析能力；他们还能够主动提出问题，并尝试通过阅读和思考来寻找答案，展现出了较强的问题发现与解决能力。教师的评价则充分体现了对学生思维力的重视和培养，她通过提问、引导、鼓励等方式，激发了学生们的思考热情，锻炼了他们的思维能力，为他们的全面发展奠定了坚实的基础。

3. 实践行动力

在小学语文“启思善悟”情感朗读教学评价体系中，实践行动力模块是衡量学生朗读及课堂表现中语音与语调、语速与节奏、体态与表达等实践能力的重要维度。在《桥》这一教学案例中，学生的回答和教师的评价充分展现了这一模块的核心要素，特别是在情感朗读和课堂互动中，学生们的实践行动力得到了充分的锻炼和提升。

（1）语音与语调

在《桥》的课堂实录中，学生们的语音与语调表现尤为突出。当教师引导学生分享课文中找到的句子并谈谈感受时，学生 A 用沉稳而有力的声音读出了“老汉清瘦的脸上淌着雨水。他不说话，盯着乱哄哄的人们。他像一座山。”这句话，通过语调的起伏和语音的轻重，生动地描绘了老汉在危急关头镇定如山的形象。学生 B 在朗读老汉的喊话“桥窄！排成一队，不要挤！党员排在后边！”时，更是将老汉的果断和领导力表现得淋漓尽致，语音短促有力，语调坚定不移。教师对学生的语音与语调给予了高度评价。她不仅肯定了学生们的朗读表现，还通过全班齐声朗读的方式，进一步引导学生们感受文本中的情感氛围。教师的评价语言富有感染力，她用自己的语音和语调为学生们树立了榜样，激发了学生们的朗读热情。在合作朗读环节，教师更是引导学生们通过分角色朗读，深入体会人物的情感和性格，使朗读成为了一种情感的传递和表达。

（2）语速与节奏

在课堂上，学生们展现出了良好的语速与节奏控制能力。他们能够根据文本的内容和情感变化，灵活地调整自己的朗读速度。在描述老汉镇定的句子时，学生们选择了较慢的语速和沉稳的节奏，以突出老汉的稳重和冷静。而在朗读老汉的喊话时，学生们则加快了语速，增强了语言的力度和节奏感，使朗读更加生动有力。教师对学生的语速与节奏控制给予了充分肯定。她通过引导学生们一起朗读、分角色朗读等方式，让学生们更加深入地感受到文本中的情感变化。教师的评价不仅关注了学生的语速和节奏是否合理，更注重他们是否能够通过语速和节奏的变化来传达文本中的情感和意境。

（3）体态与表达

在《桥》的课堂实录中，学生们的体态与表达也表现得非常出色。他们通过面部表情、身体动作等体态语言，辅助自己的朗读和表达，使课堂更加生动有趣。在朗读老汉的喊话时，学生们纷纷挺直了腰板，目光坚定，仿佛自己就是那位在危急关头挺身而出的老汉。在合作朗读环节，学生们更是通过体态和表达的配合，将文本中的情感氛围推向了高潮。教师对学生的体态与表达给予了高度评价。她不仅关注了学生的朗读内容，更注重他们的体态语言和表达方式。教师的评价语言充满了鼓励和肯定，她用自己的体态和表达为学生们树立了榜样，引导学生们更加自信地展示自己的朗读和表达能力。

综上所述，《桥》的课堂实录充分展现了学生在实践行动力模块方面的成长与进步。学生们通过语音与语调、语速与节奏、体态与表达等实践能力的锻炼和提升，更加深入地感受到了文本中的情感和意境。教师的评价则充分体现了对学生行动力的重视和培养，她通过引导、鼓励、肯定等方式，激发了学生们的朗读和表达热情，为他们的全面发展奠定了坚实的基础。在未来的教学中，教师应继续注重对学生行动力的培养和评价，引导学生们更加自信、准确地表达自己的情感和思想。

二、AI 时代小学高年级语文“启思善悟”情感朗读教学评价的反思与总结

在 AI 技术日新月异的今天，小学语文教学正经历着前所未有的变革。其中，“启思善悟”情感朗读教学模式作为一种传统而有效的教学方法，在 AI 的辅助下焕发出了新的生机。本文将从情感独创力、深度思维和实践行动力三个板块，对 AI 时代小学高年级语文“启思善悟”情感朗读教学评价模型进行总结，旨在探讨该模型在培养学生综合素养方面的独特价值与实践路径。

（一）情感独创力：深化情感体验，强化情感共鸣

在 AI 技术的赋能下，“启思善悟”情感朗读教学模式在情感独创力培养方面展现出了更为丰富和精准的特点。首先，AI 技术能够通过智能推荐系统，根据学生的阅读水平和兴趣，为其推送适宜的情感朗读材料，如古诗词、现代散文等，从而激发学生的朗读兴趣，为情感力的培养奠定基础。

在《出塞》《慈母情深》等教学片段中，教师通过引导学生选择背景图片、接龙说诗句等活动，有效培养了学生的情感感染力。而在 AI 时代，这些活动可以进一步升级。例如，利用虚拟现实（VR）技术，为学生营造出身临其境的朗读环境，使他们在朗读过程中能够更深刻地体会到文本所蕴含的情感。如在朗读《出塞》时，学生可以通过 VR 眼镜看到边疆的荒凉景象，听到战马的嘶鸣，从而更加直观地感受到诗歌中的离愁别绪和思乡之情。

此外，AI 技术还能够对学生的朗读情感进行精准分析。通过语音识别和自

然语言处理技术，AI 可以对学生的朗读语音、语调、语速等进行全面评估，指出学生在情感表达上的不足，并提供针对性的改进建议。例如，在学生朗读《慈母情深》时，AI 可以分析学生朗读时的情感投入程度，判断其是否准确传达了文本中的母爱之情，进而提出改进意见，帮助学生更好地把握朗读的情感基调。

在情感调节能力方面，AI 技术同样发挥着重要作用。教师可以通过 AI 辅助教学系统，设置不同的情感朗读任务，要求学生根据文本情感的变化调整自己的朗读速度和语调。例如，在朗读《威尼斯的小艇》时，学生可以根据文本描述威尼斯白天的繁华和夜晚的静谧，调整自己的朗读速度，从而更准确地传达出文本中的情感变化。

品格体现是情感独创力板块的另一个重要方面。在 AI 时代，教师可以通过 AI 技术展示更多关于优秀品格的朗读材料，如英雄人物的事迹、感人至深的故事等，引导学生通过朗读来感受和理解这些品格的内涵。同时，AI 还可以对学生的朗读表现进行品格方面的评价，鼓励学生展现出积极向上的品格风貌。

在创新与个性化演绎方面，AI 技术为学生提供了更多的可能性。学生可以利用 AI 工具创作属于自己的朗读作品，如制作音频、视频等，并在其中融入自己的创意和个性。例如，在朗读《桥》时，学生可以利用 AI 工具添加背景音乐、音效等，使自己的朗读作品更加生动有趣，展现出独特的艺术魅力。

（二）深度思维：提升文本理解，增强逻辑思维

在 AI 时代，“启思善悟”情感朗读教学模型在深度思维方面同样具有显著优势。首先，AI 技术能够为学生提供更加丰富的文本资源和学习工具，帮助他们更深入地理解文本内容。例如，在朗读《威尼斯的小艇》时，学生可以利用 AI 工具查找关于威尼斯的历史、文化、地理等方面的信息，从而更全面地了解文本背景，提升文本理解深度。

在文本理解深度方面，AI 技术可以通过智能分析系统对学生的朗读表现进行实时评估。通过分析学生的朗读语音、语调、语速等参数，AI 可以判断学生对文本内容的理解程度，并提供针对性的学习建议。例如，在学生朗读《慈母情深》时，AI 可以分析学生是否准确理解了文本中的关键细节和情感线索，从而帮助他们更好地把握文本主旨。

逻辑分析能力是深度思维板块的重要组成部分。在 AI 时代，教师可以通过

AI 辅助教学系统设置逻辑分析任务，要求学生根据文本内容进行逻辑推理和判断。例如，在朗读《桥》时，教师可以利用 AI 工具设计问题链，引导学生逐步分析老汉的形象特点、行为动机以及文本中的线索和暗示，从而锻炼他们的逻辑分析能力。

问题发现与解决能力是深度思维培养的另一个重要方面。在 AI 时代，学生可以利用 AI 工具进行自主学习和探究，发现并提出问题，并通过查找资料、讨论交流等方式解决问题。例如，在朗读《出塞》时，学生可以利用 AI 工具查找关于边塞诗的历史背景、文化内涵等方面的信息，从而发现并提出关于诗歌主题、意象等方面的问题，并通过讨论和交流来寻求答案。

（三）实践行动力：强化实践能力，提升朗读技巧

在 AI 时代，“启思善悟”情感朗读教学模型在实践行动力培养方面同样具有独特优势。首先，AI 技术能够为学生提供更加便捷和高效的朗读练习平台。例如，学生可以利用 AI 工具进行在线朗读练习，通过录音、回放等方式不断反思和改进自己的朗读表现。

在语音与语调方面，AI 技术可以对学生的朗读语音进行精准分析，指出他们在发音、语调等方面的不足，并提供针对性的改进建议。例如，在学生朗读《威尼斯的小艇》时，AI 可以分析学生朗读时的语音是否清晰、准确，语调是否恰当、自然，从而帮助他们提升朗读技巧。

语速与节奏是朗读过程中不可或缺的元素。在 AI 时代，学生可以利用 AI 工具进行语速与节奏的训练。例如，在朗读《桥》时，学生可以利用 AI 工具调整自己的朗读速度，根据文本情感的变化灵活地控制语速和节奏，使朗读更加生动、自然。

体态与表达是朗读过程中不可或缺的一部分。在 AI 时代，学生可以利用 AI 工具进行体态与表达的训练。例如，在朗读《慈母情深》时，学生可以利用 AI 工具录制自己的朗读视频，并通过观看回放来反思和改进自己的体态和表情表现。同时，AI 还可以对学生的体态和表情进行精准分析，指出他们在表达情感方面的不足，并提供针对性的改进建议。

此外，AI 技术还能够为学生的朗读作品提供多元化的展示平台。例如，学生可以将自己的朗读作品上传到 AI 平台上进行分享和交流，与其他同学或教师

进行互动和评价。这种展示和交流方式不仅可以激发学生的朗读热情，还可以提升他们的自信心和表达能力。

综上所述，AI 时代小学高年级语文“启思善悟”情感朗读教学评价模型在情感独创力、深度思维和实践行动力三个板块均展现出了显著优势。通过 AI 技术的赋能，该模型能够更加精准地培养学生的综合素养，为他们的全面发展奠定坚实基础。未来，随着 AI 技术的不断发展和完善，该模型将在小学语文教学中发挥更加重要的作用。

后 记

朗读是一种有声语言的艺术，更是师生间、学生与文本间情感交流的桥梁。对于第三学段学生而言，朗读既能帮助学生深入理解文本，感受其中的情感波动，更能帮助学生提升语文综合素养。本书在编写之初，项目组经过11年的探索，提出了“情思行”教育理念、“启思善悟”情感朗读教学模型、学生学习模型以及评价模型，目的是在新课标倡导“以读代讲”理念下，一线教师更应该注重引导学生从文字中品尝到语文味，帮助学生深入理解文本，感悟文本情感，对提升学生情感力、思维力、行动力以及道德情操、审美体验有着重要的作用。王崧舟老师曾说，“情感是朗读的灵魂”，朗读指导少做“纯理论”和“纯技巧”上的指导，是基于学生的认知水平，也还是基于阅读活动的本质。在朗读课堂上，通过理解、品味、感悟、想象等一系列的指导，循序渐进，学生的情感才会越来越丰富，感悟才会愈来愈深刻。总而言之，朗读就是情感的对话，朗读指导应倡导以生为本，激发学生的朗读内驱力，真正帮助学生在朗读实践中品味情感、迸发思维、朗读再创造，使其练就朗读本领，最终促进学生语文综合素养的提升。

本书的成果获“2023年广州市教学成果奖”，也是2025年广州市教育科学规划课题（教学成果培育），课题名称系“小学高年级语文‘启思善悟’情感朗读教学的实践与探索”（课题编号2023128225）。

在此，衷心感谢广州市海珠区逸景第一小学汤汉强校长、陈慧迎副校长以及项目组全体成员的大力支持！当这些带着油墨香的书本传递到一线教师手中的时候，期待他们对朗读教学有全新的认识。这就是我们文字的力量，这就是阅读的意义，我们始终相信，当亲身感受一本书的重量，或许才能从抽象的繁琐的教学工作中挣脱出来，重新回到师生之间和谐美好的教育场景，回归教育的本真。

由于编者水平有限，书中难免存在考虑不周、表述不当或错漏之处。在此，我们恳请广大同行和读者不吝赐教，帮助我们不断改进与完善。

2024年12月